Klartext

Wir in Nordrhein-Westfalen
Unsere gesammelten Werke
40

Sabine Moseler-Worm, Achim Nöllenheidt

Sommerspaß in NRW

555 Tipps zu
Freizeit, Sport, Kultur und Natur

Originalausgabe

Satz und Layout:	Achim Nöllenheidt
Umschlaggestaltung:	Marketing und Kommunikation, WAZ Mediengruppe
Umschlagbild:	Mauritius Images
Texte Naturparke:	Jörg Liesen, Verband Deutscher Naturparke
Texte Promenieren:	– Arbeitsgemeinschaft der historischen Stadtkerne in Nordrhein-Westfalen – Arbeitsgemeinschaft der historischen Ortskerne in Nordrhein-Westfalen
Druck und Bindung:	Druckerei Himmer, Augsburg

© Klartext Verlag, Essen 2007
ISBN 978-3-89861-818-2

www.klartext-verlag.de

INHALT

WASSERWELTEN

Sommer und Wasser gehören einfach zusammen. Und die Freizeitmöglichkeiten in Nordrhein-Westfalen sind einfach grenzenlos. Man kann aktiv werden und auf Wasserskiern über den See flitzen, selbst einmal die Segel setzen oder durch idyllische Flusslandschaften paddeln. Ein entspannender Tag in einem der zahlreichen Freizeitbäder ist allerdings auch nicht zu verachten. Da reicht das Angebot vom kleinen Freibad mitten im Wald bis zum großen Erlebnisbad mit Mega-Rutsche.

Bever-Talsperre

Bergisches Land

Seen / Strandbäder

▶ 42499 Hückeswagen
www.hueckeswagen.de
www.wupperverband.de

Bever-Talsperre

Die Bever-Talsperre ist mit verschiedenen Stränden gut zum Baden geeignet und hat eine hervorragende Wasserqualität. Rettungswachen der DLRG sorgen bei gutem Wetter für die Gäste und Wassersportler. Die Wasserqualität wird regelmäßig vom Gesundheitsamt des Oberbergischen Kreises kontrolliert.

▶ Am Stadtwald
40822 Mettmann
Tel. 02104/234936
www.mettmann.de/naturfreibad

Naturfreibad Mettmann

Inmitten des Stadtwaldes, umringt von alten Bäumen, entstand innerhalb von zwei Jahren aus dem alten sanierungsbedürftigen Freibad ein modernes, nach ökologischen Gesichtspunkten konzipiertes Bad, in dem Chlor und Chemie der Vergangenheit angehören. Trotzdem erfüllt das Naturfreibad die strengen hygienischen Anforderungen, die an den Betrieb öffentlicher Bäder gestellt werden.

Strandbad Bruch

Das Naturbad liegt am Vorstau der Aggertalsperre, bietet eine große Liegewiese und einen kleinen Sandstrand am Kinderbecken.

▶ Aggertalsperre
Tel. 02261/28211

Strandbad Effelder Waldsee

Der Effelder Waldsee wird aus unterirdischen Quellen gespeist und hat einen Baby- und Nichtschwimmerbereich.

▶ 41849 Wassenberg
Tel. 02432/20940

Wassersport

Segel- und Kanugemeinschaft Bruchertalsperre e. V.

Die Bruchertalsperre ist ein kleineres Segelrevier im Bergischen Land. Kurse für alle nur erdenklichen Segelscheine kann man bei der Segel- und Kanugemeinschaft ablegen.

▶ Töpferweg 24
51588 Nümbrecht
Tel. 02293/908331
Fax 02293/908331
info@skgb.de
www.skgb.de

Schule für Sportschiffer

Wer sich für den Segelsport interessiert, kann an der Bevertalsperre die ganze Woche über kostenlos einmal Schnuppersegeln.

▶ Käfernberg 6a
42499 Hückeswagen
Tel. 02192/851583
Fax 02192/851589
www.schule-fuer-sportschiffer.de

Wupper-Kanu-Touren

Die geführten Kanutouren führen durch die idyllische Wupperlandschaft und sind auch für Kinder geeignet. Wer mag, kann das Paddeln von der Pike auf erlernen.

▶ Hagedornweg 6a
42699 Solingen
Tel. 0212/2642705
Fax 0212/2642707
thomasbecker@WupperKanu-Touren.de
www.wupperkanutouren.de

Freizeitbäder

H_2O Sauna- und Badeparadies

Im H_2O gibt's für jeden viel zu erleben: jede Menge Wasserattraktionen von der Rutsche über den Wasserfall bis zur Sprudelliege, vom Wildwasserfluss bis zur Sprungschanze.

▶ Hackenberger Str. 109
42897 Remscheid
Tel. 02191/164142
Fax 02191/165205
h2o@h2o-badeparadies.de
www.h2o-badeparadies.de

► Bergische Sonne
Lichtscheider Str. 90
42285 Wuppertal
Tel. 0202/553605
Fax 0202/557611
info@bergische-sonne.de
www.bergische-sonne.de

Waterworld

202 Meter lange Hightech-Rutschen, Wellenbecken, Strömungskreisel, Whirlpool, rauschende Wasserfälle, Solebecken, Kinderbereich, Solarien und das neu eröffnete Kinder-Abenteuerland erwarten die Besucher.

► Saaler Mühle 1
51429 Bergisch Gladbach
Tel. 02204/202-0
info@mediterana.de
www.mediterana.de

Mediterana

Genussvolle Stunden in einem Zentrum mit außergewöhnlicher Architektur und exklusiver Sauna- und Wellnesslandschaft. Auf 15 000 Quadratmetern in spanisch-maurischem Ambiente gibt es neben Sauna- und Entspannungsangeboten einen separaten Pool- und Fitnessbereich sowie eine Gastronomie mit mediterraner Küche.

► Singerbrinkstr. 31
51643 Gummersbach
Tel. 02261/789796
Fax 02261/816376
info@gumbala.de
www.gumbala.de

Gumbala

Verschiedene Saunen und ein Dampfbad mit farbwechselndem Sternenhimmel, Eisbrunnen und Erlebnisduschen, Reifenrutsche, Sport- und Erlebnisbecken – das sind die Stichworte für einen erlebnisreichen Aufenthalt im Gumbala.

Waterworld

Waterworld

Freizeit- und Erholungsbad aquafun

Die Saunalandschaft, zu der Dampfgrotte, Heißluftraum und Blockhaussauna gehören, lockt mit Spezial-Aufgüssen, der Badebereich mit Sport- und Erlebnisbecken sowie Schwalldusche, Kleinkindbecken und Riesenrutsche.

▶ Kottenstr. 13-15
42477 Radevormwald
Tel. 02195/9162-0
info@aquafun-rade.de
www.aquafun-rade.de

monte mare Reichshof-Eckenhagen

Urlaubszeit, das heißt Erholen, Entspannen, die Seele baumeln und sich verwöhnen lassen. Im monte mare Saunaparadies in Reichshof-Eckenhagen kann man dieses Urlaubsgefühl an über 360 Tagen im Jahr genießen. Die Welt um sich herum vergessen, die Zeit anhalten und Körper und Geist in Balance bringen – das ist perfekte Erholung.
Saunieren im monte mare Reichshof-Eckenhagen bedeutet Gesundheitsförderung und Wellness-Erlebnis auf höchstem Niveau. Das breite Angebot von nunmehr neun verschiedenen Saunen – darunter Polarsauna, Dampfbäder, Biosauna,

▶ Hahnbucher Str. 21
51580 Reichshof-Eckenhagen
Tel. 02265/99740-0
Fax 02265/99740-40
reichshof@monte-mare.de
www.monte-mare.de
Öffnungszeiten Freizeitbad:
tägl. ab 10 Uhr, Mo-Sa bis
22 Uhr, So. bis 21 Uhr
Öffnungszeiten Saunaparadies:
tägl. ab 10 Uhr, Mo-Do bis
23 Uhr, Fr bis 24 Uhr,
Sa bis 23 Uhr, So bis 21 Uhr

monte mare
Reichshof-Eckenhagen

sibirisches Saunadorf mit Erdsauna – mit unterschiedlichen Temperaturen und Luftfeuchtigkeiten sowie Ruhezonen, Wärmeliegen und Whirlpools garantieren unvergessliche Stunden. Für das leibliche Wohl sorgt eine große Auswahl an Speisen und Getränken in der Erlebnisgastronomie, die das monte mare-Angebot abrundet.

monte mare
Reichshof-Eckenhagen

Waterworld

Weitere Freizeitbäder

Freibad Milchborntal
Milchborntalweg
51429 Bergisch Gladbach
Tel. 02204/53955

Freibad „Nessi-Bad"
Waldbröler Str.
51597 Morsbach
Tel. 02294/6071

Kombibad Paffrath
Borngasse 2
51469 Bergisch Gladbach
Tel. 02202/53344

Freibad Wiehl
Mühlenstr. 23
51674 Wiehl
Tel. 02262/7616888

Freibad Bergneustadt
Kölner Str. 397
51702 Bergneustadt
Tel. 02261/42695

Freibad Bielstein
Jahnstr. 15
51674 Wiehl-Bielstein
Tel. 02262/3096

Freibad Engelskirchen
Auf dem Schalken
51766 Engelskirchen
Tel. 02263/3142

Freibad Wallefeld
51766 Wallefeld
Tel. 02263/952302

Düsseldorf

Seen / Strandbäder

▶ Kleiner Torfbruch 31
40627 Düsseldorf
Tel. 0211/899-2094
Fax 0211/8929132
Strandbad Nord:
Tel. 0211/8992039
Strandbad Süd:
Tel. 0211/8992076

Strandbäder Unterbacher See

Am Unterbacher See stehen zwei Strandbäder zur Verfügung. Eines befindet sich am Nordstrand, das andere am Südstrand. Außerdem gibt es einen separaten FKK-Strand.

▶ 40213 Düsseldorf
Niederkassler Deich 285
Tel. 0211/8212579

Strandbad Lörick

Das linksrheinisch gelegene Strandbad Lörick ist eines der schönsten Freibäder der Region: mitten in den Rheinwiesen und im Grünen – kleiner See und alte Bäume inklusive.

Wassersport

▶ Am Kleinforst
40627 Düsseldorf
Tel. 0211/8992359
Fax 0212/315700
info@windsurfing-
duesseldorf.de
www.surfzentrum.com

Surfzentrum Unterbacher See

Beim Einsteigerkurs werden die Teilnehmer mit den Grundbegriffen des Surfens bekannt gemacht. Geboten werden an einem Wochenende mindestens neun Unterrichtseinheiten in Praxis und Theorie. Der Unterricht ist stufenweise aufgebaut und beinhaltet Simulationsstunden, Übungen zur Balance auf dem Brett sowie zum Starten, Steuern, Wenden.

Surfzentrum
Unterbacher See

Zweckverband Erholungsgebiet Unterbacher See

Die Segelschule am Unterbacher See im Süden der Stadt bietet auch Schnupperkurse an. Und zur Flotte des Bootsverleihs gehören auch Segelboote.

▶ Kleiner Torfbruch 31
40627 Düsseldorf
Tel. 0211/8992094
Fax 0211/8929132
service@unterbachersee.de
www.unterbachersee.com

Freizeitbäder

Freizeitbad Düsselstrand

Die modern gestaltete Wasserlandschaft von 1 300 Quadratmetern bietet alles für Erholungssuchende, Spaßbadfans und Sportler: ein großes Sportbecken im Außenbereich, drei großzügige Whirlpools, ein Mehrzweckbecken mit Strömungskanal, Bodensprudlern, Wasserfall und Geysir, das Warmwasserbecken mit Massagedüsen, eine Fluss- und eine Röhrenrutsche mit fast 100 Metern Gesamtlänge, eine Saunalandschaft auf zwei Ebenen, mit Dampfbad, Sanarium und Freiluftanlage und einen Liegebereich, in dem man ein Sonnenbad nehmen kann.

▶ Kettwiger Str. 50
40233 Düsseldorf
Tel. 0211/8216220
www.baeder-duesseldorf.de
Öffnungszeiten:
Gesamtbad inkl. Sportbecken:
Mo-Fr 10-23 Uhr,
Sa/So/Fei 9-20 Uhr

Allwetterbad Flinger Broich

Das Freibad hat viele Liegeplätze und ein großes Schwimmbecken.

▶ Flinger Broich 91
40235 Düsseldorf
Tel. 0211/8216616
www.baeder-duesseldorf.de

Freibad Benrath

Das Bad bietet im Außenbereich ein 50-Meter-Becken und vier Kinderbecken.

▶ Regerstr. 5
40593 Düsseldorf
Tel. 0211/8219431
www.baeder-duesseldorf.de

Löricker Freibad

Zur Ausstattung gehören zwei 50-Meter-Schwimmbecken – eines davon mit absteigender Tiefe – und ein Planschbecken.

▶ Niederkasseler Deich 285
40213 Düsseldorf
Tel. 0211/8212579
www.baeder-duesseldorf.de

Eifel

Seen / Strandbäder

▶ www.obereskylltal.de

Kronenburger See / Nahe Birgel

Der Kronenburger See ist als Badesee besonders bei Familien beliebt.

▶ Tel. 02449/872 22
www.blankenheim.ahr

Freilinger See

Mitten in der Natur, zwischen Wald und Wiesen, liegt der Freilinger See. Große, unverbaute Liegewiesen und Buschgruppen machen den natürlichen Charme dieses Gewässers aus.

▶ Rursee-Touristik GmbH
Seeufer 3
52152 Simmerath-Rurberg
Tel. 02473/9377-0
info@rursee.de
www.rursee.de

Rursee

Der bekannteste der insgesamt 15 im Naturpark Hohes Venn – Eifel vorhandenen Stauseen und Talsperren ist der gewundene Rursee, der mit einer überstauten Fläche von 780 Hektar und einem Fassungsvermögen von 203 Millionen Kubikmetern zu den größten Talsperren Deutschlands gehört und im unteren Bereich zahlreiche Möglichkeiten zur naturnahen Erholung und zum Wassersport bietet.

▶ Tel. 02485/317

Naturfreibad in Einruhr

Das Naturfreibad in Einruhr am Obersee hat nach Umbauarbeiten gerade wieder geöffnet – mit Liegewiese, Schwimmbereich im See und Kinderplanschbecken.

▶ Tel. 02473/93770

Naturfreibad in Rurberg

Das Rurseezentrum mit Naturfreibad ist ganzjährig unabhängig vom Badebetrieb zugänglich. Von der Seepromenade aus bietet sich ein schöner Ausblick auf den See. Ein barrierefreier Rundweg führt zum neuen Strandbad. Highlight ist das Freibad, dessen klares Wasser von Badegästen sehr geschätzt wird.

Rursee

Dürener Badesee

Ein idyllisches Strandbad inmitten von Bäumen – auch Dürener Adria genannt. Ein herrlicher weißer Sandstrand und großzügige, grüne Liegewiesen laden zum Faulenzen ein. Hier treffen sich Sonnenanbeter und sportlich Ambitionierte.

▶ 52349 Düren Gürzenich
Tel. 02421/63911
www.dueren-badesee.de

Wassersport

Der Bootsplatz

Im Bootsplatz können nach telefonischer Absprache täglich Kanus und Kajaks verschiedener Hersteller ausgeliehen werden, um eine Tour auf der Mosel zu unternehmen. Außerdem werden verschiedene Kurse angeboten.

▶ Hauptstr. 71
56818 Klotten
Tel. 02671/605518
Fax 02671/916596
derbootsplatz@aol.com
www.derbootsplatz.de

Windsurfingschule Monika Ott

Wer es einmal probieren möchte, kann auf dem Laacher See aufs Bord steigen. Hier werden Schnupperkurse angeboten – auch für Kinder und Senioren.

▶ Seeblick 27
56745 Bell
Tel. 02652/3688
Fax 02652/3688
surfmoni@aol.com
www.surfmoni.de

Ahr-Thermen

Freizeitbäder

▶ Felix-Rüttenstr. 3
53474 Bad Neuenahr-Ahrweiler
Tel. 02641/801200
Fax 02641/801299
info@ahrthermen.de
www.ahrthermen.de

Ahr-Thermen

In den Ahr-Thermen gibt es Sommerwärme bei jedem Wetter. Eine Schwimmschleuse verbindet Innen- und Außenbereich.

▶ Willy-Brandt-Ring 100
52146 Würselen
Tel. 02405/411925
Fax 02405/411920
info@aquana.de
www.aquana.de

Euregio Freizeitbad Würselen

Ob mit dem Großreifen durch den „Action River" oder auf dem Master-Blaster per Wasserdruck die Aqua-Achterbahn hinauf und hinunter – die großzügige Anlage mit Innen- und Außenbereich bietet für jeden Besucher etwas.

▶ Dr.-Greve-Str. 16
53902 Bad Münstereifel
Tel. 02253/542450
info@eifelbad.com
www.eifelbad.com

Eifelbad

Die Anlage bietet u.a. Schwimm- und Sportbecken, ein Kinderspielbecken, ein Außenbecken und eine Riesenrutschbahn.

Eifel-Therme-Zikkurat

Sport, Gesundheit und Erholung auf 3 900 Quadratmetern. Das Badeangebot umfasst ein Außenbecken, ein Sportbecken und das mit Salz angereicherte Erlebnisbad, komplettiert durch 50-Meter-Rutsche, vier Wasserfälle, Luftsprudelbank, drei Nackenduschen, Strömungskreisel, Kletternetz und Whirlpool. Die Saunalandschaft besteht aus Finnischer Sauna, Dampfbad, Sanarium, Blockhaussauna und einem rund 900 Quadratmeter großen Saunagarten. Im Wellness-bereich werden u.a. Ganzkörper- und Reflexzonen-Massagen angeboten. Außerdem stehen für Aktive ein Beach-Volley-ballplatz und ein Beach-Soccerfeld zur Verfügung.

▶ An der Zikkurat 2
53894 Mechernich
Tel. 02256/9579-0
Fax 02256/9579-19
info@eifel-therme-zikkurat.de
www.eifel-therme-zikkurat.de

Roetgen Therme
mit „Alte Post" Wellness Hotel ***Superior

Zu einem Aufenthalt im Naturpark gehört unbedingt das Er-lebnis „Eifeler Schwitzhütte", die bei 70°C mit Heu und Tan-nenzweigen aus der Eifel angelegt ist und die jahrhunderte-alten, heilsamen Kräfte des Heues nutzt. Die Schwitzhütte als Motto einer gelungenen Kombination von Natur, Well-ness und Erholung – in Roetgen sind dies Umgebung, Sau-nadorf, Therme und angeschlossenes Hotel.

Zur Verfügung stehen sechs Pools zwischen 15°C und 38°C, sieben verschiedene Sauna- und Warmluftbäder sowie Mas-sagen und Beauty-Angebote des Spa-Bereichs. Eine beson-dere Attraktion ist der Open-Air-Solewasserpool mit Unter-wassermusik.

Körper und Seele schweben lassen. In der Brasserie wird leichte italienisch-französische Küche serviert.

▶ Postweg 8
52159 Roetgen
Tel. 02471/12030
Fax 02471/120326
info@roetgen-therme.de
www.roetgen-therme.de

Ahr-Thermen

▶ Freizeitbad Kreuzau GmbH
Windener Weg 7
52372 Kreuzau
Tel. 02422/94260
info@rurwelle.eu
www.rurwelle.eu

Rurwelle

Auf über 1000 Quadratmetern bietet die Rurwelle ein Wellenschwimmbecken, eine großzügige Saunalandschaft und ein Außenschwimmbecken mit Liegewiese.

Weitere Freizeitbäder

Freibad Abenden
52385 Nideggen Abenden

Vennbad Monschau
52156 Monschau
Tel. 02472/3298

Freizeitbad Prüm
54595 Prüm
Tel. 06551/2199

Kylltalbad Kordel
54306 Kordel
Tel. 06505/1308

Freibad Vossenack
52393 Hürtgenwald-
Vossenack
Tel. 02420/3090

Moselbad Cochem
56812 Cochem
Tel. 02671/97990
Fax 02671/979922

Freibad Blankenheim
53945 Blankenheim
Tel. 02449/870
Fax 02449/87199

Ahr-Thermen

Köln / Bonn / Aachen

Seen / Strandbäder

Heider Bergsee
Das Strandbad hat einen feinen Sandstrand und eine Liegewiese.

Naturfreibad Vingst
Der Baggersee mit Wildpflanzenstauden hat einen Nichtschwimmerbereich und so genannte Schwimmende Inseln.

Bleibtreusee
Badegäste kommen immer wieder gerne und nutzen den
kostenlosen Badespaß, vor allem, da der Bleibtreusee einer
der wenigen Seen im Ville-Seen-Gebiet ist, in dem legal ge-
schwommen werden darf. Neben Surfen, Baden, Segeln und
Tauchen gibt es eine große Liegewiese und Campingmög-
lichkeiten.

Liblarer See
Der Liblarer See ist einer der saubersten Badeseen der Region. Am Nordufer finden Erholungssuchende ein öffent-
liches Strandbad.

Heider Bergsee

▶ 50321 Brühl

▶ Vingster Ring
51107 Köln-Vingst
Tel. 0221/2791860
www.koelnbaeder.de

▶ Luxemburger Straße
50321 Brühl

▶ 50374 Erftstadt
Tel. 02235/3899

Wasserski Langenfeld

▶ Uckendorfer Straße
53844 Troisdorf
www.rottersee.de

Rotter See

Am Rotter See befinden sich zwei kleine Strandbäder und ein Wasserspielplatz.

Wassersport

▶ Familie Sühs
Baumberger Str. 88
40764 Langenfeld
Tel. 02173/62038
Fax 02173/64411
info@wasserski-langenfeld.de
www.wasserski-langenfeld.de

Wasserski Langenfeld

Wo der feste Boden aufhört, fängt der Spaß an. In Langenfeld startet man von einer Rampe aus und erlebt den Rausch der Geschwindigkeit. In der Obhut erfahrener Lehrer gelingt vielen Anfängern schon der erste Start. Wasserski fahren kann jeder. Und wer es nicht kann, kann es lernen.

Freizeitbäder

▶ Merianstr. 1
50765 Köln
Tel. 0221/70280
Fax 0221/7003658
info@aqualand.de
www.aqualand.de

Aqualand Freizeitbad am Fühlinger See

Für die kleinsten Badegäste wurde kürzlich eine neue Planschzone im orientalischen Stil angelegt, und für die Älteren gibt es Rutschvergnügen pur in den vier Röhren der Riesenrutschanlage.

monte mare Rheinbach

Das beheizte monte mare Freibad bietet Badefreuden in fast 1 000 Quadratmetern Wasserfläche. Ein 50-Meter-Becken, Springerbecken, 1-, 3- und 5-Meter-Sprungtürme und über 7 000 Quadratmeter Liegefläche garantieren im Sommer viel Freizeitvergnügen für die ganze Familie. Bei den jüngsten Badegästen sorgt das Kleinkinder-Becken für Abwechslung. Neben der Kinderrutsche warten Wasser spuckende Elefanten und andere Tiere des Urwalds auf ihren Einsatz.
Eine absolute Attraktion ist das Indoor-Tauchzentrum. Unterwasservulkane, Trainingsebenen, Röhrensysteme und eine Grottenlandschaft in bis zu zehn Meter Tiefe sind sowohl für Anfänger als auch Könner geeignet. Natürlich werden Kurse für Einsteiger bis in den Profibereich angeboten, ebenso ein Tauchshop mit dem nötigen Equipment.

▶ Münstereifeler Straße
53359 Rheinbach
Tel. 02226/90300
Fax 02226/903099
rheinbach@monte-mare.de
www.monte-mare.de

Erlebnisbad Fresh Open

Brodelbecken, Superrutsche, Wasserfall und eine Babywelt, ein großer Außenbereich und eine Gartensauna bietet das Fresh Open.

▶ Burgstr. 65
50226 Frechen
Tel. 02234/956415
info@fresh-open.de
www.fresh-open.de

Erftlagune

Vielfältige, attraktive, behindertengerechte Badelandschaft mit Wassersprudelbecken, Solebecken und kinderfreundlichen Bereichen. Beheizte Außenanlagen. Wellness: Massagen, Solarien, Wassergymnastik.

▶ Bruchhöhe 20
50170 Kerpen
Tel. 02273/98720-0
erftlagune@gmx.de
www.erftlagune.de

monte mare Rheinbach

▶ Kurfürstenstr. 40
50321 Brühl
Tel. 02232/702270
Fax 02232/702999
info@stadtwerke-bruehl.de
www.karlsbad-bruehl.de

KarlsBad

Brühl, familienfreundliches Erlebnisbad, temperierte Innen-
und Außenanlagen, Schwimm- und Spaßbecken, Sprudelliegen,
Sauna, römisches Dampfbad. Der Sauna-Park im KarlsBad bietet auch Kosmetikbehandlungen und Wellnessmassagen.

Weitere Freizeitbäder

Freibad Friesdorf
Margaretenstr. 14
53175 Bonn
Tel. 0228/311150
Fax 0228/3869548

Freibad Rüngsdorf
Am Schwimmbad 8
53179 Bonn
Tel. 0228/331324
Fax 0228/9527372

Münsterland

Seen / Strandbäder

▶ Anfahrt:
Auf der L 572 von Gronau in
Richtung Bad Bentheim bie-
gen Sie einen Kilometer nach
dem Ortsausgang rechts in
den Hagelsweg ein.

Dreiländersee in Gronau

Der 23 Hektar große See liegt in direkter Nachbarschaft zum
Gildehauser Venn. Ein Naturschutzgebiet mit Rad- und
Wanderwegen. Am See finden Sie einen Sandstrand, einen
Fußballplatz, öffentliche Tennisplätze und sanitäre Anla-
gen.

▶ Hullerner Str. 52
45721 Haltern am See
Tel. 02364/2539
Fax 02364/102437
info@seebad-haltern.de
www.seebad-haltern.de
Öffnungszeiten:
Mai bis September
Mo-Fr 10-19 Uhr,
Sa/So/Fei 9-19 Uhr

Seebad Haltern

Der Haltener Stausee und seine spätere östliche Erweiterung,
die Talsperre Hullern, bilden mit zusammen 31 Millionen
Kubikmetern das größte Wasserreservoir für das nördliche
Ruhrgebiet. Entstanden ist der 300 Hektar große See 1930
durch die Stauung dreier Lippezuflüsse, die eine ausreichende
Versorgung der Bevölkerung mit Grundwasser gewährleisten
sollte. Seither wurde die Fläche durch Aussandungen noch
erheblich vergrößert. Die hervorragende Qualität des Was-

Seebad Haltern

sers rührt von den bis zu 200 Meter mächtigen Haltener San-
den aus der Kreidezeit her, die das Grundwasser in ursprüng-
licher Qualität in großen Mengen speichern. Der Haltener
Stausee gilt als Eldorado für Wassersportbegeisterte. Ein
großes Seebad mit 1 000 Meter Natursandstrand, 50 000
Quadratmetern Liegefläche, Spielplatz, Kiosk, Restaurant
und Strandkörben auf sandigem Untergrund lädt zum Sonnen und Baden ein. Kleinere Spiel- und Sportaktivitäten gehören zu den Alternativen.

Silbersee II

Die erst 2005 eröffnete Anlage ist der Hit für Strandfreunde.
Die riesige Sandfläche hält mühelos auch einem großen An-
sturm stand. Während Erholungsbedürftige das Sonnenbad
genießen, treffen sich die Sportiven zum Beachvolleyball. Angenehm sind die modernen sanitären Anlagen. Der Eintritt
ist frei, es wird aber eine Parkgebühr erhoben.

▶ Zum Vogelsberg
45721 Haltern am See
Tel. 0201/2069-0
Öffnungszeiten:
Anfang Mai bis Mitte September Sa/So/Fei und in den Fe-
rien (das Baden ist nur bei besetzter DLRG-Station erlaubt)

Silbersee II

Der Torfmoorsee in Hörstel

Der Torfmoorsee an der Autobahn ist mit 24 Hektar Wasserfläche nicht nur ein schöner Badesee, sondern bietet auch für
Segler, Surfer, Taucher und den Angelsportverein viele Möglichkeiten.

▶ Anfahrt:
Der See ist in Hörstel
ausgeschildert

Hertha See in Hörstel

Ein schöner, fünf Hektar großer „Kleinsee" mit Sandstrand.

▶ Anfahrt:
Zum See gelangen Sie in
Bocholt, Nähe Textilmuseum,
Uhlandstraße

Aa-See in Bocholt

Der 30 Hektar große See mit angrenzendem Freizeitgelände
hat eine Badebucht mit sanitären Anlagen.

Badesee Pröbsting in Borken

Dieser See liegt an der B 67 zwischen Borken und Rhede.

▶ Anfahrt:
A1 Abfahrt Ladbergen, Rich-
tung Saerbeck und dann den
Schildern folgen

Waldsee in Ladbergen

Ein Badesee auch für Kleinkinder.

▶ Anfahrt:
Von Sassenberg Richtung
Versmold, ab Ortsausgang ist
der See ausgeschildert

Feldmarksee in Sassenberg

Ein See mit schönem Sandstrand und leichten Wellen.

▶ Strandweg
59379 Selm
Tel. 02592/917210
Öffnungszeiten:
Anfang Mai bis Ende Septem-
ber tägl. 10-20 Uhr

Tenscher See

Der durch den Bau des nahen Dortmund-Ems-Kanals in den
1930er Jahren entstandene See wird schon seit den 1950er
Jahren zum Baden genutzt. Kein Wunder: Schließlich befindet sich an der Südseite ein fast 100 Meter langer Sandstrand.
Sprungturm, Beachvolleyball- und Fußballfeld begeistern die
Sportler, der Nichtschwimmerbereich, Schwimmaufsicht,
Bootsverleih und ein Spielplatz ziehen Familien an. Ein Kiosk mit Imbiss sowie ein Restaurant lassen keine Geschmacks-
richtung unberücksichtigt.

Lippe-Kanu-Touren

Haddorfer Seen in Wettringen

Einer von fünf Seen ist der Badesee mit einer großen Bucht.

▶ Anfahrt:
In Wettringen Richtung Ochtrup, Abzweig Neuenkirchen/ Haddorf und dann den Schildern folgen

Wassersport

Lippe-Kanu-Touren

Wer ein bisschen Erfahrung mitbringt, kann sich vor Ort gleich ein Kanu ausleihen. Er wird in die Paddeltechniken und das Verhalten auf der Lippe eingewiesen und erhält eine Menge Tipps. Ansonsten sind erfahrene Tourbegleiter mit an Bord. Von verschiedenen Treffpunkten aus werden die Lippe und die Stever befahren. Schön sind die Kombi-Angebote Kanu-Mountainbike oder Kanu-Kutter (Rückfahrt auf einem Krabbenkutter).

▶ Georgstr. 4
46282 Dorsten
Tel. 02362/27771
info@lippe-kanu-touren.de
www.lippe-kanutouren.de

Ralf Meilenbrock Bootsvermietung

Kanutouren über den idyllischen Halterner Stausee. Hier kann man so ziemlich alles, was sich auf dem Wasser bewe-

▶ Stockwieser Damm 276
45721 Haltern am See
Tel. 02364/3606
RalfMeilenbrock@web.de
www.bootsvermietung-haltern.de

Ralf Meilenbrock
Bootsvermietung

gen lässt, mieten: vom Kanu über das Zweier-Paddelboot bis zum großen Vierer-Tretboot.

Bootshaus Niehues

▶ Aalweg 11
45721 Haltern-Hullern
Tel. 02364/14095
www.bootsverleih-niehues.de

Ob per Kanu, Tretboot oder Paddelboot – der Ausflug über die Stever und den Halterner Stausee inklusive des wunderschönen Naturerlebnisses ist hier gesichert. Und wer genug hat vom Wasser, mietet sich einfach Fahrrad oder Planwagen (nur bei Reservierung).

W&O Surftechnik

▶ Janningsweg 41
48159 Münster
Tel. 0251/260458
Fax 0251/3222846
info@surftechnik.de
www.surftechnik.de

Für den Einsteigerkurs braucht man lediglich Schwimmkenntnisse, keine oder wenig Surfkenntnisse, Passbild für den Surfschein, Badeanzug oder -hose, Sportschuhe oder Surfschuhe und gute Laune.

Freizeitbäder

Freizeitbad Bahia

Wer die Meeresbrandung mag, wird die „Gischt" im Bahia lieben: Durch einen Kompressor wird der im Boden des Tiefbeckens eingebaute Düsenauslass mit Druckluft gespeist. Auf Anforderung kommt dem Springer ein Schwall Luftblasen aus dem 3,8 Meter tiefen Beckenwasser entgegen und erzeugt eine „Gischt", wie sie sonst nur in der Meeresbrandung an Klippen zu sehen ist.

► Hemdener Weg 169
46399 Bocholt
Tel. 0271/272660
www.bahia.de

Freizeitbad Aquarius

Der „Schwimm- und Saunaspaß in Borken" ist die Adresse für wasserbegeisterte In- und Outdoorschwimmer und Saunafreunde. Auf einer Gesamtfläche von 1 400 Quadratmetern werden alle Altersklassen angesprochen. Die Attraktionen in der Übersicht: 65-Meter-Riesenrutsche, Wildwasserkanal, Spiel- und Tummelbecken und ein Klettergerüst mit Wasserfall. Vier Saunen, ein Dampfbad, die Lichtoase und das Kaminzimmer runden ein harmonisches Entspannungsangebot ab.

► Parkstr. 20
46325 Borken
Tel. 02861/9350
www.aquarius-borken.de

Freizeitbad düb

Das Bad bietet viel Vergnügen auf ca. 800 Quadratmetern Wasserfläche in sechs Becken. Rutschen, Sprudler, Liegewiese – auch Nichtschwimmer finden attraktive Wasserflächen. Für Kinder steht ein großer Plansch- und Spielbereich bereit.

► Nordlandwehr 99
48249 Dülmen
Tel. 02594/9490
Fax 02594/94920
info@dueb.de
www.dueb.de/bad_info.php

HeidenSpassBad

Mit einer Wasserfläche von 1 200 Quadratmetern bietet das Bad beheizte Schwimmbecken und ein Wellenbad. Wer genug vom Wasser hat, kann sich auch auf dem Trockenen vergnügen. Auf der großen Spiel- und Liegewiese mit einer Fläche von 15 000 Quadratmetern befindet sich ein Beachvolleyballfeld und außerdem eine Spielanlage mit Matschbahn und riesiger Sandbaustelle für die Kleinen.

► Am Sportzentrum 3
46359 Heiden
Tel. 02867/8333
freibad@heiden.de
www.heiden.de

▶ Alverskirchener Str. 29
48351 Everswinkel
Tel. 02582/88680
Fax 02582/88580
info@vitus-bad.de
www.vitus-bad.de

▶ Am Hagen 2
59368 Werne
Tel. 02389/9892-0
Fax 02389/9892-200
info@natur-solebad-werne.de
www.natur-solebad-werne.de
Öffnungszeiten:
Natur-Solebad: Mo 14-21 Uhr,
Di-Fr 6-20 Uhr,
Sa/So/Fei 7-19 Uhr

Vitus-Bad

Grotte mit Wasserfontaine, Spritzgrotte mit Schlauch und Wasserkanone und ein Außenbecken, das ganzjährig beheizt wird, bietet das Vitus-Bad.

Natur-Solebad

Bei Kohlebohrungen im Jahre 1874 entdeckte man in der Stadt Werne eine Solequelle. Kurze Zeit später wurde das erste Thermalbad errichtet. Das heutige Natur-Solebad wurde 1988 eröffnet und umfasst ein Hallenbad sowie ein modernes Freibad mit 3 000 Quadratmetern Gesamtwasserfläche. Neben dem großen Sportbecken bietet der Außenbereich Erlebnis- und Trimmbecken mit Felseninsel, Sole-Quellgarten, Wasserfall, Rutsche, Kinderparadies mit zahlreichen Spielmöglichkeiten sowie den Salinenturm, der zum Wahrzeichen des Solebades wurde. Das Hallenbad wartet auf mit Sole- und Süßwasserbecken, Sprungturm, Saunalandschaft und Solarienanlage.

Weitere Freibäder

Freibad der Stadt Gescher

Auf dem Brink 79
48712 Gescher
Tel. 02542/1555

Niederrhein

Seen / Strandbäder

Freizeitsee Menzelen

Am Sandstrand des Freizeitsees warten Strohschirme, Beachvolleyballfeld und Badeinsel. Neben einem vereinsbetriebenen, öffentlichen Strandbad bietet der Freizeitsee Möglichkeiten zum Tauchen, Schwimmen, Surfen und Angeln.

Nord- und Südsee Xanten

Strandkörbe am Niederrhein? In Xanten wird's möglich. Die Nord- und Südsee als Teil des Freizeitzentrums Xanten bietet Sommerfeeling pur. Insgesamt stehen derzeit ca. 160 Hektar Wasserfläche zur Verfügung, ein weiterer Ausbau ist geplant. Die Xantener Nordsee mit einer Größe von etwa 110 Hektar bietet sich an zum Surfen, Segeln, Rudern, Tretboot- und Kanufahren. Eine Wassersportschule bringt den interessierten Besuchern das Tauchen, Motorboot- oder Wasserskifahren bei. Für den nötigen Freizeitspaß sorgen außerdem Floß- und Bananenbootfahrten sowie Parasailing. Wanderwege, Grill- und Angelplätze sowie Spielstätten für die Kleinen sind ebenfalls vorhanden. Eine Brücke verbindet die

▶ Gester Straße
46518 Alpen-Menzelen-Ost
Tel. 02802/912245
Öffnungszeiten:
15. Mai bis 15. September
(bei gutem Wetter) tägl. und
in den Sommerferien (bei jedem Wetter) 10-21 Uhr

▶ Nibelungenbad
Strohweg 2
46509 Xanten
Tel. 02801/7156-0-56
Tel. 02801/7156-56 (Info)
info@f-z-x.de
www.f-z-x.de

beiden Seen miteinander und geleitet den Sommerurlauber zur Xantener Südsee. Im Zentrum liegt das Nibelungenbad, ein familienfreundliches Strand- und Spaßbad mit einem 600 Meter langen Sandstrand, wo man sich zwischen Beachkörben und im Sand buddelnden Kindern tatsächlich wie an der See fühlt.

Strandbad Tenderingssee

▶ Tenderingsweg
46569 Hünxe
Tel. 02855/15244
www.tvbruckhausen.de
Öffnungszeiten:
Sommer (bei gutem Wetter):
tägl. 10-20 Uhr,
Sommerferien: 9-21 Uhr

Das Seengebiet bietet sich in vielfacher Weise zu einem Ausflug an: Während die beiden südlichen Seen unter Naturschutz stehen und dort schöne Wanderungen versprechen, darf am größten der vier Tenderingsseen gebadet werden. Ein breiter Sandstrand mit Liegewiese verschafft Ruhe und Erholung. Zwei Beachvolleyballfelder sowie Möglichkeiten zum Surfen, Tauchen und Angeln (außerhalb des Strandbades) machen die Reise auch für sportliche Charaktere lohnend.

Freibad Effelder Waldsee

▶ Bruchstr. 30
41849 Wassenberg-Effeld

Das Strandbad mit Nichtschwimmerbereich, entstanden aus einer ehemaligen Kiesabgrabung, bietet an warmen Tagen Badevergnügen und viel Raum zum Relaxen.

Wassersport

Yachtschule Nautilus

▶ Dahmenhofweg 16
46509 Xanten
Tel. 02804/671
Fax 02804/910903
info@yachtschule-nautilus.de
www.yachtschule-nautilus.de

In den Kursen soll der Spaß am Segelsport vermittelt werden – und da bieten die Betreiber ganz flexible Zeiten an.

Freizeitanlage Wankumer Heidesee GmbH

▶ Christian Kirsch
Am Heidesee 5
47669 Wachtendonk
Tel. 02839/277
Fax 02839/293
info@blaue-lagune.de
www.blaue-lagune.de

Im Strandbad Blaue Lagune kann sich das Wasserskifahren auch bei schlechtem Wetter lohnen, denn der Preis ergibt sich aus der Hälfte der Lufttemperatur. Für Anfänger gibt es spezielle Kurse.

Yachtschule Nautilus

Freizeitteam Niederrhein

Das Freizeitteam Niederrhein bietet Paddeltouren von unterschiedlichen Startorten und unterschiedlicher Länge an. Wasserstellen mit Bootsverleih gibt es im Stadtpark Goch, im Kalbecker Forst, in Weeze und am Schloss Wissen. Die Fahrzeiten liegen zwischen zwei und sechs Stunden.

▶ Asperdener Str. 284
47574 Goch
Tel. 02827/5766 oder /9407
Mobil 0162/2495181
Fax 02827/9321
info@freizeitteamniederrhein.de
www.freizeitteamniederrhein.de

Auesee

Im Stadtteil Wesel-Flüren, oberhalb des Rheins, liegt der 160 Hektar große Auesee, Teil der Freizeitstätte „Rheinaue-Park". Hier können Sportfreunde einer Vielzahl von Freizeitaktivitäten frönen: Surfen, Segeln, Rudern, Tauchen und Angeln sind erlaubt. Eine Beachvolleyball-Anlage, ein Yachthafen sowie ein großes Freibad sind ebenfalls im Angebot. Das benachbarte Auestadion ist ausgerüstet mit Tartanbahn, leichtathletischen Anlagen, Werferwiese und Rollschuhbahn. Wem

▶ In der Aue
46487 Wesel

das alles noch nicht genug ist, der kann dem Segel- und Motorflugplatz „Römerwardt" einen Besuch abstatten, auf der Minigolfanlage sein Glück versuchen oder mit dem Fahrgastschiff „River Lady" rheinabwärts schippern.

Niederrhein Kanu

▶ Ulrich Sander
Blatehof 23
47665 Sonsbeck
Tel. 02838/779060
Fax 02838/779061
info@niederrhein-kanu.de
www.niederrhein-kanu.de

Mit Kanadiern, Kajaks oder Schlauchbooten kann man auf der Niers durch die Auenlandschaften des Niederrheins fahren. Man kann aber nicht nur Boote mieten, sondern einen auf individuelle Wünsche abgestimmten Urlaubstag erleben – der z.B. mit einem Sektfrühstück am Ufer der Niers beginnt und abends am Holzkohlengrill in gemütlicher Runde ausklingt.

Wasserskiseilbahn Xantener Südsee

▶ Strohweg 2
46509 Xanten
Tel. 02801/7156-0 o. -56
info@f-z-x.de
www.f-z-x.de
Öffnungszeiten:
Mitte März bis Mitte Mai und
Anfang September bis Mitte
Oktober: Fr 15-19 Uhr, Sa/So
12-19 Uhr, Mitte Mai bis Anfang September Mo-Fr 15-
20 Uhr, Sa/So/Fei 12-21 Uhr,
Sommerferien tägl. 12-21 Uhr

Bild links: Niederrhein Kanu
Bild rechts: Wasserski-
seilbahn Xantener Südsee

Ski- und Seilbahn passen immer zusammen, nicht nur auf verschneiten Bergen. Seit 1998 bietet die Xantener Südsee die Sommervariante – eine Wasserski-Seilbahn direkt neben der Strandbadelandschaft. Von April bis Oktober ist der Bretterspaß, ob auf Mono- bzw. Paarski oder auf dem Wakeboard, ein festes Angebot, bei einer Länge von fast 1 000 Metern können bis zu zehn Personen gleichzeitig Geschwindigkeiten von 30 bis 60 km/h erleben. Eine runde Sache im wörtlichen Sinne: Die „Abschleppaktion" dreht sich kreisförmig um eine moderne 5-Mast-Anlage. Für diejenigen, die sich noch nicht recht trauen, werden übrigens auch Wasserski- und Wakeboardkurse inkl. kompletter Ausrüstung wie Anfängerski, Neoprenanzug und Schwimmweste angeboten.

Freizeitzentrum Xanten GmbH (FZX)

Wenn Sie nicht nur im Internet, sondern auch richtig auf dem Wasser surfen wollen, dann sind Sie im Freizeitzentrum Xanten genau richtig. Auf 110 Hektar Wasserfläche der Xantener Nordsee und einem mindestens ebenso großen Gebiet der Xantener Südsee ist Surfspaß total garantiert. Kurse werden angeboten und Bretter können geliehen werden.

► Karthaus 2
46509 Xanten
Tel. 02801/772296
Fax 02801/772300
info@f-z-x.de
www.f-z-x.de

Freizeitbäder

Spaßbad Pappelsee

Neben dem Schwimmer- und dem Sprungbecken gibt es im großen Nichtschwimmerbecken einen Wildwasserkanal, Sprudelpilze, Wasserkanonen, Sprudel- und Massagedüsen. Viel Platz ist auf dem Rasen: Die Liegewiese ist 33 000 Quadratmeter groß.

► Bertastr. 74
47475 Kamp-Lintfort
Tel. 02842/81640
Fax 02842/719312
www.spassbad-pappelsee.de

Freizeitbad Neukirchen-Vluyn

Im kleinen und feinen Familienbad wird das Beckenwasser ohne Chlorgas desinfiziert. Man verwendet zwar eine Chlorverbindung, die wird aber in einer technischen Anlage des Freizeitbades nach Bedarf hergestellt – aus ungefährlichem Kochsalz.

► Tersteegenstr. 91
47506 Neukirchen-Vluyn
Tel. 02845/32953
info@freizeitbad-vluyn.de
www.freizeitbad-vluyn.de

Goch Ness

Auf die Besucher warten ein Strömungskanal, eine 65-Meter-Röhrenrutsche, eine große Außenterrasse, eine Liegewiese, ein eigener Strandbereich, Großspielgeräte und zahlreiche Wasserspiele von der Wasserkanone bis zur Regengrotte.

► Kranenburgerstr. 20
47574 Goch/ Kessel
Tel. 02827/92000
Fax 02827/920093
gochness@t-online.de
www.gochness.de

RheinBad

Das Rheinbad bietet eine große Liegewiese, eine Rutsche, Wasserspielzeug und einen Sandplatz für Ballspiele.

► Gantesweiler Str. 6
46483 Wesel
Tel. 0281/29043
www.baeder-wesel.de

RheinBad

► Strohweg 2
46509 Xanten-Wardt
Tel. 02801/715656
Fax 02801/715630
info@f-z-x.de
www.f-z-x.de

Nibelungenbad

Warmduscher bevorzugen den Hot-Whirl-Pool, die Kleinen finden die Spaßbecken mit Rutsche, Seehund und Wasserschlange klasse, und die ganz Harten findet man bei 10 Grad Celsius Wassertemperatur in der „Siegfriedgrotte". Ergänzt wird die Badelandschaft des Nibelungenbades vom Wellenfreibecken.

► Scheepersdyck 1
47661 Issum
Tel. 02835/5800
info@issum.de
www.issum.de

Spaßbad Hexenland

Eingebettet in die Freizeitanlage Koetherdyck in Sevelen befindet sich das Spaßbad Hexenland. Fast zwei Hektar Liegewiese mit herrlichem Baumbestand, ein Matsch- und Sandspielplatz, Unterwassermassage, eine Breitrutsche, Duschclown „El Brauso" und Spritznashorn „Bubu" locken die Wasserratten nach Sevelen.

► Am Sportzentrum 5
47445 Moers
Tel. 02841/44545
www.moers.de

Sportzentrum Rheinkamp

Zum Sportzentrum Rheinkamp gehören ein begrüntes Freizeitbad mit Spaß- und Planschbecken, Sport- und Lehrschwimmbecken, Sauna, Solarium und Vitaminbar. Wasserpilz, Massagedüsen, Whirl-Pool, Strömungskanal und Wasserrutsche sind weitere Besonderheiten. Das beheizbare

Spaßbad Hexenland

Freibad umfasst Sportbecken, Rutsche, Sprungturm, Spiel-geräte, Wellen- und Planschbecken. Als dritte Attraktion steht die Sporthalle mit 500-1 400 Tribünenplätzen zur Ver-fügung, übrigens auch anerkannter Landesleistungsstütz-punkt für den Volleyball-Sport.

Weitere Freizeitbäder

Freibad Erkelenz-Mitte
Westpromenade 2
41812 Erkelenz
Tel. 02431/85353

Freibad Gangelt
Am Freibad
52538 Gangelt
Tel. 02454/1848

Freibad Heinsberg-Kirchhoven
Schwimmbadstr. 59
52525 Heinsberg-Kirchhoven
Tel. 02452/7595

Freibad Übach-Palenberg
Dammstraße
52531 Übach-Palenberg
Tel. 02451/979195

Freibad Wassenberg
Parkstr. 7
41849 Wassenberg
Tel. 02432/248

Ostwestfalen-Lippe

Seen / Strandbäder

▶ Seeuferstraße
59558 Lippstadt

Strandbad Alberssee

Das Strandbad Alberssee war früher ein Baggersee, der von der Stadt Lippstadt zum Freizeit- und Badeparadies umgestaltet wurde. Große Sandstrände laden die Erwachsenen zum Sonnen und die Kinder zum Buddeln ein. Die Badebereiche sind für Nichtschwimmer und Schwimmer abgegrenzt und werden von der DLRG überwacht.

▶ Sennelagerstr. 66
33104 Paderborn-Sande
Tel. 05254/934846
Fax 05254/934847
mail@lippesee.net
www.lippesee.net

Lippesee

Der Lippesee ist durch Kiesgrabungen entstanden, die vor mehr als zwanzig Jahren großflächig begonnen wurden. Bis jetzt wächst die Seefläche ständig. Der Badestrand hat eine großzügige Liegefläche.

▶ Freizeitzentrum
SchiederSee
32816 Schieder
Tel. 05282/411
Fax 05282/968710
willkommen@schiedersee.com
www.schiedersee.com

Schiedersee

Der ca. 3,1 Kilometer lange und bis zu 350 Meter breite Schiedersee wurde Ende der siebziger Jahre vor allem aus Gründen des Hochwasserschutzes ausgehoben, entwickelte sich aber schnell auch zu einem touristischen Zentrum. Ein Freizeitzentrum am Südufer, zahlreiche Vereine bieten Wassersportmöglichkeiten, eine Schifffahrtslinie macht den See aber auch zu einem entspannten Naherholungsgebiet. Ein acht Kilometer langer Rundweg verläuft direkt am Ufer entlang einmal um den See.

▶ Am Höhneberg 7
49170 Hagen a.T.W
www.teutoburger-waldsee.de

Teutoburger Waldsee

Das Naturfreibad Waldsee lädt bei gutem Wetter zum Baden und Entspannen ein.

Schiedersee

Wassersport

Wasserski-Seilbahn Paderborn

Auf zwei Bahnen kann man in Paderborn übers Wasser flitzen. Außerdem wird für Kinder ab sieben Jahren ein Wasserski-Anfängerkurs angeboten.

▶ Sander Str. 160
33106 Paderborn-Sande
Tel. 05254/68660
www.wasserski-paderborn.de

Freizeitbäder

Aqualip

Auf einer der Sonnenliegen direkt am Wasser oder auf der 5 000 Quadratmeter großen Liegewiese findet jeder einen Platz zum Entspannen. Für die nötige Erfrischung an heißen Sommertagen sorgt das große Außenschwimmbecken. Und für die kleinen Gäste bietet das Aqualip ein großzügig angelegtes Planschbecken. Ein Spielplatz befindet sich in unmittelbarer Nähe.

▶ Georg-Weerth-Str. 19
32756 Detmold
Tel. 05231/607250
info@aqualip.de
www.aqualip.de

► Schwimmbadstr. 14
33175 Bad Lippspringe
Tel. 05252/9640
Fax 05252/964170
info@westfalentherme.de
www.westfalentherme.de

Westfalen-Therme

Eine rasante Steilabfahrt von der 150 und 70 Meter langen Wasserrutsche, der Strömungskreisel, die Wasserkanone und rauschende Wasserfälle – die Westfalen-Therme hat viel zu bieten.

Weitere Freizeitbäder

Freibad Berlebeck
Paderborner Str. 10
32760 Detmold
Tel. 05231/48657

Rolandsbad Paderborn
Stolbergallee 20
33100 Paderborn
Tel. 05251/33327

Freibad Fischerteich
Am Fischerteich
32758 Detmold
Tel. 05232/8351

Waldbad Schloß Neuhaus
Hermann-Löns-Str. 129
33104 Paderborn
Tel. 05254/2308

Freibad Schwarzenbrink
Freibadstr. 66
32758 Detmold
Tel. 05231/68582

Sälzer Lagune
Alte Bleiche 10
33154 Salzkotten
Tel. 05258/21962

Kemnader See

Ruhrgebiet

Seen / Strandbäder

Naturfreibad Heil

Das in einem Altarm der Lippe gelegene Naturfreibad verspricht ein Badeerlebnis in natürlicher Umgebung. Zur Freude der Kinder gibt es eine Rutsche ins kühle Nass. Eine große Freifläche unter Bäumen bietet Raum und Ruhe für Erholungssuchende.

▶ Dorfstraße
59192 Bergkamen
Tel. 02389/1335
Öffnungszeiten:
10-19 Uhr (bei schönem Wetter)

Kemnader See

Der jüngste der fünf Ruhrstauseen ist der Kemnader Stausee zwischen Bochum, Witten und Hattingen. Obwohl man bereits 1929 mit der Planung für den Bau begann, wurde der See erst zwischen 1976 und 1979 fertiggestellt. Ca. 10 Kilometer lange Uferwege sowie eine 125 Hektar große Wasserfläche kennzeichnen den See, der inzwischen zu einem beliebten Ausflugsziel geworden ist. Hier tummeln sich an warmen Sommertagen Hunderte von Spaziergängern, Skatern und Radfahrern. Gespeist wird der See von der Ruhr und dem Ölbach. Freunde des Wassersports können auf dem See surfen, segeln, rudern, Kanu oder Tretboot fahren. Mit einem der Fahrgastschiffe kann man eine Rundfahrt machen oder sich ruhraufwärts Richtung Witten-Bommern schippern lassen. Für Schwimmbegeisterte steht das Freizeitbad Heveney in Witten zur Verfügung, im See selbst ist Baden verboten. Mehrere Liegewiesen, Rast- und Grillplätze sowie ein zweites Freizeitgelände am See in Oeveney runden das Angebot ab.

▶ Freizeitzentrum Kemnade
Querenburger Str. 29
58454 Witten
Tel. 02302/2012-0
Fax 02302/2012-12
www.fzkemnade.de
www.kemnadersee.de

▶ Glörstraße
58339 Breckerfeld
Tel. 0201/2069-534
Öffnungszeiten:
Mai bis September
Sa/So/Fei 9-20 Uhr
(das Baden ist nur bei besetzter
DLRG-Station erlaubt)

Glörtalsperre

Die bei Ausflüglern wegen der landschaftlich herrlichen Umgebung beliebte Talsperre verfügt über einen Naturstrand am Nordufer des Stausees. Zusätzlich gibt es einen schönen Liegebereich, ein Strandcafé mit Terrasse und einen kleinen Spielplatz. Die DLRG-Station bietet sanitäre Anlagen und Umkleiden. Der Eintritt ist frei, es wird aber eine Parkgebühr erhoben.

Sechs-Seen-Platte Duisburg

Nicht weit entfernt von der Innenstadt Duisburgs liegt, als Ergänzung zum benachbarten Sportpark Wedau, die Sechs-Seen-Platte. Das Naherholungsgebiet, das seinen Ursprung in den sechs Baggerseen namens Wambach-, Masuren-, Böllert-, Wolf-, Wildförster- und Blauer See hat, ist mit einer Gesamtfläche von knapp 300 Hektar (davon ca. 158 Hektar Wasserfläche) eines der größten und attraktivsten Freizeiteinrichtungen in weitem Umkreis. Seit 1962 unterliegt das gesamte Areal, ehemals im Besitz des Grafen von Spee, der Stadt Duisburg. Drei Segelvereine haben am Masurensee ihre schmucken Clubhäuser errichtet. Ein Bootsverleih ermöglicht aber auch Nicht-Mitgliedern einen kleinen Törn auf dem Baggersee. Ideale Bedingungen finden an den übrigen Seen

Sechs-Seen-Platte
Duisburg

Angler, Windsurfer, Paddler, Modellboot-Kapitäne und Trimm-Dich-Sportler. Ein 17,5 Kilometer langes Wegenetz, von dem neun Kilometer an den Seeufern entlang führen, lädt ein zu ausgiebigen Fuß- und Radwanderungen. Am Wolfssee wurde 1972 ein Freibad eröffnet, dessen 400 Meter langer Strand mit Sand aus der See aufgespült wurde. Neben den traditionellen Angeboten für die Kleinen wie Wald- und Robinsonspielplatz locken den Besucher außerdem ein Golfplatz, eine Ponyreitbahn sowie für die kalten Tage eine Rodelbahn.

Wolfsee

Wolfsee

Familienfreundliches Freibad mit schmalem Sandstrand und großer Liegewiese, ausgezeichnet mit der „Blauen Flagge – Europa 2000", dem Symbol für die besten Badegewässer Europas. Beachvolleyball- und Basketballfelder stehen ebenso zur Verfügung wie eine Gastronomie.

▶ Kalkweg
47279 Duisburg
Tel. 0203/720405
Öffnungszeiten:
15. Mai bis 12. September
tägl. 10-20 Uhr

Kruppsee

Der attraktive Naturbadesee mit Sandstrand ist bei schönem Wetter natürlich erste Wahl. Es gibt aber auch ein beheiztes Becken. Komplettiert wird die Anlage durch einen Spielplatz und Angebote zu Basketball und Tischtennis.
Infos: Schwimmverein Rheinhausen 1913 e.V.

▶ Bachstr. 2
47229 Duisburg
Tel. 02065/ 41433
Öffnungszeiten:
Anfang Mai bis Mitte
September (bei gutem Wetter)
tägl. 9-19 Uhr

▶ Infos: Trägerverein e.V.
Freizeitanlage Großenbaum
Buscher Str. 65
47269 Duisburg
Tel. 0203/761101
Öffnungszeiten:
Anfang Mai bis September
tägl. 10-19 Uhr

▶ Hengsteyseestraße
58313 Herdecke

Großenbaumer See

Seebad mit Liegewiese und Strand. Familienfreundlich sind die zahlreichen Spielgeräte am und im Wasser. Oberhalb des Sees gibt es Erfrischungen.

Hengsteysee

In zweifacher Hinsicht stellte der 160 Hektar große Hengsteysee zwischen Herdecke und Witten zur Zeit seiner Erbauung im Jahre 1928 eine Besonderheit dar: Zum einen war er erster Stausee der Ruhr, zum anderen wurde an seinen Ufern das erste Pumpspeicherkraftwerk der Welt erbaut. Das Koepchenwerk, nach seinem Erfinder Professor Arthur Koepchen benannt, ist bis heute in Betrieb und versorgt die umliegende Gegend mit Strom. Oberhalb des Sees im Norden liegt auf Dortmunder Stadtgebiet eine weitere Attraktion, die Hohensyburg, einstige Burganlage der Herren von Sieberg, heute trotz Verbleib nur einiger weniger Ruinen beliebtes Ausflugsziel. In Serpentinen, die bei Motorradfahrern besonders beliebt sind, geht es zurück zum Seeufer, wo man verschiedene Freizeitangebote nutzen kann: Auf dem Wasser verkehrt zwischen Mai und Oktober regelmäßig das Personenschiff „Freiherr vom Stein", außerdem kann man segeln, surfen und Bötchen fahren. Zum Schwimmen lädt das Freibad Hengsteysee ein, denn im See selbst ist das Baden verboten. Das Freizeitzentrum Bleichstein bietet außerdem Sportrasenflächen, Spielplatz, Grillplatz und Seilbahn. Lange Spazierwege leiten rund um das Areal, für einen kompletten Rundweg benötigt man ca. eine Stunde Gehzeit.

▶ Wehrenboldtstraße
44534 Lünen
Tel. 02306/53269
www.baeder-luenen.de
Öffnungszeiten:
tägl. 7-20 Uhr (bei sommerlichen Temperaturen)

Cappenberger See

Der Cappenberger See Lünen liegt südlich des Forstes Cappenberg, zwischen Richard-Schirrmann-Weg und Wehrenboldtstraße. Neben den vielen Freizeit- und Erholungsstätten der Revierstadt wie Lippe, Seepark Lünen und Datteln-Hamm-Kanal stellt der Cappenberger See eine bedeutsame Freizeitanlage dar. Wer auf der Suche nach aktiver Erholung ist, kann hier eine Kanutour unternehmen oder sich im be-

Cappenberger See

nachbarten Freibad mit vier Schwimmbecken, Kletterhügel, Quellstrudel, Spritzdüsen, Schiffchenkanal, Matschplatz, Sprudelpilz und einer 75 Meter langen Kurvenrutsche austoben. Kiosk und Liegewiesen sind ebenfalls vorhanden. Am Westufer des Sees liegen Tennisplätze und ein Sportplatz, auf der gegenüberliegenden Seite die Jugendherberge sowie diverse Sport- und Freizeitanlagen.

Harkortsee

► Kaiserstraße
58300 Wetter

Zwei Jahre nach der Fertigstellung des Hengsteysees wurde flussabwärts im Jahre 1930 ein weiterer Ruhrstausee errichtet: der Harkortsee. Seinen Namen erhielt der See in Erinnerung an den Industriellen Friedrich Harkort, der 1818 auf dem Plateau der Burgruine Wetter die „Mechanischen Werkstätten" gründete, einen Betrieb, der Dampfmaschinen für den beginnenden Ruhrbergbau herstellte. Ebenso wie der benachbarte Hengsteysee dient auch der Harkortsee der Energiegewinnung durch Wasserkraft: Das Turbinenhaus der Firma Peter Harkort & Sohn sowie das Pumpspeicherkraftwerk Koepchen sind die zentralen Bestandteile der Anlage, die helfen, das durchfließende Ruhrwasser in Strom umzuwandeln. Neben dieser wirtschaftlichen Funktion der Energiegewinnung spielt der Harkortsee, wie auch alle übrigen Ruhrstauseen, als naturnahe Freizeitstätte eine wichtige Rolle. Mit einer Länge von ca. drei Kilometern und einer Breite von etwa 600 Metern bietet der Harkortsee Wassersportmöglichkeiten wie Segeln, Surfen und Paddeln. Das Personenschiff „MS Friedrich Harkort" verkehrt regelmäßig zwischen Wetter, Herdecke und Hagen. Freunde des Schwimmsports lädt das Freibad in Wetter mit großem Becken und Rutsche ein, ganz in der Nähe liegt außerdem ein

Kinderspielplatz. Wer einen Überblick über den gesamten See gewinnen will, sollte den Aufstieg zum 232 Meter hohen Harkortberg in Alt-Wetter nicht scheuen. Hier befindet sich auch der sog. Harkortturm, den schwindelfreie Zeitgenossen gerne besteigen können.

Wassersport

▶ Ulrich Keller
Blumenfeldstr.9
44795 Bochum
Tel. 0234/5882856 o.
Tel. 0234/5464691
Fax 0234/5464692
Mobil 0175/3377247
info@kanu-verleih-bochum.de
www.kanu-verleih-bochum.de

Kanu-Verleih-Bochum

Der Sommerspaß kann so einfach sein – zum Beispiel mit einer Kanutour auf der Ruhr. Der Kanu-Verleih-Bochum bietet neben den dafür notwendigen Kanus noch jede Menge Annehmlichkeiten: Bereitstellung der Kanus an verschiedenen Einstiegsstellen zwischen Wetter und dem Baldeneysee, Tourenvorschläge zwischen 2-8 Stunden Paddelzeit, und sogar eine Übernachtung auf einem der Campingplätze am Ufer wird organisiert. Für romantische Geister gibt es einen speziellen Dienst: Wer will, kann nach der Kanutour mit einem Planwagen zurück zur Einstiegsstelle oder zu einem Restaurant / Biergarten in der Umgebung gebracht werden.

▶ Sportamt Stadt Duisburg
Kruppstr. 30 a
47049 Duisburg
Tel. 0203/9976164
sportamt@stadt-duisburg.de
www.regattabahn-duisburg.de

Regattabahn Sportpark Wedau

Entstanden aus einem Baggersee und 1935 durch eine Ruderregatta eröffnet, hat sich die Regattabahn des Sportparks Wedau zu einer der internationalen Top-Regattastrecken entwickelt. Anfang der 1970er Jahre mit einem Windschutz-

Sportpark Wedau

Wasserski Wedau

damm versehen und seit den Kanu-Weltmeisterschaften 1979 im Zielbereich völlig neu gestaltet, trifft sich auf Duisburgs Renommieranlage die Weltelite des Kanu- und Rudersports. Als Schauplatz der Kanu-Weltmeisterschaften 1979, 1987 und 1995 sowie der Ruder-Welttitelkämpfe 1983 ist die 2 180 Meter lange Regattastrecke nicht nur regelmäßiger Veranstaltungsort internationaler Wettkämpfe, sondern auch Bundes- und Landesleistungszentrum für den Kanurennsport. Die Tribüne bietet Sitzplätze für 2 500 Zuschauer, davon sind 863 Plätze überdacht. 8 000 Zuschauer können die Regatten von den Stehplätzen vor der Tribüne und vom anschließenden Windschutzdamm aus verfolgen. 2005 war die Regattabahn einer der zentralen Wettkampforte der World Games. Im Jahr 2007 werden hier die Kanu-Weltmeisterschaften ausgetragen.

Wasserski Wedau

Auf Skiern oder Wakeboards übers Wasser gleiten – die Seilbahn auf der Wedau macht's möglich. Die Geschwindigkeit richtet sich nach dem Leistungsvermögen, anfangs geht's mit 30 km/h, später dann doppelt so schnell über den See. Für die routinierten Profis stehen natürlich auch Sprünge und Slalomfahrten auf dem Programm Und wer den Kick nicht alleine genießen möchte, kommt mit Freunden und bucht eine Gruppenfahrt.

▶ Bertaallee 10
47055 Duisburg
Tel. 0203/726457
Fax 0203/726437
info@strandbad-wedau.de
www.strandbad-wedau.de
Öffnungszeiten:
Ende März bis Ende Oktober;
ab Mitte Mai tägl. ab 13 Uhr
bis Sonnenuntergang

▶ Lohfelder Weg 91
47239 Duisburg
Tel. 02151/403747
Fax 02151/403648
info@wasserskilift-toeppersee.de
www.wasserskilift-toeppersee.de

Toeppersee

Die Freizeitanlage Toeppersee im linksrheinischen Stadtteil Rheinhausen bietet mit 62 Hektar Wasser- und 86 Hektar Liegefläche ein wichtiges innerstädtisches Naherholungsgebiet. Das Angebot für Freunde des Wassersports ist vielfältig: Hier kann man segeln, surfen, rudern, schwimmen und angeln. Ein Wellenbad sowie eine Wasserskianlage sind ebenfalls im Programm, die entsprechende Ausrüstung kann gegen eine Gebühr ausgeliehen werden. Ein Kiosk mit Außenterrasse versorgt die Besucher mit Speisen und Getränken.

▶ Freiherr-vom-Stein-Straße
45133 Essen

Essener Segelwoche

Die 1957 erstmals ausgerichtete Essener Segelwoche ist eine der größten ihrer Art in Deutschland. Ausgerichtet von der Wettfahrgemeinschaft der Segler am Baldeneysee mit insgesamt 27 Vereinen und 2 800 Mitgliedern, präsentiert die Segelwoche als Höhepunkt die internationale Regatta um den „Ruhr-Euro-Cup".

Daneben besticht die Veranstaltungsreihe durch ein Rahmen- und Breitensportprogramm – vom Drachenbootrennen über die Mini-Regatta für Modellboote bis hin zu Kanusport, Seelauf und Biketour. Gesäumt wird die Veranstaltung in jedem Jahr von tausenden von Zuschauern.

▶ Fleherweg 87
45279 Essen
Tel. 0201/890601-02
Fax 0201/890601-19
info@kanuschule.de
www.kanuschule.de

Essener Kanuschule

Vor dem Kanuspaß steht das Lernen – mit dieser Philosophie des auch gegenüber anderen verantwortlichen Fahrens versteht sich die Schule zunächst als Ausbildungsstandort. Zusätzlich werden u.a. Kanutouren auf der Ruhr angeboten.

▶ Ruhrstr. 18
58239 Schwerte
Tel. 02304/61699
Fax 02304/61699
info@lenne-ruhr-kanu-tour.de
www.lenne-ruhr-kanu-tour.de

Lenne-Ruhr-Kanu-Tour

Geführte Touren oder einfach alleine lospaddeln auf Ruhr und Lenne zwischen Herdecke und Schwerte. Rückholdienst und Infomaterial sind mit inbegriffen.

Ruhr-Piraten

Tages- oder mehrtägige Touren mit oder ohne Begleiter auf der Ruhr zwischen Schwerte und Mülheim, mit Kerngebiet zwischen Witten und Essen.

► Ralf Schockmann
Auf dem Hee 29
58455 Witten
Tel. 02302/2863030
www.ruhr-piraten.com

Freizeitbäder

Atlantis

2001 eröffnete, weitläufige Wasserlandschaft unter einer lichten Glaskuppel. Die Badeanlage besteht aus einer Erlebnishalle, vier Rutschen von 54 bis 109 Metern Länge, Saunadorf mit Garten, Solarien, Solebecken, Felsenturm, Brodelbucht, Wasserfällen, Fitnessraum und Gastronomie. Nicht nur für die Kleinen ein Hit: Im Kinderbecken ankert ein echter Krabbenkutter.

► Konrad-Adenauer-Platz 1
46282 Dorsten,
Tel. 02362/9517-0
Fax 02362/9517-11
info@atlantis-dorsten.de
www.atlantis-dorsten.de
Öffnungszeiten:
Mo-Do 8-23 Uhr, Fr 8-24 Uhr,
Sa 10-24 Uhr,
So/Fei 8-22 Uhr

Inselbad Bahia

Das Inselbad Bahia ist eine großzügig angelegte Badelandschaft mit karibischem Flair. Hier wird Wohlfühlen großgeschrieben: Neben Whirlpool, Strömungskanal, Außenschwimmbecken, Massagebereich und mehreren Solarien bietet die Anlage eine weitläufige Saunalandschaft mit Erd-, Blockbohlen- und Biosauna sowie Kräuterbad. Unterschiedliche gastronomische Einrichtungen versorgen die Badegäste mit Speis und Trank, darunter eine Sauna-Außenbar, in der ein leckerer Bahia-Cocktail serviert wird. Auch die Kinder kommen im Inselbad nicht zu kurz: Im Wasserspielgarten können die Kleinen baden, spielen und sich austoben.

► Hemdener Weg 169
46399 Bocholt
Tel. 02871/27266-0
Hotline: 02871/27266-33
Fax 02871/27266-6
info@bahia.de
www.bahia.de
Öffnungszeiten:
Mo-Sa 10-22 Uhr,
So/Fei 9-21 Uhr

Atlantis

Sole- und Freibad Revierpark Wischlingen

Sole- und Freibad Revierpark Wischlingen

▶ Höfkerstr. 12
44149 Dortmund
Tel. 0231/917071-0 (Info)
Tel. 0231/917071-40 (Solebad)
Fax 0231/917071-90
info@wischlingen.de
www.wischlingen.de
Öffnungszeiten:
Solebad: Mo-Do/So 8-22 Uhr,
Fr/Sa bis 24 Uhr
Wellenfreibad Mai bis Ende
August Mo-Fr 11-19 Uhr,
Sa/So/Sommerferien 9-20 Uhr

Der überdachte Innenbereich beherbergt in tropischem Ambiente ein Solebad mit Sauna, Solarien, Aktivwelt, Massagepraxis und Bistro. Badenixen und Wasserratten können im beheizten Außenbecken und im ca. 30 Grad warmen Innenbecken das ganze Jahr aktiven Badespaß genießen. Jeden Samstag von abends Acht bis Mitternacht: Paradies-Abend. Textilfrei baden wie Adam & Eva. Sommer, Sonne, Wasserspiele: sun & fun im riesigen Wellen-Freibad, in dem man stündlich die Brandung spüren kann, mit Liegewiese, Strandkörben, Kinder- und Sprungbecken.

Niederrhein-Therme im Revierpark Mattlerbusch

▶ Wehoferstr. 42
47169 Duisburg
Tel. 0203/99584-0
niederrhein-therme@t-online.de
www.niederrhein-therme.de
Öffnungszeiten:
tägl. 8.30-23 Uhr

Die Bäderlandschaft besteht aus einem Sole-Thermalbad (innen und außen), Wasserfall, Karibikwellenbad, zahlreichen Saunen, tropischem Palmengarten, Whirlpools, Ruhezonen und Fitnesstreff. Eine weitere Attraktion ist die 40 Meter lange Salinenanlage, deren angenehm salzige Luft dem Körper wohltuende Erholung verspricht.

Niederrhein-Therme im Revierpark Mattlerbusch

aktivarium im Revierpark Nienhausen

aktivarium im Revierpark Nienhausen

Das attraktive und abwechslungsreiche Wasserparadies bietet Schwimmbecken, Whirlpools, Erlebnisduschen, Kaltwasserbecken und Wassertretbecken. Im Freibad sorgen Wellen-, Kinderschwimm- und ein 50-Meter-Sportbecken für Badespaß. Das 35 Grad warme Soleaußenbecken mit Unterwassermassagedüsen verspricht ebenso Wellness pur wie die vielfältige Saunalandschaft mit Saunagarten, Solarien und Massage-, Chi-Energie-, Reiki- und Hot Stone-Anwendungen.

▶ Feldmarkstr. 201
45883 Gelsenkirchen
Tel. 0209/94131-0
Fax 0209/94131-99
info@revierpark-nienhausen.de
www.revierpark-nienhausen.de
Öffnungszeiten:
Freibad: Mai bis Ende August
8-19 Uhr;
aktivarium: tägl. 9-22 Uhr,
Mi/Fr 9-23 Uhr, So/Fei 9-20 Uhr

LAGO im Revierpark Gysenberg

Erholung und Spaß für die ganze Familie sind im LAGO garantiert. Die Wasserwelt besteht aus Schwimmer-, Warm-, Wellen- und Spaßbecken sowie einem Sole-Bad, das vom Wanne-Eickler Heilwasser gespeist wird. Eine der großen Attraktionen ist die 100 Meter lange Riesenrutsche. Solarien, abwechslungsreiche und schön gestaltete Saunalandschaft und der Beauty Point mit vielfältigen Massage- und Physiobehandlungen runden das riesige Angebot ab.

▶ Am Revierpark 40
44627 Herne
Tel. 02323/969-0
Fax 02323/969-111
info@gysenberg.de
www.gysenberg.de
Öffnungszeiten:
Mo-Do/So 8-23 Uhr,
Fr/Sa 8-24 Uhr

Freizeit-Allwetterbad

Im Freizeit-Allwetterbad in Schwerte ist aktive Erholung angesagt – und das, wie der Name schon sagt, bei jedem Wetter. Den bade- und schwimmbegeisterten Besucher empfangen mehrere Spaßbecken mit Grotte, Wasserfall und Wasserkanone, eine Riesenloopingrutsche von 55 Metern Länge (Höhenunterschied: 5,50 Meter), eine Sonnenterrasse sowie großzügige Liegewiesen, die auch für FKK genutzt

▶ Schützenstr. 30a
58239 Schwerte
Tel. 02304/24418-0
Fax 02304/24418-27
www.freizeit-allwetterbad.de
Öffnungszeiten:
Mo 12-22 Uhr, Di-Fr 10-22 Uhr,
Sa/So/Fei 9-22 Uhr

werden können. Wer auf Gesundheit setzt, kann sich im Natursolebecken, in verschiedenen Saunen, im Solarium oder Dampfbad entspannen. Ein Hot-Whirlpool mit Massagedüsen und Bodensprudler lassen ein prickelndes Wohlbefinden aufkommen. Bistro und Restaurant sorgen zusätzlich für einen angenehmen Aufenthalt.

▶ Jürgen Graef Allee 2
59065 Hamm
Tel. 02381/878-0
Fax 02381/878-3809
info@maximare.com
www.maximare.com
Öffnungszeiten:
Aquawelt: tägl. 9-22 Uhr
Sportbad: Mo-Fr 6-22 Uhr,
Sa/So 9-22 Uhr
Sauna: tägl. 9-23 Uhr
Wellnesswelt: tägl. 10-22 Uhr

Maximare

Wasser(spiele) in allen Formen: Im Wellenbecken mit den Wogen spielen, in der Reifenrutsche eine 95 Meter lange Talfahrt erleben oder im Wildwasserbach durch Kurven, Stromschnellen und Flusspassagen gleiten – das Maximare bietet alle Möglichkeiten. Daneben warten natürlich auch ein hochmodernes 50-Meter-Sportbecken und ein separater Kleinkinder-Wasserbereich.

Doch Schwimmen ist im Maximare nicht alles: Das 34 Grad warme Solebecken verspricht Entspannung. Gemeinsam mit einem umfangreichen Saunaangebot (u. a. Dampfbad, Fegefeuersauna, Erdsauna, Salzsauna), mit Solesee, Meditationsbrunnen, Sinnesbad, Solarien, Aquafitness und einer vielfältigen Wellnesswelt mit verschiedenen Verwöhnprogrammen dient die Erlebnistherme dem allgemeinen Wohlbefinden. Für den großen und kleinen Hunger stehen der „Freeflow-Bereich" in der Aquawelt und das „SaunaBistro" bereit. Zusätzlich gibt's aktuelle Sportübertragungen in der externen Premiere-Sportsbar.

Maximare

Copa Ca Backum

Copa Ca Backum

Mitten im Backumer Tal, einer großzügigen Grünanlage mit Einrichtungen wie Tennis, Tischtennis, Boccia, Trimm-Dich-Strecke, Rodelbahn und See, liegt die familienfreundliche Badelandschaft Copa Ca Backum. Wer einen erlebnisreichen Badetag mit der ganzen Familie unternehmen möchte, ist hier genau richtig. Denn das Angebot ist in erster Linie auf die jüngeren Besucher des Bades ausgerichtet: Sprühanlagen, Riesenrutsche, Wildwasserkanal, Wasserfall und Spielgarten lassen so schnell keine Langeweile aufkommen. Das Wichtigste: Erfahrene Betreuer kümmern sich auf Wunsch um die Kleinen, etwa wenn die Eltern die Sauna- oder Solariumslandschaft besuchen wollen. Für ein Rundum-Wohlfühlen sorgen außerdem: Hot-Whirlpool, Fitnessraum, Salinenanlage sowie Soleaktivbecken im Innen- und Außenbezirk. Ein großzügiger gastronomischer Bereich sorgt für das leibliche Wohl der Gäste.

▶ Über den Knöchel / Teichstraße
45699 Herten
Tel. 02366/307-311 (Ansage)
Tel. 02366/307-310 (Kasse)
copacabackum@ herten.de
www.copacabackum.de
Öffnungszeiten:
Hallenbad: tägl. 7-21 Uhr, Mo 10-21 Uhr
Freibad: Mai bis September (bei entsprechender Witterung) tägl. 7-21 Uhr
Freizeitbad/Saunalandschaft: Mo 10-22 Uhr, Di 8-22 Uhr, Mi-Fr 8-23 Uhr, Sa/So 8-21 Uhr

Naturfreibad Styrum

Zurück zur Natur, das ist die Devise des im Juni 2006 eröffneten Bades, das das alte, konventionelle Freibad ersetzt. Die früheren Schwimmbecken wurden komplett saniert – ohne Kacheln und Chlor kann jetzt auf 3 000 Quadratmeter Fläche das Badevergnügen genossen werden. Die Sandbecken sind mit Schilf bewachsen, deren Reinigung ganz naturnah verläuft: Das Wasser wird mehrmals täglich durch einen großen Filter aus Kies und Pflanzen gepumpt. Stündlich werden 400 Kubikmeter gewechselt. Damit das System klappt, ist die Kapazität auf täglich 3 000 Besucher begrenzt. Neben

▶ Friesenstr. 101
45476 Mülheim an der Ruhr
Tel. 0208/992670
www.muelheim-ruhr.de
Öffnungszeiten:
Freibadsaison: Mo-Fr 10-19 Uhr, Sa/So 9-20 Uhr, Beachside Club bis 1 Uhr nachts

Naturfreibad Styrum

den naturbelassenen Fluten locken der Zehnmeter-Sprung-
turm im neuen, rot-weiß gestreiften Look, Beachvolleyball,
Basketball und Klettermöglichkeiten sowie der neu angelegte
Beachside-Club, der als Relaxzone mit Cocktails, Speisekarte,
Liegestühlen im Sand und Chill-Out-Musik die direkte
Fortsetzung ins Abend- und Nachtleben anbietet. Hier fin-
den Partys und Events statt.

Sole- und Freibad Revierpark Vonderort

Im Freizeitbad befördert eine 90-Meter-Rutsche die Gäste
in rasantem Tempo ins feuchte Nass, wo Massagedüsen,
Nackendusche, Wellenbad und Whirlpool warten. Die neugestaltete Saunalandschaft mit sieben verschiedenen Saunatypen sowie Dampfbad und Solarien verspricht zusätzliche
Erholung. Zur Stärkung hält das Bistro leckere Speisen und
Getränke bereit.

▶ Bottroper Str. 322
46117 Oberhausen-Osterfeld
Tel. 0208/99968-0
Fax 0208/99968-99
info@revierpark.com
www.revierpark.com
Öffnungszeiten:
Freibad: Mai bis August
tägl. 8-21 Uhr
Solbad/ Sauna: Mo-Do 8-
22.30 Uhr, Fr/Sa 8-23 Uhr,
So 8-21 Uhr

Sole- und Freibad
Revierpark Vonderort

maritimo in der Freizeitstätte
Stimbergpark

maritimo in der Freizeitstätte Stimbergpark

Die Freizeitstätte hält für ihre Besucher mehrere unterschiedliche Attraktionen bereit, darunter das Frei- und Wellenbad
„maritimo" mit Sport-, Freizeit- und Erlebnisbad, Saunalandschaft, Wellnessresort und einem großen Freibad sowie
einer ambitionierten Gastronomie. Mittlerweile wurde die
Saunalandschaft des erst 2004 eröffneten maritimo als eine
der besten fünf Anlagen im deutschsprachigen Raum ausgezeichnet. Auch hier gibt's natürlich eine Riesenrutsche, die
die Badegäste auf 80 Meter in die Tiefe befördert. Für die
Kleinsten stehen Planschbecken und Wasserpilze zur Verfügung.

► Am Stimbergpark 80
45739 Oer-Erkenschwick
Tel. 02368/698-0
Fax 02368/698-199
kontakt@maritimo.info
www.maritimo.info
Öffnungszeiten:
Freibad:
Mai bis September 9-19 Uhr
Sport- und Freizeitbad:
tägl. 10-19 Uhr
Sauna/Wellnessbereich:
Mo-Do 9-23 Uhr,
Fr/Sa 9-24 Uhr, So 9-21 Uhr

maritimo in der Freizeitstätte
Stimbergpark

Biggesee

▶ www.biggesee.de

Seen / Strandbäder

Biggesee

Die zwischen den Städten Olpe und Attendorn gelegene Biggetalsperre entstand in den Jahren 1956 bis 1965. Zusammen mit der 1912 gebauten Listertalsperre, die heute als
Vorbecken der Biggetalsperre fungiert, umfasst sie ein Stau-
volumen von 172 Millionen Kubikmetern und eine Wasserfläche von 8,76 Quadratkilometern bei einer Länge von
ca. 20 Kilometern. Neben den üblichen Aufgaben der Trink-
wasserversorgung und des Wasserausgleichs fungiert der Biggesee auch als Freizeitparadies. Ob Baden, Angeln oder Tret-
bootfahren, Surfen, Segeln oder Tauchen: Hier stellt sich das
„Wasserland" für Ausflügler und Urlauber auf höchst vielfältige und unterhaltsame Weise dar. Empfehlenswert ist auch
eine Fahrt mit einem der Schiffe der Weißen Flotte der Personenschifffahrt Biggesee. Von hier aus kann man die Aktivitäten rund um den See – Planwagenfahrten, Skaten, ausgewiesene Wander- und Fahrradwege gibt es rund um den
ganzen See – beobachten oder den Blick auf die ruhigeren,
geschützten Teile lenken, in denen sich seltene Pflanzen und
vor allem die Vogelwelt wohl fühlen. Mitten im Biggesee liegt
die etwa 100 Hektar große Insel „Gilberg", die mit den um-
gebenden Wasserflächen und nahen Uferbereichen als Vogel-
schutzgebiet eingestuft ist. Von den Einheimischen wird sie
passend „Vogelinsel" genannt.

Diemelsee

Ob Schwimmen, Segeln, Surfen, Ruder- oder Elektroboot-fahren – all das ist am Diemelsee, der eine Wasserfläche von 166 Hektar hat, möglich. Die Ufer sind für jedermann frei zugänglich. Das Strandbad hat eine Wasserrutsche und viele Kinderspielgeräte.

▶ Touristinformation
Diemelsee
Kirchstr. 6
34519 Diemelsee-Heringhausen
Tel. 05633/91133
info@diemelsee.de
www.diemelsee.de

Möhnesee

Mit einer Größe von 10,37 Quadratkilometern ist der Möh-nesee der flächengrößte Stausee in Nordrhein-Westfalen. Die gigantische, 650 Meter lange und 40 Meter hohe Staumauer wurde zwischen 1908 und 1913 aus Bruchstein errichtet. Die Talsperre fasst bei Vollstau 134,5 Millionen Kubikmeter Was-ser, was einem jährlichen privaten Wasserverbrauch von drei Millionen Menschen entspricht. Dennoch ist der Möhnesee kein direkter Trinkwasserspender. Das gespeicherte Wasser wird über die in die Ruhr mündende Möhne abgeleitet – erst die Wasserwerke entlang der Ruhr bereiten das Möhnewasser dann zu Trinkwasser auf. So gibt sich der Möhnesee bedenken-los als Freizeitparadies für die Menschen, die hier nach Lust und Laune alle Möglichkeiten des Wassersports – vom Schwim-men und Angeln bis hin zum Segeln und Surfen – nutzen.
Die Größe des Möhnesees garantiert gleichzeitig ein einma-liges Areal für zahlreiche Wasservogelarten, die vor allem in den drei Naturschutzgebieten Hevearm, Kleine Schmalenau und Möhneaue (Völlinghausen) Ruhezonen und Rückzugs-gebiete finden.

▶ Hauptstr. 19
59519 Möhnesee
Tel. 02924/9810
Fax 02924/981141
www.moehnesee.de

Staumauer am Möhnesee

Am Möhnesee gibt es zwei Strandbäder – in Delecke und in Warmel. Außerdem eine freie Badestelle in Körbecke.

► Linkstr. 20
59519 Möhnesee-Delecke
Tel. 02924/5081
Fax 02924/1749
www.strandbad-delecke.de

Strandbad Delecke

Schwimmen kann man unter Aufsicht eines freundlichen Schwimmmeisters. Für Nichtschwimmer gibt es eine besondere Abgrenzung.

► Bahnhofstr. 28
59519 Möhnesee-Wamel
Tel. 02924/810700
www.uferlos-moehnesee.de

Strandbad Wamel

1 500 Tonnen feiner, weißer Sand laden zum Südsee-Kurzurlaub am Möhnesee ein. Man kann die Sonne in einem Strandkorb genießen oder lässt sich einen Cocktail an die Sonnenliege servieren.

► Olper Bäderbetriebe
GmbH
Seeweg 5
57462 Olpe
Tel. 02761/93850
Fax 02761/938533
info@freizeitbad-olpe.de
www.freizeitbad-olpe.de
► 57489 Drolshagen
Gut Kalberschnacke
Tel. 02763/6171
www.camping-kalber-
schnacke.de

Freizeitbad Olpe

Feiner Sandstrand und Strandkörbe, ein Kleinkinderbecken und ein Beachvolleyballplatz – und all das direkt am Biggesee.

Strandbad am Listersee

Kalberschnacke liegt direkt am Listersee, eines der ältesten Talsperren im Sauerland, und ein Teil des Ufers ist als Strandbad freigegeben.

► Waldenburger Bucht 11
57439 Attendorn
Tel. 02722/95500
info@camping-waldenburg.de
www.biggesee.de

Strandbad Attendorn

Das Strandbad mit Kinderplanschbecken hat auch einen Outdoorspielbereich mit Abenteuerspielplatz.
Familiencamping Biggesee-Waldenburg

► 59846 Sundern-Langscheid
Tel. 02935/583
www.sorpesee.de

Strandbad Langscheid

Naturnah baden, das kann man besonders im Strandbad Langscheid am und im Sorpesee genießen. Die Gewässerqualität bekam 2002 die Note „Sehr gut" vom Umwelt- und Naturschutzministerium des Landes NRW. Von der großen Liegewiese oder der Terrasse des Strandcafés aus lockt ein toller Ausblick auf den See, den man auch per Tretboot erkunden kann.

Weitere Strandbäder

Strandbad
Waldenburger Bucht 11
57439 Attendorn
Tel. 02722/95500

Wassersport

Wassersportschule Herbst

Der Surfgrundkurs vermittelt den Einstieg in den Surfsport. An zwei Tagen erlernt man das nötige Geschick und Wissen, um ein Surfbrett über den See zu führen. Die Ausbildung erfolgt in Theorie und viel Praxis: Stabilitäts- und Gleichgewichtsübungen, Wenden, Halsen, Riggaufbau, Kurs- und Segelstellung.

▶ Börnigeweg 19
59519 Möhnesee-Körbecke
Tel. 02924/1580
info@wassersport-herbst.de
www.wassersport-herbst.de

Freizeitbäder

Wellenfreibad Schmallenberg

An heißen Sommertagen ist der Besuch im Wellenfreibad Schmallenberg ein Muss für alle Wasserratten und Badenixen! Rund um die Liegewiese gibt es mit einem Beach-Volleyball-Platz, einem Erlebnisbereich für Mutter und Kind, dem Wellenfreibecken und der Sprungturmanlage (inklusive 5-Meter-Turm) ein attraktives Angebot für die ganze Familie.

▶ Paul-Falke-Platz 13
57392 Schmallenberg
Tel. 02972/2864
info@sauerland-bad.de
www.sauerland-bad.de

Warsteiner Allwetterbad

Familienfreundliches Erlebnisbad mit Sportvariobecken (250 Quadratmeter), zu dem ein Nichtschwimmerbereich und vier Schwimmbahnen gehören. Für Kids stehen bereit: Was-

▶ Lortzingstr. 1
59581 Warstein
Tel. 02902/3511
www.warstein.de

Lagunenerlebnisbad
Willingen

serspielgarten (32 Quadratmeter) mit Piratenboot, Wasserrutsche, Regenfontaine und Wasserspeier. Den Innenbereich
bildet ein Erlebnisbecken (102 Quadratmeter) mit Wasserfall, Sprudelbänken, Schwallmassage, Bodenbrodler sowie
einem Lichtambiente mit Unterwasserscheinwerfern.
Im Außenbecken (270 Quadratmeter) locken u. a. Regenpy-
ramide, Sprudelbänke, Strömungskanal und Wasserkas-
kade.

Lagunenerlebnisbad Willingen
Die neueste Attraktion ist der Aqua-Rutschenpark mit drei
Wasserrutschen. Ansonsten kann man – in karibischem
Flair – übergangslos vom Innen- in den Außenbereich
wechseln.

► Auf dem Hagen
34508 Willingen
Tel. 05632/969430
Fax 05632/9694396
info@lagunenerlebnisbad.de
www.lagunenerlebnisbad.de

NASS – Neues Freizeitbad Arnsberg GmbH

Die Hauptattraktion für Kinder und Junggebliebene ist sicherlich die 80-Meter-Riesenrutsche. Aber auch sonst hat das erlebnisreiche Freizeitbad eine Menge zu bieten: Neben den obligatorischen 25-Meter-Sport- und 50-Meter-Sommerbahnen gibt es ein familiengerechtes Erlebnisbecken mit Strömungskanal, Whirlpools, ein Natursolebecken unterm Sternenhimmel mit Sprudelliegen sowie Solarien. Äußerst vielseitig ausgestattet ist die Saunalandschaft mit elf verschiedenen Sauna- und Dampfbadangeboten, u.a. mit finnischer Aufgusssauna, Klangsauna, Aroma-Kristallsauna, Erdsauna, Seesauna und einem originalen türkischen Hamam sowie einem großzügigen Saunagarten.

▶ Vogelbruch 30
59759 Arnsberg
Tel. 02932/47573-0
Fax 02932/47573-45
info@nass-arnsberg.de
www.nass-arnsberg.de

Waldfreibad Hirschberg

Idyllisch gelegenes Familienbad mit Wettkampfschwimmbecken, Kinderplanschbecken, Kletter- und Wasserrutsche, Beachvolleyball-/Multifunktions-Spielfeld und großer Liegewiese.

▶ Landstraße Hirschberg-Meschede (südöstlich des Ortes im Bermecketal)
Tel. 02902/4195
www.freibad-hirschberg.de

Lagunenerlebnisbad Willingen

Biberbad Rüthen

▶ 59602 Rüthen
Tel. 02952/89138
www.ruethen.de

Biberbad Rüthen

Natur und Entspannung, Sport und Spiel – im Biberbad sind diese Komponenten beispielhaft miteinander verbunden. Hier beginnen die Wanderwege im Naturpark Arnsberger Wald und der Bachlauf der Biber plätschert mitten durch die mit großen Laubbäumen bestandene Liegewiese. Fitnessbewusste lockt das Sportbecken, Badelustige das Spaßbecken mit Wildwasserkanal, Riesenrutsche, Durchschwimmkanal, Breitrutsche und Geysir. Darüber hinaus stehen Bolz- und Spielplatz mit Tischtennisplatte, Basketballkorb und Beachvolleyball-Feld zur Verfügung.

▶ 59846 Sundern Amecke
Tel. 02393/555

Freizeitbad Amecke

Der Badespaß für Jung und Alt – mit Mehrzweckbecken inklusive Wasserrutsche, großem Schwimmbecken und Babybecken, einer 16 000 Quadratmeter großen Liegewiese und einem Beachvolleyballfeld.

Weitere Freizeitbäder

Freibad Am Jahnplatz
Jahnplatz
59555 Lippstadt
Tel. 02941/78891

Siegerland

Freizeitbäder

Freibad Burbach

Damit in Zukunft die Freibadsaison auch in Burbach deutlich länger als bisher möglich dauern kann, wird das neue Bad umweltfreundlich mit Solarenergie beheizt. Das Mehrzweckbecken wartet mit Strömungskanal, Schwall- oder Nackendusche sowie verschiedenen Massagedüsen auf. Für die Kinder wurde eine Wasserschlange sowie eine Breitrutsche eingerichtet.

▶ Freibad Weg
57299 Burbach
Tel. 02736/6122
freibad@burbach-siegerland.de
www.burbach-siegerland.de

Weitere Freizeitbäder

Familienbad Freier Grund
Jung-Stilling-Str. 30
57290 Neunkirchen
Tel. 02735/2397

Seeluft

Schmucke Ausflugsschiffe sind auf vielen Flüssen und Seen Nordrhein-Westfalens unterwegs. Meistens sorgen Bordküchen für den kulinarischen Aspekt. Und viele Reedereien bieten Sonderfahrten zu besonderen Events an. Für einen Bummel mit hohem Unterhaltungswert stehen die zahlreichen Häfen, die sich in vielen Städten zu einem kulturellen und gastronomischen Mittelpunkt entwickelt haben oder immer noch beeindruckende und multifunktionale Handelszentren sind.

Düsseldorf

Schifffahrten

▶ Fringsstr. 11 a
40221 Düsseldorf
Tel. 0211/308672
Tel. 0211/326124
Fax 0211/3983774
ticketverkauf@weisseflotte-
duesseldorf.de
www.weisseflotteduesseldorf.de

Weiße Flotte Düsseldorf

Die Linienfahrten der Weißen Flotte Düsseldorf führen mehrmals täglich nach Kaiserswerth. Ziele der Ausflugsfahrten sind Köln und Duisburg.

Häfen

▶ Medienbüro Rohland
Stadttor 1
40211 Düsseldorf
Tel. 0211/3003-429
info@medienhafen.de
www.medienhafen.de

MedienHafen Düsseldorf

Aus dem alten Handelshafen wurde der MedienHafen – keine 1 000 Meter von der Kö entfernt liegt das Erweiterungsgebiet für die Düsseldorfer City. Über 20 Restaurants, Clubs, Bars und Bistros bietet der MedienHafen. Die architektonische Vielfalt der Gebäude kann man am besten im Rahmen einer der regelmäßig angebotenen Führungen erleben.

Medienhafen Düsseldorf

Rursee-Schifffahrt

Eifel

Schifffahrten

Rursee-Schifffahrt

Inmitten eines großen Waldgebietes, im Nationalpark Eifel, liegt die Rurtalsperre Schwammenauel, die zusammen mit dem Obersee und dem Urftsee die bekannte Eifeler Seenplatte bildet. Vier Fahrgastschiffe sind dort unterwegs – die ein- und zweistündigen Fahrten finden im Stundentakt statt.

▶ Schwammenauel
52396 Heimbach
Tel. 02446/479
Fax 02446/1267
info@rursee-schifffahrt.de
www.rursee-schifffahrt.de

Köln / Bonn / Aachen

Schifffahrten

Köln-Düsseldorfer Deutsche Rheinschifffahrt AG

Auf dem Rhein und der Mosel sind die Schiffe der Köln-Düsseldorfer unterwegs. Linienfahrten und Rundfahrten stehen täglich auf dem Programm. 14 Schiffe gehören zur Flotte – vom Katamaran MS RheinEnergie bis zum nostalgischen Schaufelraddampfer Goethe.

▶ Frankenwerft 35
50667 Köln
Tel 0221/2088318
Fax 0221/2088345
info@k-d.com
www.k-d.com

Köln-Düsseldorfer
Deutsche Rheinschifffahrt

Häfen

Kölner Häfen

Die Kölner Häfen sind nach Duisburg der zweitgrößte Binnenhafenstandort in Deutschland. In unmittelbarer Nähe der Kölner Altstadt befindet sich die Landungsbrücke am Leystapel. Der Rheinauhafen in der Verlängerung der Kölner Altstadt ist nach langer Vorbereitungszeit nunmehr in der städtebaulichen Umwandlung begriffen. Hier entsteht ein modernes Stadtviertel, in dem Wohnen, Gewerbe, Büro, Kunst, Gastronomie, Hotellerie usw. miteinander verbunden und integriert sind. Um den Charakter des alten Umschlagshafens zu wahren, werden drei Kranhäuser gebaut, die den historischen Lastkränen nachempfunden sind. Komplett fertig gestellt sein wird der Rheinauhafen Ende 2008.

Münsterland

Schifffahrten

Fahrgastschiff Professor Landois / Aasee

Das Fahrgastschiff Professor Landois wurde als „Wasserbus"
in Dienst gestellt und fährt im Stundenrhythmus verschiedene Stationen auf dem Aasee an. Benannt wurde es nach
Prof. Dr. Hermann Landois, einem münsterschen Original
und Gründer des zoologischen Gartens. Er hatte die Idee, das
erste „Regenrückhaltebecken", das schriftlich erwähnt wird,
bauen zu lassen – den Aasee.

▶ Goldene Brücke
Tel. 0171/8777315
info@professor.landois.de
www.professor-landois.de

Seerundfahrten Halterner See

Die Seerundfahrten mit dem Fahrgastschiff „Möwe" sind
vom Beginn der Osterferien (März/April) bis zum Ende der
Herbstferien (Oktober) erlebbar. Im Stundentakt kreuzt die
„Möwe" auf dem See und bietet dabei einen guten Überblick
über den Segelboothafen (Stadtmühlenbucht), die Vogelinsel, das Seebad mit Natursandstrand und den Bootsverleih
am Hohen Niemen.
Anlegestellen: Stadtmühle/Nordufer, Seehof/Südufer, Haus
Niemen/Ostufer

▶ Auskunft und Buchung
von Gesellschaftsfahrten bei
ZPS GmbH
52525 Waldfeucht
Tel. 0163/6736730 o.
Tel. 0208/9401422
Fax 0208/9401422
www.haltern.de

Seerundfahrten
Halterner See

Häfen

► Hafenweg
48155 Münster
www.kreativkai.de

Kreativkai Münster

Der Binnenhafen der Stadt Münster wurde 1899 eröffnet und wird heute von den Stadtwerken betrieben. 1996 liefen die Erbpachtverträge aus und die Stadtwerke Münster als Betreiber des Hafens konnten die Gebäude anderen Bestimmungen zuführen. So wurde das nördliche Ufer als Kreativkai angelegt. Dort gibt es heute ein Kino, einen Sportpark und jede Menge Gastronomie.

► Rheiner Straße
49479 Ibbenbüren
Tel. 05459/803367
Fax 05459/803366

Hafen Ibbenbüren-Uffeln

Der Stichkanal Ibbenbüren ist ein Rest einer alten Fahrt des Mittellandkanals, die Mitte der 1980er Jahre durch eine neue ersetzt wurde. Er liegt im Westen der Stadt Ibbenbüren im Stadtteil Uffeln.

► Hafenstraße
49479 Ibbenbüren
Tel. 05455/932150

Hafen Dörenthe

Im südlich gelegenen Stadtteil Dörenthe besitzt Ibbenbüren Anschluss an den Dortmund-Ems-Kanal und damit in südlicher Richtung eine Schiffsverbindung ins industrielle Ruhrgebiet.

Mindener Fahrgastschifffahrt

Fahrgastschiff SchiederSee

Ostwestfalen-Lippe

Schifffahrten

Mindener Fahrgastschifffahrt

Auf der Weser und dem Mittellandkanal sind die Mindener Fahrgastschiffe unterwegs. Und das Angebot ist riesig. Wählen kann man u. a. zwischen Kanal-Kreuzfahrten, Rund- und Linienfahrten, Tagesfahrten und jeder Menge Erlebnisfahrten zu verschiedenen Themen und Anlässen.

▶ An der Schachtschleuse
32425 Minden
Tel. 0571/6480800
Fax 0571/6480802
welcome@mifa.com
www.mifa.com

Fahrgastschiff SchiederSee

Ein ganz besonderes Erlebnis ist es, den Schieder See einmal vom Wasser aus, idealerweise auf dem Sonnendeck des Fahrgastschiffes SchiederSee zu erkunden. Man blickt auf die bis ans Ufer des Stausees reichenden Wälder, genießt die gute Luft und beobachtet die zahlreichen hier lebenden Wasservögel. Auf seinen beiden Decks bietet das Schiff Platz für 200 Personen, eine Bordküche sorgt für kulinarische Genüsse.

▶ 32816 Schieder
Tel. 05282/411
Fax 05282/968710
willkommen@schiedersee.com
www.schiedersee.com

Häfen

▶ Simeonscarré 2
32427 Minden
Tel. 0571/828850
Fax 0571/8288524
www.mindener-hafen.de

Mindener Hafen

Die geographische Lage Mindens an der Route bedeutender Handelsstraßen ermöglichte den Beitritt zum Städtebund der Hanse. 1572 wurde der erste Anleger in Minden erbaut, 1763 der Hafen ausgebaut. Heute verfügt der Mindener Hafen über einen modernen Containerterminal.

Ruhrgebiet

Schifffahrten

▶ Personenschifffahrt Meyer
Am Spring 9
58313 Herdecke
Tel. 02330/ 802047
Fax 02330/74952
Schiffstelefon 0172/2102634
pschifffahrt-meyer@t-online.de
www.personenschifffahrt-
meyer.de

Kemnader See / MS Kemnade

Die MS Kemnade fährt ihre Runden auf dem Kemnader See.
Kapazität: 290 Personen
Anleger: Hafen Heveney, Wehr Kemnade, Oveney, Gibraltar, Herbede Südufer, Bad Heveney
Verkehrszeitraum: 4 bis 8 Seerundfahrten täglich von April bis Oktober

Kemnader See, MS Kemnade

Ruhrabschnitt Kemnader See – Witten – Bommern / MS Schwalbe

Auf der 7,4 Kilometer langen Fahrt zeigt sich die Ruhr von ihrer schönsten Seite. Neben den Naturschönheiten bieten sich mit dem Bergbaurundweg Muttental, der Burgruine Hardenstein, Haus Herbede und der Zeche Nachtigall reizvolle Ausflugsziele an.

Kapazität: 150 Personen

Anleger: Bad Heveney, Herbede, Lakebrücke, Schleuse Herbede, Hardenstein, Bommern, Uferstr.

Verkehrszeitraum: 3 bis 4 Streckenfahrten, täglich von April bis Oktober

▶ Stadtwerke Witten Gmbh
Postfach 2260
58412 Witten
Tel. 02302/9173-600
info@stadtwerke-witten.de
www.stadtwerke-witten.de
Fragen zur Bewirtung:
Tel. 0177/4815041

Dortmunder Hafen / Dortmund-Ems-Kanal / „Santa Monika"

Der Dortmunder Hafen mit seinen zehn Hafenbecken einer der größten Binnenhäfen in Deutschland und sogar der größte Kanalhafen Europas. Er verfügt über moderne Umschlag- und Lageranlagen. Mit dem Fahrgastschiff „Santa Monika" kann man sich nicht nur einen Überblick über die Hafenanlagen verschaffen, sondern auch eine Teilstrecke des Dortmund-Ems-Kanals befahren, die u. a. zum Schiffshebewerk Henrichenburg führt.

Schiffsanleger „Santa Monika": Stadthafen, gegenüber dem Alten Hafenamt, westliches Ende der Mallinckrodtstraße, U-Bahn-Station „Hafen".

▶ Santa Monika I und II
Fahrgastschifffahrt
Lünener Str. 201
59077 Hamm
Tel. 02381/460444
Fax 02381/9569733
mail@santamonika.de
www.santamonika.de

„duisport" / Weisse Flotte Duisburg / ATLAS Schifffahrt

Die Entwicklung Duisburgs als bedeutende Wirtschaftsmetropole wurde und wird vor allem durch den strategisch verkehrsgünstigen Standort am Zusammenfluss von Rhein und Ruhr geprägt. Die internationale Bedeutung des Rheins, der auf 37,5 Kilometer Länge durch Duisburg fließt, ließ hier seit 1716 den mittlerweile größten Binnenhafen der Welt wachsen, der aus immerhin 19 Hafenbecken besteht und auf eine Kai- und Uferlänge von insgesamt 43 Kilometer kommt. Einen Überblick über den Rhein-Ruhr-Hafen, heute „duisport"

▶ DHG Weisse Flotte
Duisburg GmbH
Münzstr. 56
47051 Duisburg
Tel. 0203/7139667 o.
Tel. 0203/7139669
Fax 0203/7137679
info@wf-duisburg.de
www.wf-duisburg.de

▶ ATLAS Schiffahrt &
Verlag GmbH
Alte Duisburger Str. 12
47119 Duisburg
Tel. 0203/873054
Fax 0203/81610
www.atlas-schiffahrt.de

▶ Hardenbergufer 379
45239 Essen
Tel. 0201/8404360
Fax 0201/405183
info@flotte-essen.de
www.flotte-essen.de

genannt, bieten die Hafenrundfahrten der „Weissen Flotte"
und der ATLAS Schifffahrt & Verlag GmbH, die darüber hinaus zahlreiche Zusatzfahrten und Sonderveranstaltungen an
Bord (u.a. Hochzeiten, Geburtstage, Weihnachtsfeiern) anbieten.

Baldeneysee / Weisse Flotte Baldeney

Fahrten auf dem idyllischen Baldeneysee, aber auch Touren
auf der Ruhr bis nach Mülheim stehen auf dem Programm.
Darüber hinaus gibt es Exklusivfahrten (mit Brunch) und
Sondertouren wie die Fünf-Schleusen-Fahrt, die bis zum
Rhein-Herne-Kanal führt, oder die täglichen Fahrten zur
Cranger Kirmes im August.
Kapazität: 150-300 Personen
Anleger: Kupferdreh, Heisingen, Haus Scheppen, Baldeney,
Hügel, Wehr Oberwasser
Verkehrszeitraum: 9 Seerundfahrten, täglich von April bis
Oktober, 3 mal täglich Anschlussfahrten nach Kettwig, 1 mal
täglich Kupferdreh – Mülheim/Wasserbahnhof

Baldeneysee, Weisse Flotte Baldeney

MS Friedrich Harkort

Hengsteysee / MS Freiherr vom Stein

Die beschauliche Ausflugsfahrt über den Hengsteysee lädt dazu ein, die idyllische Seite des grünen Ruhrgebiets zu entdecken.
Kapazität: 250 Personen
Anleger: Herdecke, Schiffswinkel, Freibad Hengsteysee, Hohensyburg Insel, Lenne Mündung

► Am Zickenkamp 11
58313 Herdecke
Tel. 02330/72981
Fax 02330/972880
besatzung@personenschiff-fahrt-hengsteysee.de
www.personenschifffahrt-hengsteysee.de

Harkortsee / MS Friedrich Harkort

Von April bis Oktober steht ein herrlicher Ausflug vom Strandbad in Wetter bis zur Anlegestelle Ruhrbrücke in Herdecke auf dem Programm. Highlights sind der herrliche Blick auf das Ardeygebirge und die Freiheit in Wetter sowie das beeindruckende Ruhrviadukt der ehemaligen Bergisch-Märkischen Eisenbahn. Reizvoll ist auch die Kombination mit Ausflügen in die Altstädte von Herdecke und Wetter.
Kapazität: 250 Personen
Anleger: Wetter, Schwungrad, Herdecke
Personenschifffahrt Meyer

► Am Spring 9
58313 Herdecke
Tel. 02330/ 802047
Fax 02330/74952
Schiffstelefon 0172/2102634
pschifffahrt-meyer@t-online.de
www.personenschifffahrt-meyer.de

Marina Rünthe

Häfen

▶ Hafenweg 30
59192 Bergkamen
Tel. 02389/3163
Fax 02389/3167 (Marina-
Rünthe GmbH & Co KG)
info@yachthafen-marina-
ruenthe.de
www.yachthafen-marina-
ruenthe.de

Westfälisches Sportbootzentrum am Datteln-Hamm-Kanal / Marina Rünthe

Maritimes Flair im Revier. Und das großflächig und modern. Immerhin gehen von der ab 1994 neugebauten Promenade im Hafengebiet Bootsstege für über 240 Liegeplätze ab. Jeder Liegeplatz hat Strom, Wasser und TV-Anschluss sowie einen begehbaren Seitenausleger. Hinzu kommt eine moderne Slipanlage, die es auch dem nicht so Geübten erlaubt, sein Boot zu Wasser zu lassen. Seit 1996 fertiggestellt sind das moderne Sanitärgebäude, das Hafenrestaurant mit herrlicher Terrasse zum Hafen und Kanal sowie ein Fitnesscenter mit Badmintonhalle und eine neue Werfthalle mit Zubehörshop. Und schließlich hat auch der Standort selbst seine Vorteile, denn die Aufwärmung des Kanalwassers durch Kohlewerke in der Nähe macht eine Ganzjahresnutzung grundsätzlich möglich.

Dortmunder Hafen

König-Ludwig-Hafen

Einst Kohleverladehafen der Deutschen Steinkohle AG, heute Treffpunkt der Freizeitkapitäne – der König-Ludwig-Hafen verfügt über insgesamt 105 Liegeplätze für Schiffe bis 20 Meter Länge. Die moderne Anlage, 2002 wurden die letzten 25 Liegeplätze im Nordhafen fertiggestellt, bietet jeweils eigene Stromzähler und Wasseranschlüsse. Betrieben wird der Hafen vom AMC Castrop-Rauxel. Zum Club gehört die öffentliche Gaststätte „Zum Yachthafen" mit Hafenterrasse und schönem Biergarten.

▶ Ringelrodtweg 161
44579 Castrop-Rauxel
Tel. 02305/84697 o.
Tel. 0172/ 2345236
Fax 02305/545157
amc-castrop-rauxel@t-online.de
www.amc-wassersport.de

Dortmunder Hafen

Der 1899 durch Kaiser Wilhelm II. feierlich eröffnete Dortmunder Hafen verfügt als größter Kanalhafen Europas über moderne Umschlag- und Lageranlagen, die ihn zu einer wichtigen verkehrslogistischen Drehscheibe für Güterverkehr und zu einem regionalen Güterverkehrszentrum für Industrie, Handel und Logistikdienstleister machen.

▶ Altes Hafenamt
Sunderweg 130
44147 Dortmund
Tel. 0231/9839-684
www.dortmunder-hafen.de
Öffnungszeiten:
Sa 14-17 Uhr, So 10-13 Uhr

Zu empfehlen ist die ständige Ausstellung im denkmalgeschützten Alten Hafenamt, die anhand von Modellen, historischen Exponaten, Bildern und Inszenierungen sowohl Einblicke in die Geschichte des Binnenhafens als auch in die moderne Hafenwirtschaft und die moderne Schifffahrt allgemein gewährt. Zu den historischen Exponaten gehört neben dem Spaten zur Grundsteinlegung des Hafens auch ein extra für den Besuch des Kaisers angefertigtes Waschbecken. Letzteres blieb ungenutzt wie das heute zu Trauungen dienende „Kaiserzimmer" – entgegen allen Planungen hat der zur Eröffnung anwesende Kaiser Wilhelm II. das Alte Hafenamt nie betreten.

► Hafenmeister:
Schifferstr. 90
47059 Duisburg,
Tel. 0203/28956-97,
Fax 0203/28956-98
info@marinaduisburg.de,
Infos: Innenhafen Duisburg
Entwicklungsgesellschaft mbH
Philosophenweg 19
47051 Duisburg
Tel. 0203/3055-0,
Fax 0203/3055-104
ide@innenhafen-duisburg.de
www.marinaduisburg.de

Marina Duisburg

Der Innenhafen Duisburg ist sicherlich einer der interessantesten Ankerplätze im Ruhrgebiet. „Arbeiten, Wohnen und Freizeit am Wasser" – unter diesem Motto hat Duisburg im Innenhafen einen Strukturwandel verwirklicht, der nicht nur Arbeitsplätze auf dem Dienstleistungssektor schafft, sondern auch hohe Wohn- und Freizeitattraktivität bietet. Mit seinen unter Denkmalschutz stehenden Mühlenwerken und Speichern beinhaltet der um 1900 entstandene Innenhafen hervorragende architektonische Gestaltungsmöglichkeiten,

Marina Duisburg

Marina Duisburg

die Architekten, Künstler und Stadtplaner für den Aufbau eines neuen Stadtviertels nutzen: als Dienstleistungspark Innenhafen – Grachten, Flanier- und Gastronomiemeile inklusive. Für derlei Qualitäten wurde der Innenhafen 2002 mit dem internationalen Stiftungspreis „Lebendige Stadt" und 2004 mit dem Renault Traffic Design Award ausgezeichnet. Unmittelbar am Hafen locken Gastronomie, Flaniermeile und das Grothe-Museum mit seiner Sammlung Moderner Kunst. Darüber hinaus ist das Stadtzentrum Duisburg mit seinen vielfältigen Freizeit- und Kulturmöglichkeiten nicht weit. Der modern ausgerüstete Hafen selbst hat eine Länge von 1,8 Kilometern und bietet 233 Liegeplätze zwischen 6 und 20 Metern Länge.

Unmittelbar daneben, das sei für die historisch Interessierten angemerkt, geht's noch ein paar Schritte weiter zurück in die Vergangenheit: Lange Zeit fast unbemerkt, im Zuge der Innenhafenplanung aber aus dem Dornröschenschlaf geweckt, liegt die archäologische Zone „Alter Markt", die mit der Stadtmauer, deren sichtbare Teile aus dem 13. und 14. Jahrhundert stammen, der spätgotischen Salvatorkirche und dem Dreigiebelhaus an das mittelalterliche Stadtleben erinnert.

▶ Info: DHG Weisse Flotte
Duisburg GmbH
Münzstr. 56
47051 Duisburg
Tel. 0203/7139667 o.
Tel. 0203/7139669
Fax 0203/7137679
info@wf-duisburg.de
www.wf-duisburg.de

duisport / Rhein-Ruhr-Hafen

Der größte Binnenhafen der Welt liegt in Duisburg. 1716 bauten die Ruhrorter ihre erste Hafenanlage, seither wuchs der Rhein-Ruhr-Hafen, heute „duisport" genannt, kontinuierlich an, bis er schließlich zur weltweit größten Drehscheibe für den internationalen Güterverkehr wurde. Der Hafen präsentiert sich heute als multifunktionales Dienstleistungs- und Handelszentrum mit modernsten Einrichtungen zum Verladen, Lagern oder Bearbeiten der transportierten Güter. Die Anlage umfasst 19 Hafenbecken, 43 Kilometer Kai- und Uferlänge sowie 140 Kilometer Gleisanlagen. Jährlich werden in den öffentlichen und werkseigenen Duisburger Häfen zwischen 40 und 50 Millionen Tonnen Güter umgeschlagen, fast ebenso viel wie in Hamburg. Seinen konkurrenzlosen Standortvorteil verdankt duisport einer optimalen Verknüpfung aller zur Verfügung stehenden Verkehrswege. Außerdem können in direktem Linienverkehr die wichtigen Seehäfen Rotterdam, Amsterdam und Antwerpen sowie 100 weitere europäische Häfen angesteuert werden.

Einen umfassenden Eindruck von der gesamten Hafenanlage gewinnt man am besten bei einer geführten Hafenrundfahrt mit der „Weissen Flotte" oder bei einem Besuch des Museums für Deutsche Binnenschifffahrt in Duisburg-Ruhrort.

▶ Wassersportverein
Herne 1920 e.V.
Gneisenaustr. 187
44628 Herne
(Nähe Schleuse Herne-Ost)
Tel. 02323/81397
www.wsv-herne.de

Yachthafen Herne

Das Revier als Sportboot- und Yachtgebiet bekommt immer stärkere Konturen. Einer der neuen Anlaufpunkte ist der Yachthafen Herne, einer der größten seiner Art am Rhein-Herne-Kanal. Direkt hinter der Schleuse Herne Ost gelegen, ist er aus dem Hafen Friedrich der Große, der vormals für den Bergbau gebaut wurde, entstanden. Betrieben wird er vom WSV-Herne 1920 e.V.

▶ Tel. 01520/5146865
(Hafenmeister)

Preußenhafen Lünen

1924 wurde er als Kohleumschlagplatz für die Lüner Schachtanlagen in Horstmar und Gahmen errichtet und Mitte der 1960er Jahre nochmals erweitert. Nach dem Ende der Lade-

Preußenhafen Lünen

tätigkeiten lag er ca. ein Jahrzehnt brach. Seit Mitte 2005 ist neues Leben in den Preußenhafen Lünen am Datteln-Hamm-Kanal eingekehrt. Im Rahmen der Initiative „FlussStadt-Land" wurde er als Wasserwander-Rastplatz in den Sport-boot-Tourismus eingebunden. Neben den Liegeplätzen am Westufer bietet das Ostufer des Hafens eine 70 Meter lange und bis zu elf Meter breite Anlegeplattform für Sportboote sowie ein Bootshaus mit zahlreichen Funktionen.

Marina Oberhausen

Die im August 2004 eröffnete Oberhausener Marina liegt in unmittelbarer Nähe des Einkaufszentrums CentrO, des In-dustriedenkmals und spektakulären Ausstellungsdomizils Gasometer und des im August 2004 eröffneten „Sea-Life"-Aquariums, Deutschlands größter Sea-Life Meer- und Süß-wasserwelt. Damit sind bereits die überragenden Freizeitmög-lichkeiten in Hafennähe genannt. Der neue Sportboothafen am Rhein-Herne-Kanal verfügt auf einer Fläche von 10 000 Quadratmetern über 13 Stege mit modernstem Komfort. Bei einer Wassertiefe von 2,50 Meter können auch größere Schiffe in die Marina einlaufen.

▶ Heinz-Schleußer-Str. 1
46047 Oberhausen
Tel. 0163/6366001
info@marina-oberhausen.de
www.marina-oberhausen.de

Sauerland

Personenschifffahrt Biggesee

Schifffahrten

► Am Hafen 1
Tel. 02761/96590
Fax 02761/965919
info@biggesee.de
www.personenschifffahrt-biggesee.de

Biggesee

Die MS Bigge (650 Fahrgäste) und die MS Westfalen (730 Fahrgäste) kreuzen über den Biggesee. Die Rundfahrten dauern ca. zwei Stunden. Außerdem gibt es noch jede Menge Sonderfahrten – vom Seenachtsfest bis zum Kindertag mit Mini-Seemannspatent.

► Amselweg 12
59846 Sundern-Langscheid
Tel. 02935/1210
Fax 02935/79386
info@personenschifffahrt-sorpesee.de
www.personenschifffahrt-sorpesee.de

Sorpesee

Seit 2005 ist die MS Sorpesee im Dienst – 360 Fahrgäste haben auf dem Schiff Platz. Stündlich legt das Schiff ab, doch auch außerhalb des Fahrplans gibt es ein großes Angebot. Von Mondscheinfahrten mit Livemusik und Tanz bis zum Sauerländer Frühstücksbüffet – immer Sonntags.

Hennesee

Bis zu 400 Fahrgäste können an Bord der MS Hennesee Platz nehmen. Alle 60 Minuten legt das Schiff ab. Außer der Reihe gibt es die Möglichkeit, durch ein Kombiticket die Rundfahrt auf dem Hennesee mit einem Besuch im Erzbergwerk Ramsbeck (nur 15 Kilometer entfernt) zu verbinden.

▶ Enkhauserstr. 14
59846 Sundern
Tel. 02935/1596
Fax 02935/7610
info@hennesee.de
www.hennesee.de

Möhnesee

Auf der MS Körbecke und der MS Möhnesee kann man eine einstündige Rundfahrt über das Westfälische Meer durch den Naturpark Arnsberger Wald erleben. Die Gäste fahren durch das Naturschutzgebiet Hevetal entlang der Hevehalbinsel zur ersten Anlegestelle mitten im Wald. Anschließend findet das Andockmanöver mitten auf dem See statt. Man kann dort auf das Shuttleboot umsteigen und einen erweiterten Ausflug nach Körbecke unternehmen. Die Gesamtfahrzeit beträgt dann zwei Stunden.

▶ In den Höfen 26a
59846 Sundern-Langscheid
Tel. 02935/2109
Fax 02935/7610
info@moehneseeschiffahrt.de
www.sauerlaender-seen.de

Personenschifffahrt
Möhnesee

ENTERTAINMENT

Wenn der „Wild Eagle" mit 80 Stunden-kilometern steil bergab saust, sind Raum und Zeit wie ausgeschaltet. Im Abenteuerland „Entertainment" geht es um Spannung, Action, um das Adrenalin-Vergnügen schlechthin. Rasante Achterbahnen, atemberaubende Shows, faszinierende Fahrgeschäfte und luftige Seilbahnen sind aber nicht alles im Land der vielfältigen Vergnügungen. Ruhigere Gemüter und vor allem die kleineren Kids freuen sich auf Kletterburgen, Streichelzoos oder den guten, alten Märchenwald.

Bergisches Land

► Märchenwaldweg 15
51519 Odenthal-Altenberg
Tel. 02174/40454
Fax 02174/4788
maerchenwald-altenberg@web.de
www.deutscher-maerchenwald.de
Öffnungszeiten:
tägl. 9-17.30 Uhr

Deutscher Märchenwald

Der gestiefelte Kater, Dornröschen, Hänsel und Gretel – sie alle wohnen im Deutschen Märchenwald im bergischen Odenthal-Altenberg. Für die kleinen Besucher lohnt sich ein Rundgang allemal. An den verschiedenen Stationen sind liebevoll gestaltete Szenen aus zahlreichen deutschen Märchen zu sehen.

Düsseldorf

► Bonner Str. 121
40589 Düsseldorf-Holthausen
Tel. 0211/7900394
www.duesseldorf.de

Freizeitpark Niederheider Wäldchen

Der Freizeitpark Niederheider Wäldchen bietet dem Besucher auf 230 000 Quadratmetern Fläche eine Vielzahl an Möglichkeiten für Spiel, Sport und Erholung. Der Freizeitpark liegt rund um den mitten im Wald gelegenen, ehemaligen Bauernhof Niederheider Hof, heute Gutshof Niederheid, ein Kinderbauernhof mit Reitschule.

► Heerdter Landstr. 160
40549 Düsseldorf-Heerdt
Tel. 0211/5047970

Freizeitpark Heerdt

Die Freizeitanlage Heerdt bietet Spiel-, Sport- und Erholungsmöglichkeiten für alle Altersgruppen. Ein Spielplatz für Kleinkinder sowie Klettergerüste, Spielfelder für Handball, Volleyball oder Federball finden genauso großen Zuspruch wie Tischtennis, Billard, Minigolf oder die Bocciabahn.

Eifel

► 53925 Kall
Tel. 02441/7717852
Fax 02441/6086
aktivparkhannes@t-online.de
www.aktivi-kinder-
abenteuerland.de
Öffnungszeiten:
Mo-Fr 14.30-19 Uhr, Sa/So und
in den Schulferien 10-18 Uhr

Aktivi Kinder-Abenteuerland

Auf 2 000 Quadratmetern gibt es ein großes Abenteuer-Klettergerüst, Riesenrutschen, Trampoline, animierte Hüpfburgen und viele andere Spielideen. Für kleinere Kinder bis drei Jahre gibt es einen eigenen Spielbereich.

Bilder oben und unten: Bubenheimer Spieleland

Bubenheimer Spieleland

Auf 40 000 Quadratmetern gibt es u. a. eine Riesenrutsche, einen Kletterberg und Trampoline. Außerdem ein 50 000 Quadratmer großes Maislabyrinth mit Stempelstation und Gewinnspiel. Sonnen- und Regenschutz durch Freiland-zelte.

► Burg Bubenheim
52388 Nörvenich
Tel. 02421/9709969
Fax 02421/75298
info@bubenheimer-spieleland.de
www.bubenheimer-spieleland.de
Öffnungszeiten:
Mo-Fr 13-19 Uhr,
Sa/So 10-19 Uhr

Köln / Bonn / Aachen

Phantasialand

▶ Berggeistst. 31-41
50321 Brühl
Tel. 02232/36200
Fax 02232/36236
info@phantasialand.de
www.phantasialand.de
Öffnungszeiten:
tägl. 9-18 Uhr

Achterbahnen, Action, Shows – halt jede Menge Abenteuer.
Das Phantasialand ist der Klassiker unter den Freizeitparks.
Mehr als 100 Attraktionen warten auf die Besucher, Rasantes
wie die höchste Schussfahrt der Welt beim Wildwasserrafting
River Quest, insgesamt fünf Achterbahnen oder der Bungee-
Drop im Mystery Castle, aber auch Beschauliches wie z. B.
ein Dampfkarussell oder die Schwebefahrt mit dem Tittle
Tattle Tree. Originalgetreu nachgebaute Themenbereiche wie
„China Town", „Silver City" oder „Deep in Africa" entfüh-
ren in fremde Länder und Shows wie „Arachnomé" (Artistik
und Illusionen) oder „Casa Magnetica – Das schiefe Haus"
(Demonstration optischer Täuschungen) lassen staunen.

Phantasialand

Phantasialand

Tobiland

Auf über 3 000 Quadratmetern kann man hier riesigen Spaß
haben – auch bei schlechtem Wetter. Die Spielburg geht über
drei Etagen, es gibt Klettertürme und Fun-Shooter. Selbst für
die Kleinsten (ab neun Monate) ist einiges im Angebot.

▶ Otto-Hahn-Str. 6-8
50997 Köln Godorf
Tel. 02236/874050
Fax 02236/874044
info@tobiland.de
www.tobiland.info
Öffnungszeiten:
Mo-Fr 14-19 Uhr,
Sa/So 11-19 Uhr

Münsterland

Freizeitpark Ketteler Hof

Der Ketteler Hof in Haltern ist genau das Richtige für Familien mit Kindern. Der einzigartige Spiel- und Mitmachpark
bietet viele Möglichkeiten, spielerisch und kreativ die eigene
Umwelt zu entdecken und von ihr zu lernen. So können die
Kinder bspw. über ein Leitungssystem selbst Wasser fördern,
um Mühlenräder anzutreiben, oder auf dem Robinson-Spiel-
platz Baumhäuser aus Pfählen bauen. Aktives Mitmachen
steht also im Mittelpunkt. Der Park hat jedoch noch einiges
mehr im Programm: Sommerrodelbahn, Riesensprungkis-
sen, Western-Express, Tret-Cart-Bahn, Märchenwald und
Wellenrutsche sind nur einige von zahlreichen Attraktionen.
Hervorzuheben ist schließlich das große Tiergehege, in dem
sich u. a. Pfaue, Ziegen und Schweine befinden, die von den

▶ Rekener Str. 234
45721 Haltern am See
Tel. 02364/3409
Fax 02364/167230
info@kettelerhof.de
www.kettelerhof.de
Öffnungszeiten:
April bis Oktober tägl. 9-18 Uhr

Freizeitpark Ketteler Hof

Kindern gestreichelt und gefüttert werden dürfen. Wer nach
so viel Klettern, Hüpfen, Planschen und Entdecken müde
geworden ist, darf seinen Weg über das Gelände des Ketteler
Hofs auf dem Rücken eines Ponys fortsetzen. Restaurant und
Imbissbuden sorgen für die passende Verpflegung.

Freizeitpark Gut Eversum

Der Freizeitpark wartet mit zahlreichen Spielgeräten für die
ganze Familie auf. Abenteuer pur bietet die große Sommerrodelbahn.

► Eversumer Str. 77
59399 Olfen
Tel. 02595/961637
Fax 02595/961638
info@gut-eversum.de
www.gut-eversum.de
Öffnungszeiten:
tägl. 10-18 Uhr

Niederrhein

Kernwasser Wunderland

Das Wunderland Kalkar entstand aus dem ehemaligen Atomkraftwerk „Schneller Brüter", das im Jahr 1995 von dem Niederländer Hennie van der Most gekauft und zu einem Hotel-, Tagungs- und Freizeitzentrum umgebaut wurde. Kernies Familienpark bietet viele Attraktionen für Kinder von drei bis zwölf Jahren.

▶ Griether Str. 110-120
47546 Kalkar
Tel. 02824/9100
info@kernwasser-wunderland.de
www.kernwasser-wunderland.de
Öffnungszeiten:
Familienpark: tägl. 10-18 Uhr
Wunderland: tägl. 11-18 Uhr

Irrland – das Maislabyrinth am Niederrhein

Irrland ist 2005 zu einem der größten Maislabyrinthe Europas gewachsen. Es bietet u. a. eine Südseeinsel mit Strand und acht 500-Liter-Ebbe/Flut-Kippwannen, ein Piratenschiff und ein versunkenes U-Boot, Schatzsuche in 200 Tonnen Wüstensand und Open-air-Bowling.

▶ Wolters Hof
Kevelaerer Str. 23
47624 Kevelaer-Twisteden
Tel. 02832/976656
info@irrland.de
www.irrland.de
Öffnungszeiten:
tägl. 9-22 Uhr

Freizeitpark Moers

Dem Schlosspark mit seinem alten Baumbestand, den Wasserpartien und Resten der Wallanlage schließt sich der Freizeitpark mit vielfältigen Spiel- und Sportmöglichkeiten an. Wasserspielplatz, Klettergerüst, Minigolfbahn, Abenteuerspielplatz, Grillstationen und mehrere Tennisplätze sorgen für ausreichend Betätigung bei Groß und Klein. Außerdem befinden sich auf dem Gelände ein japanischer Garten, ein Streichelzoo sowie ein Teich für den Modellwassersport. Südlich der Venloer Straße liegen das Naturfreibad Bettenkamper Meer und das Sportzentrum Solimare mit Aktivarium, Freibad und Eissporthalle. Zum Freizeitpark gehört auch eine im 18. Jahrhundert erbaute Wassermühle mit einem 5,3 Meter großen, heute noch funktionierenden Mühlenrad. Die Mühle, in der sich eine Töpferwerkstatt befindet, kann besichtigt werden.

▶ Naturfreibad
Bettenkamper Meer
Krefelder Str. 190
47441 Moers
Tel. 02841/29973
www.moers.de

Sportzentrum Solimare
Filder Str. 140
47447 Moers
Tel. 02841/29999
www.moers.de

Freizeitpark Moers

potts park

Familienpark FUNTASTICO

Ostwestfalen-Lippe

► 32816 Schieder
Tel. 05282/411
Fax 05282/968710
Willkommen@SchiederSee.com
www.schiedersee.com
Öffnungszeiten:
tägl. 10-18 Uhr

Freizeitzentrum SchiederSee
mit Familienpark FUNTASTICO

Das Angebot reicht u.a. von der Klettererlebniswelt „Fun-Cliff" über eine Super-32-Meter-Rutsche, Motorschaukel Komet, zehn Trampoline, Hüpfberg, Reifenschaukel, Abenteuerspielplatz, Spielsee mit Flößen, Kleinkinderspielbereich bis zur Seilbahn.

► Bergkirchener Str. 99
32429 Minden-West/Dützen
Tel. 0571/51088
Fax 0571/5800421
info@pottspark-minden.de
www.pottspark-minden.de
Öffnungszeiten:
tägl. 10-18 Uhr

potts park

In der großen Anlage gibt es spritzige Wasservergnügen, fetzige Fahrten, das Kinderland sowie rasante Rutschvergnügen. Originell sind z.B. die Riesenwohnung, die neue Terra phänomenalis mit dem facettenreichen Spiegeldom, mit optischen Täuschungen sowie physikalischen Überraschungen zum Mitmachen und Staunen, lustiges Radfahren im Velodorm, das Schweinereiten, die Schwebebahn sowie das Spielen im Wassergarten.

Ruhrgebiet

Freizeitpark Schloss Beck

Das Wasserschloss Beck gehört zu den schönsten erhaltenen Baudenkmälern Westfalens. Rund um das Schloss wurde ein Freizeitpark mit allerlei Attraktionen angelegt, der gleichermaßen Erwachsene wie Kinder anlockt: Drachenbahn, Eisenbahn, Flugzeugkarussell, Geisterkeller, Riesenrad und Achterbahn bieten ebenso Spaß und Abwechslung wie Kinderspielhaus, Spielplatz, Märchenkino und Märchenschloss mit über 1000 beweglichen Figuren. Auch ein Streichelzoo befindet sich auf dem Gelände. Für den kleinen Kick sorgen die Super-Steil-Rutsche, Abenteuersimulator, Teufelsräder und Trampoline. Neben diesen und weiteren Attraktionen bietet der Freizeitpark natürlich auch Imbissbuden und ein Restaurant. Eine Galerie lädt Kulturfreunde zu interessanten Ausstellungen ein.

▶ Am Dornbusch 39
46244 Bottrop
Tel. 02045/5134
Fax 02045/84525
becki@schloss-beck.de
www.schloss-beck.de
Öffnungszeiten:
April bis September
tägl. 9-18 Uhr,
Fahrgeschäfte ab 10 Uhr

Movie Park Germany

Spektakuläre Attraktionen und Fahrgeschäfte, familiengerechte Darbietungen – auf diesen Nenner kann man den „Movie Park Germany" bringen. So wird hier das weltweit erste Ice Age Fahrgeschäft präsentiert. Die Figuren des gleichnamigen Kinofilms sind die Protagonisten eines familienorientierten Wasserfahrgeschäfts. Ebenfalls ein Highlight ist die im 4D-Kino laufende, exklusiv hergestellte Fassung „Bikini Bottom" nach der sehr beliebten TV-Serie „SpongeBob Schwammkopf". Lustig ist nicht nur der Film, sondern auch

▶ Warner Allee 1
46244 Bottrop
Tel. 02045/899741
Fax 02045/899706
www.moviepark-germany.de

Movie Park Germany

die Menge an „special effects": Das Roxy-Kino ist ausgestattet mit in den Sitzen integrierten Luft-, Wasser-und Vibrationseffekten.

Ein weiterer Höhepunkt ist ein Flugsimulations-Abenteuer, bei dem das Publikum von dem verrückten Erfinder Horace Garrison Wells in seinem „Time Rider" mit auf eine Zeitreise genommen wird. Natürlich sind auf dem 40 Hektar großen Areal noch etliche ältere Attraktionen übrig geblieben: die Achterbahnen „Bandit" und „Erasur", die Wasserbahn „Unendliche Geschichte" oder der „High Fall".

► Höfkerstr. 12
44149 Dortmund
Tel. 0231/917071-0 (Infos)
Tel. 0231/917071-40 (Solebad)
Fax 0231/917071-90
info@wischlingen.de
www.wischlingen.de

Revierpark Wischlingen

Der Revierpark Wischlingen gehört zu einem der fünf Revierparks im nördlichen Ruhrgebiet, die in den 1970er Jahren entstanden sind. Ein herrlicher Park mit mächtigen Bäumen, weiten Wiesen und einem Natur-See lädt zum Entdecken und Erholen ein. Freiraum ohne Zäune und Eintrittskarten. Betreten erwünscht. Ein schönes Stück Natur mitten in Dortmund. Und ein historischer Ort: An das ehemalige Rittergut erinnert noch heute die romantische Fachwerk-Kapelle neben dem Haus Wischlingen.

Auf einer Gesamtfläche von 39 Hektar bietet er mehrere überdachte Sport- und Freizeitanlagen sowie ein großes Areal

Revierpark Wischlingen

im Freien. Liegewiesen, Wasserflächen (Bootverleih), Spazierwege, Grillplätze, Minigolfanlage sowie mehrere Spiel- und
Sportflächen (Tennis, Tischtennis, Fußball, Ping-Pong) laden zu einem Tag der Erholung und aktiven Freizeitgestal-
tung ein. Ergänzt wird das große Angebot durch eine Eissporthalle mit zwei Eislaufflächen, Pistenbar und Lightshow.
Im Freizeithaus, einem Veranstaltungsraum mit Restaurant
und Biergarten, finden Konzerte, Theateraufführungen, Bör-
sen und Ausstellungen statt. Der überdachte Innenbereich
beherbergt in tropischem Ambiente ein Solebad mit Sauna,
Solarien, Aktivwelt, Massagepraxis und Bistro. Damit verbunden ist das riesige Wellenfreibad mit Lagune, Sprung-
und Kinderbecken.

Revierpark Mattlerbusch

In Duisburg-Hamborn, inmitten des neun Hektar großen
Waldes „Mattlerbusch", liegt der gleichnamige Revierpark
mit Niederrhein-Therme, Reiterhof und vielen weiteren Er-
holungs- und Freizeitangeboten. In der naturnahen Parklandschaft, die auch ein Feuchtbiotop sowie einen Geologielehr-
pfad aufweist, lassen sich ausgiebige Wanderungen
unternehmen, wobei man zahlreiche Tier- und Pflanzenarten
beobachten kann. Im Zentrum des insgesamt 40 Hektar

▶ Wehoferstr. 42
47169 Duisburg
Tel. 0203/99584-0
niederrhein-therme@
t-online.de
www.niederrhein-therme.de
Öffnungszeiten:
8.30-23 Uhr

Revierpark Mattlerbusch

großen Geländes liegt der Mattlerhof, ein historischer Bauernhof aus dem 13. Jahrhundert, in dessen Stallungen Pferde, Kühe, Schafe, Ziegen und Schweine gehalten werden. Kinder können hier ihre ersten Reitstunden nehmen oder zusammen mit den Eltern eine Planwagenfahrt machen. Jazz-Frühschoppen, Tanz-Abende und Kindertheater sorgen für die weitere Unterhaltung. Das Landgasthaus Mattlerhof lädt mit seinen zwei Biergärten ein zu Speis und Trank.

Der nahegelegene Gebäudekomplex schließlich beherbergt die Niederrhein-Therme, eine Bäderlandschaft mit Sole-Thermalbad (innen und außen), Wasserfall, Karibikwellenbad, zahlreichen Saunen, tropischem Palmengarten, Whirlpools, Ruhezonen und Fitnesstreff. Eine weitere Attraktion ist die 40 Meter lange Salinenanlage, deren angenehm salzige Luft dem Körper wohltuende Erholung verspricht.

▶ Feldmarkstr. 201
45883 Gelsenkirchen
Tel. 0209/94131-0
Fax 0209/94131-99
info@revierpark-nienhausen.de
www.revierpark-nienhausen.de

Revierpark Nienhausen

Der dritte im Bunde der insgesamt fünf Revierparks des nördlichen Ruhrgebiets ist der Revierpark Nienhausen in Gelsenkirchen. Die 30 Hektar große Freizeit- und Erlebnisanlage befindet sich auf dem Gelände eines alten Gutshauses, das der Familie Eickenscheidt-Nienhausen gehörte. In den 1970er Jahren wurde hier, an der Stadtgrenze zu Essen, eine Parklandschaft mit vielfältigen Sport-, Spiel- und Erholungsmöglichkeiten angelegt. So beherbergt die Badeanlage z. B. ein Frei- und Wellenbad mit Mutter-Kind-Bereich, das aktivarium mit Sauna, Saunagarten, Solarium, Whirlpool, Sole-Außenbecken, ein Hallenbad, Spiel- und Liegewiesen sowie ein Restaurant.

In der Parkanlage liegt das Freizeithaus, ein Veranstaltungsort, in dem ein abwechslungsreiches kulturelles Programm geboten wird (Folk, Kabarett, Puppenspiel, Theater, Ausstellungen). Außerdem umfasst der Park eine Minigolfanlage, Rodel- und Rollschuhberg, Tennis- und Tischtennisplätze, Basket- und Volleyballfelder, Wasserspielplatz, Seilbahn und Kneipp-Garten.

Sport-Paradies Berger Feld

Eine weitere Attraktion im Freizeit- und Erlebnisangebot der Revierstadt Gelsenkirchen ist das Sport-Paradies Berger Feld, eine der größten zusammenhängenden Sport- und Freizeitanlagen des Ruhrgebiets. Freibad mit Paradies-Garten und Zehn-Meter-Turm sowie Hallen- und Wellenbad mit einer 57 Meter langen Rutsche, Babyplanschbecken und Snackbar bedeuten Badespaß für die ganze Familie. Ergänzend werden Fitness-, Gymnastik- und Schwimmlernkurse angeboten. Zu dem gesamten Gelände gehören außerdem eine Eissporthalle, ein Kegelcenter und eine Schießsportanlage. Das Restaurant Paradies Inn bietet Platz für 150 Gäste.

▶ Adenauerallee 118
45891 Gelsenkirchen
Tel. 0209/954-3110
Fax 0209/954-3150
info@sport-paradies.de
www.sportparadies.de
Öffnungszeiten:
Mo-Fr 6.30-22 Uhr,
Sa/So/Fei 9-22 Uhr

Revierpark Gysenberg

Der Revierpark Gysenberg in Herne ist der älteste der fünf Revierparks im Ruhrgebiet. Im Jahre 1970 eröffnet, stellt der Park den Besuchern zahlreiche sportliche und kulturelle Attraktionen zur Verfügung, die im Laufe der Zeit kontinuierlich erweitert und verbessert wurden. Heute umfasst das 31 Hektar große Areal eine Eissporthalle, Squash- und Reitanlage, Spiel- und Sportplätze, Grillstationen und Ruderteiche.

Für die Kleinen sind Minigolfbahn, Go-Cart-Bahn und Kindereisenbahn im Angebot. Im Tierpark können die Jüngsten sich im richtigen Umgang mit Tieren üben oder auf dem Naturlehrpfad einiges über die heimische Fauna lernen.

Besonders interessant dürfte auch ein Besuch der altgermanischen Steingräber auf dem Gysenberg sein: Die Grabflächen sind über 4 000 Jahre alt!

Wie alle anderen Revierparks besitzt auch der Gysenberg-Park ein Freizeithaus mit Saal, Kegelbahn, Gastronomie, Diskothek, Gymnastik- und Werkräumen. Im Mittelpunkt der gesamten Anlage steht jedoch das LAGO, ein Sole-Bad, das vom Wanne-Eickler Heilwasser gespeist wird. In ihm befinden sich eine 100 Meter lange Riesenrutsche, ein Wellenbad, Solarien sowie eine abwechslungsreiche und schön gestaltete Saunalandschaft.

▶ Am Revierpark 40
44627 Herne
Tel. 02323/969-0
Fax 02323/969-111
info@gysenberg.de
www.gysenberg.de

▶ Bottroper Str. 322
46117 Oberhausen-Osterfeld
Tel. 0208/99968-0
Fax 0208/99968-99
info@revierpark.com
www.revierpark.com

Revierpark Vonderort

An der Stadtgrenze zwischen Oberhausen und Bottrop liegt auf Oberhausener Stadtgebiet der Revierpark Vonderort. Mit einer Gesamtfläche von 32 Hektar ist er seit mehr als zwanzig Jahren eine feste Institution im Freizeitangebot der Stadt. Allein 12 unterschiedliche Sportplätze befinden sich auf dem Gelände, darunter Rasenplätze, Tennisanlagen, Tischtennisplätze, Ballspielplätze und Bocciabahnen.

Des weiteren ist der Park durch große Wald- und Wiesenflächen mit Teich (Bootsverleih), Insel, Steg und mehreren Kinderspielplätzen gekennzeichnet. Minigolfbahn, Trampolinsprunganlage, Rodelberg sowie das traditionell zum Revierpark gehörende Freizeithaus mit umfangreichem kulturellem Programm sind ebenfalls vorhanden. Wer lieber ein Dach über dem Kopf hat, kann in der Eissporthalle seine Fähigkeiten im Pirouetten-Drehen testen oder im Thermalsolbad mit Innen- und Außenbereich den Badefreuden bei angenehmen Wassertemperaturen von 27 Grad frönen.

Im Freizeitbad befördert eine 90-Meter-Rutsche die Gäste in rasantem Tempo ins feuchte Nass, wo Massagedüsen, Nackendusche, Wellenbad und Whirlpool warten. Die neugestaltete Saunalandschaft mit sieben verschiedenen Saunatypen sowie Dampfbad und Solarien verspricht zusätzliche Erholung. Zur Stärkung hält das Bistro leckere Speisen und Getränke bereit.

▶ Am Stimbergpark 80
45739 Oer-Erkenschwick
Tel. 02368/698-0
Fax 02368/698-199
kontakt@maritimo.info
www.maritimo.info

Freizeitstätte Stimbergpark

Seinen Namen erhielt der Park in Anlehnung an den benachbarten Berg im Naturpark Hohe Mark, den Stimberg. Wer nach dem Ersteigen des 156 Meter hohen Hügels nach weiterer sportlicher Betätigung sucht, kann sich im Stimbergpark ausreichend vergnügen. Die Freizeitstätte hält für ihre Besucher mehrere unterschiedliche Attraktionen bereit, darunter das Frei- und Wellenbad „maritimo" mit Sport-, Freizeit- und Erlebnisbad, Saunalandschaft, Wellnessresort und einem großen Freibad sowie einer ambitionierten Gastronomie. Neben dem Badebereich umfasst der Stimbergpark außerdem Turn- und Klettergeräte, Bolzplatz, Tischtennis und Boccia.

Fort Fun Abenteuerland

Sauerland

Fort Fun Abenteuerland

Mit mehr als 40 Attraktionen und Shows bietet das Fort Fun Abenteuerland wirklich für jeden etwas. Im Wild Eagle geht es mit 80 Stundenkilometern steil bergab, Europas längste Rodelbahn, eine Westernshow und neue Fahrattraktionen im Dunkeln sorgen ohne Unterbrechung für Unterhaltung.

▶ Aurorastr./Wasserfall
59909 Bestwig
Tel. 02905/810
Fax 02905/81118
post@fortfun.de
www.fortfun.de
Öffnungszeiten:
s. www.fortfun.de

Panorama-Park Sauerland

Da wird der Tag nicht lang – der Panorama-Park in Kirchhundem-Oberhunden bietet einen Weltrekord-Rollerbob, Achterbahnen, einen Streichelzoo und ein ausgefallenes Angebot an Events und Sonderveranstaltungen.

▶ Rinsecker Str. 100
57399 Kirchhundem-
Oberhundem
Tel. 02723/7740
Fax 02723/774234
info@panorama-park.de
www.panorama-park.de
Öffnungszeiten:
tägl. ab 10 Uhr

PROMENIEREN

Vom Hexenbürgermeisterhaus zum Ratskeller, dann durch das mittelalterliche Stadttor bis zum Mäuseturm, vorbei an sehenswerten Burghöfen und Hallenkirchen, an alten Hausinschriften und sehenswerten Schmiedearbeiten, dabei immer den Geheimnissen der Vergangenheit auf der Spur: Auf diesen Nenner lässt sich der Besuch der historischen Stadt- und Ortskerne Nordrhein-Westfalens bringen. Zwischen Bruchsteinhäusern und Fachwerkbauten, verwinkelten Gässchen oder uralten Torbögen ein ganz besonderer Sommerspaß.

DIE REGIONEN

Bergisches Land

Bergneustadt

► Infos
Stadtverwaltung Bergneustadt
Kölner Str. 256
51702 Bergneustadt
Postfach 1453
51692 Bergneustadt
Tel. 02261/404-0
Fax 02261/404-175
rathaus@bergneustadt.de
www.bergneustadt.de

Bergneustadt gehört zu den ältesten Städten des Oberbergischen Landes. Eine reizvolle Landschaft, die zu Spaziergängen oder auf den vielen Reitwegen zu Ausritten einlädt. Ein lohnenswertes Ziel bei den Ausflügen in die Natur ist das „Schwedenkreuz" im Kirchdorf Belmicke, das an die sagenumwobene Ermordung des Peter Butz von Drolshagen durch die Schweden im Jahr 1635 erinnert.

Bergneustadt ist zu jeder Jahreszeit ein beliebtes Ziel für Tagestouristen und Feriengäste. Im Sommer starten auf dem Segel- und Motorflugplatz Sportflugzeuge zu Rundflügen über das Oberbergische Land, im Winter lässt es sich auf der einzigen beleuchteten Loipe Nordrhein-Westfalens besonders gut Langlaufen.

Lohnenswert ist ein Spaziergang durch die idyllische Altstadt mit ihren Fachwerkhäusern und schiefergedeckten Häusern, die ebenso das Ortsbild verschönern wie der „Losemundbrunnen", auf dem „Minchen" und „Jettchen" thronen. Ein einzigartiger Panoramablick über die Altstadt und das Umland von Bergneustadt bietet sich den Besuchern, die den Aufstieg auf den 447 Meter hohen „Knollen" bewältigen.

Hückeswagen

► Infos
Stadt Hückeswagen
Auf'm Schloss 1
42499 Hückeswagen
Tel. 02192/88-801
Fax 02192/88-888
melanie.Weber@stadt-
hueckeswagen.de
www.hueckeswagen.de

„Rothenburg ob der Wupper", so wird Hückeswagen wegen seines romantischen Flairs gern mit der Stadt in Süddeutschland verglichen. Und das nicht zu Unrecht. Die 16 000-Einwohner-Stadt liegt im Naturpark Bergisches Land zwischen der Wupper- und Bevertalsperre.

Die Geschichte der Stadt ist bei einem Bummel durch den historischen Ortskern allgegenwärtig. Entlang der Markt- und Islandstraße finden die Besucher liebevoll restaurierte Fachwerkhäuser und Gebäude mit altbergischen Schiefergiebeln. Die alte Tuchmachervilla und das Weberdenkmal im oberen Island sind Belege dafür, dass in Hückeswagen einst traditionelles Handwerk zu Hause war.

Die „Perle des Bergischen Landes" besitzt zudem ein vielsei-

tiges Kultur- und Freizeitangebot. Erholungssuchende und Wassersportler finden an den nahegelegenen Talsperren und Flüssen ideale Voraussetzungen. Romantische Hotels, gemütliche Pensionen bieten Gastlichkeit für jeden Geschmack. Wer Hückeswagen besucht, sollte unbedingt einmal die regionalen Köstlichkeiten wie „Untereinandergekochtes" oder „Waffeln mit steifem Reis" probieren. Kammerkonzerte im Schloss in der kalten Jahreszeit sowie Heimat- und Altstadtfest im Sommer sind überregional bekannt.

Bild links: Bergneustadt
Bild rechts: Hückeswagen

Remscheid-Lennep

Lenneps berühmtester Sohn der Stadt heißt Wilhelm Conrad Röntgen, dem in seinem Geburtshaus am Gänsemarkt 1 ein Museum gewidmet ist. Lennep liegt im Bergischen Land fünf Kilometer östlich des Zentrums von Remscheid, zu dem es seit seiner Eingemeindung 1929 gehört.
Der „Bergische Dreiklang" prägt das Aussehen der Altstadt: geschieferte Wetterseiten, die schwarzen Fachwerkbalken mit den weißen Gefachen und die grünen Holzschlaglädes. Im Ortskern finden Gäste einen idealen Rahmen, um die bergisch-gemütliche Gastlichkeit zu genießen.
Wissenswertes über die Region und ihre Einwohner findet man in den verschiedenen Museen. Neben dem Röntgenmuseum lohnt es sich, die Ausstellungen im Deutschen Werkzeugmuseum und dem Lenneper Tuchmuseum anzuschauen. Die städtische Kunstgalerie zeigt Werke zeitgenössischer Künstler und ist darüber hinaus Veranstaltungsort für Kam-

► Infos
Wirtschaftsförderung
Remscheid GmbH
Berghauser Str. 62
42859 Remscheid
Tel. 02191/9232-0
Fax 02191/9232-50
info@wfremscheid.de
www.wfremscheid.de

Verkehrsverein Lennep e. V.
Richthofenstr. 62
42899 Remscheid
Tel. 02191/16-7100
www.lennep.info/vkar.html

Bild links: Remscheid-Lennep
Bild rechts: Velbert-Langenberg

mermusik, Lesungen und Vorträge. Die erholsamste Seite von Lennep liegt vor der Haustür im Bergischen Wald mit seinen Wanderwegen, die sich durch enge Täler vorbei an verträumten Hofschaften und Bächen entlang schlängeln; zum Beispiel zu der nahe gelegenen Eschbachtalsperre, der ersten Trinkwassertalsperre Deutschlands.

▶ Infos
Stadt Solingen
Bürgerbüro
Mummstr. 10
Tel. 0212/290-3201
Fax 0212/290-3206
stadtinfo@solingen.de
www.solingen.de

Solingen-Gräfrath

Nach mehr als 500 Jahren Eigenständigkeit wird Gräfrath gemeinsam mit den Orten Wald, Höhscheid, Ohligs und Solingen 1929 Großstadt. Gräfrath, Heimatstadt des berühmten Augenarztes Dr. de Leuw, liegt im Bergischen Land und ist der nördlichste Stadtteil Solingens an der Grenze zu Wuppertal.

Der weitgehend erhaltene lebendige Ortkern mit dem typisch bergischen schwarz-weiß-grünen Erscheinungsbild macht Gräfrath zu einem beliebten kulturellen Anziehungspunkt und Ausflugsziel. Geschichte erleben und begreifen können die Besucher im von Professor Kleihues umgebauten Deutschen Klingenmuseum, das sein Domizil im ehemaligem

Klostergebäude hat. Die städtische Kunstsammlung befindet sich im Museum Baden, dem früheren Rathaus der Stadt.

Es gibt noch viel mehr zu sehen in Solingen: Dazu zählen das Rheinische Industriemuseum, die ehemalige Gesenkschmiede Hendrich und die noch zum Teil genutzten Schleiferwerkstätten im Wipper- und Balkerhauserkotten. Überregional bekannt ist die Müngstener Brücke, mit 107 Metern die höchste Eisenbahnbrücke Deutschlands, und Schloss Burg, wo es sich schon auf Grund der Aussicht lohnt, einmal die Bergische Kaffeetafel zu probieren. Die Geschichte von Komik und Klamauk wird im „Laurel und Hardy-Museum" erzählt.

Velbert-Langenberg

Langenberg, am nördlichen Rand des Niederbergischen Landes gelegen, ist seit 1975 Stadtteil von Velbert. Die Beschaulichkeit rund um das architektonisch interessante Bürgerhaus machen Langenberg vor den Toren von Essen, Düsseldorf und Wuppertal zu einem beliebten Wohndomizil. Bei einem Bummel durch die „Bücherstadt" wird schnell die Charakteristik des Ortes deutlich. Links und rechts der verwinkelten und kopfsteingepflasterten Gassen stehen herrliche Fachwerk- und Schieferbauten. Ein weiteres Schmuckstück von Langenberg ist die Alte Kirche. Interessantes Detail: Im Inneren des Gotteshauses trägt eine markante, gedrechselte Säule eine handgeschnitzte Kanzel.

Nach einem ausgedehnten Rundgang lohnt ein Besuch der Gastlichkeit im historischen Ambiente. Eine Nacht im „geheimen Zimmer des Rosenhauses" bleibt ein ebenso beeindruckendes Erlebnis wie der Genuss der traditionellen „bergischen Kaffeetafel" in der Wateler Mühle. Besucher kommen auch wegen des umfangreichen Kunst- und Kulturangebotes. Die Ausstellung „Tuchfühlung" in den Gassen Langenbergs ist überregional bekannt. Der Ansiedlung verschiedener Antiquariate im historischen Ortskern verdankt Langenberg den Titel „Bücherstadt".

▶ Infos
Tourist Information
Verkehrsverein Velbert e. V.
Friedrichstr. 181 a
42551 Velbert
Tel. 02051/958990
Fax 02051/958940
www.velbert.de

Düsseldorf-Kaiserswerth

Düsseldorf

► Infos
Düsseldorf Marketing &
Tourismus GmbH
Postfach 10 21 63
40012 Düsseldorf
Tel. 0211/172020
Fax 0211/17202950
tourist@duesseldorf-tourismus.de
www.duesseldorf-tourismus.de

Düsseldorf-Kaiserswerth

In Kaiserswerth können Besucher auf den Spuren Kaiser Barbarossas wandeln oder im historischen Ambiente kulinarische Köstlichkeiten der rheinischen und internationalen Gastronomie genießen. Der Stadtteil im Norden Düsseldorfs besitzt etwas Besonderes: Die Geschichte der Alten Welt und die Gegenwart der internationalen Metropole liegen eng beieinander. Noch heute künden die Kaiserpfalz von Friedrich Barbarossa und zahlreiche, restaurierte Häuser vom Bürgersinn der Kaiserswerther.

Eine große Vielfalt bietet, wie es sich für eine Landesmetropole gehört, auch das weitere kulturelle Angebot: Die zahlreichen Museen, die Tonhalle, das Schauspielhaus, die ehemalige Wirkungsstätte Gustav Gründgens, natürlich auch das Opernhaus und zahlreiche großzügige Parkanlagen lohnen den Besuch. Interessante naturwissenschaftliche Ausstellungen und Einblicke in eine faszinierende Unterwasserwelt bietet das Löbbeke-Museum + Aquazoo im Nordpark.

Eifel

Bad Münstereifel

Das „Rheinische Rothenburg" ist in Bad Münstereifel, die Stadt im oberen Erfttal am Nordrand der Eifel. Rund 17 000 Einwohner leben in dem Kneipp-Kurort, der mit seinen zwölf Gemeinden seit 1969 zum Kreis Euskirchen gehört. Das Erftstädtchen bietet seinen Gästen einen reizvollen Kontrast zwischen historischem Stadtbild und vitalem Kneipp-Heilbad. Lohnenswert ist darum ein ausgeschilderter Stadtrundgang, der an Rathaus und Stiftskirche vorbei bis zum Ochheimer Tor und der benachbarten Glashütte führt. Weitere Möglichkeiten für einen kleinen Zwischenstopp sind das „Romanische Haus" von 1160 oder das Apotheken- und Spielzeugmuseum.

In den Kurgärten und Parks finden Erholungssuchende ausreichend Platz zum Verweilen. Beliebt bei Jung und Alt ist das Eifelbad mit Whirlpool und Riesenrutsche. Angeln, Tennisspielen, Bogenschießen oder Ausreiten in die intakte Natur: Jeder Besucher kann, umgeben von einer wunderschönen Landschaft und angenehmem Klima, seinem Hobby nachgehen. Herzhafte und deftige Köstlichkeiten bieten die einheimischen Gastronomen, zu denen auch der Folklore-Star Heino gehört.

▶ Infos
Städtische Kurverwaltung
Bad Münstereifel
Kölner Straße (im Bahnhof)
Postfach 1240
53896 Bad Münstereifel
Tel. 02253/542244
Fax 02253/542245
touristinfo@bad-muenstereifel.de
www.bad-muenstereifel.de

Bild links: Bad Münstereifel
Bild rechts: Dahlem-Kronenburg

► Infos
Verkehrsverein Oberes Kylltal
Burgberg 22
54589 Stadtkyll
Tel. 06597/2878
Fax 06597/4871
touristinfo.obereskylltal@
t-online.de
www.eifeltour.de/obere-kyll.htm

Dahlem-Kronenburg

Das Eifelörtchen Kronenburg liegt im Oberen Kylltal in der Grenzregion zu Belgien und Rheinland-Pfalz und gehört als Teil der Gemeinde Dahlem mit 4 250 Einwohnern zum Kreis Euskirchen.

Die Gemeinde Dahlem befindet sich in einem der waldreichsten Gebiete Nordrhein-Westfalens und bietet auf gut markierten Wanderwegen und ausgeschilderten Radwegen erholungssuchenden Gästen hervorragende Möglichkeiten. Mit dem Kronenburger See verfügt der Ort über ein Freizeitzentrum für Wassersport aller Art.

Seit Mitte des vergangenen Jahrhunderts hat in Kronenburg eine Kunstakademie ihr Domizil, die heute Weiterbildungsstätte des Landes Nordrhein-Westfalen ist. Überregionaler Anziehungspunkt sind die jährlich stattfindenden „Kronenburger Kunst- und Kulturtage", aber auch der mittelalterliche Handwerksmarkt im Bereich des Altstadtringes. Der Rundgang durch den historischen Ortskern führt die Besucher durch die „Wilhelm-Tell-Gasse" und zu der Pfarrkirche Sankt Johann Baptist. Das mittelalterliche Flair Kronenburgs mit seinen bis zu 400 Jahre alten Häusern konnte Dank vieler privater Initiativen frühzeitig erhalten werden.

► Infos
Gemeinde Hellenthal
Rathausstr. 2
53940 Hellenthal
Tel. 02482/85-0
Fax 02482/85-114
gemeinde@hellenthal.de
www.hellenthal.de

Eifel-Touristik Agentur NRW
Postfach 1346
53879 Bad Münstereifel
Tel. 02253/92-220
Fax 02253/92-2223
info@eifel-touristik.de
www.eifel-touristik.de

Hellenthal-Reifferscheid

Der Charme des historischen Ortskerns und die gepflegten Wander- und Radwege durch die Wälder der Eifel ziehen jährlich viele Gäste nach Reifferscheid. Die Umgebung gilt als Ferien- und Freizeitparadies, wo es leicht fällt, die Seele baumeln zu lassen. Das nahegelegene Wildgehege ist für kleine wie große Besucher ein faszinierendes Erlebnis. Und ebenso eindrucksvoll ist ein Besuch der „Grube Wohlfahrt", die veranschaulicht, unter welch schwierigen Bedingungen jahrhundertelang Bleierz gefördert wurde.

Am dritten Wochenende im September fühlen sich die Besucher in Reifferscheid in alte Zeiten zurückversetzt, wenn das Burgfest mit mittelalterlichem Jahrmarkt gefeiert wird. Das Eifelstädtchen hat sich darüber hinaus dank der frühzeitigen Stadterneuerung seinen historischen Charme bewah-

ren können. Für die Juroren des Wettbewerbs „Unser Dorf soll schöner werden" Grund genug, dies mit einer Goldmedaille anzuerkennen. Im Winter bietet die malerische Eifellandschaft beste Voraussetzungen zum Skifahren, um vielleicht anschließend in den familiär geführten Hotels die Eifeler Spezialitäten zu genießen.

Mechernich-Kommern

Zu Kommerns kulturhistorisch bedeutenden Bauten gehören die neugotische katholische Pfarrkirche Sankt Severin aus der zweiten Hälfte des 19. Jahrhunderts und die im Privatbesitz befindliche Burg. Von den vielen liebevoll restaurierten Fachwerkhäusern ist das an der Kölner Straße 29 besonders hervorzuheben, denn mit der Datierung 1548 zählt es zu den ältesten Häusern der Region. Das überregional bekannte Rheinische Freilichtmuseum bietet einen architektonischen Querschnitt aus 500 Jahren ländlicher Lebens- und Arbeitsweise. Hautnahen Kontakt mit der Vergangenheit bietet auch das Besucherbergwerk „Grube Günnersdorf".

Doch fernab von Geschichte und historischen Bauten schätzen immer mehr Erholung suchende Gäste Kommern als Urlaubsort. Spaziergänge durch das Voreifeler Land garantieren Ruhe und Erholung. Beliebte Ausflugsziele in der unmittelbaren Nachbarschaft sind der Hochwildpark Rheinland, in dessen weitläufigen Gehegen Elche, Auerochsen und Muffelwild leben, und die Burg Satzey mit ihren alljährlichen Ritterspielen.

► Infos
Bürgerbüro der Stadt
Mechernich
Bergstraße
53894 Mechernich
Tel. 02443/490
info@mechernich.de
www.mechernich.de

Touristik-Agentur Mechernich
Virnicher Str.-Zikkurat
53894 Mechernich
Tel. 02256/958961
info@erlebnisstrasse.de
www.erlebnisstrasse.de

► Infos
Monschau-Touristik GmbH
Stadtstr. 1
52156 Monschau
Tel. 02472/8048–0
Fax 02472/4534
touristik@monschau.de
www.monschau.de

Monschau

Monschau, das Eifelstädtchen im felsigen Tal der Rur, bezaubert die Besucher durch sein mittelalterliches Stadtbild und seine malerische Umgebung. Typisch für den Luftkurort sind die haushohen Buchenhecken mit Eingängen, Fenstern und Torbögen, die die Bürger bereits vor Generationen zum Schutz der Häuser angelegt haben. An Vielseitigkeit kaum zu übertreffen ist das Freizeitangebot in und um Monschau. Wandern in abgeschiedener Natur bietet sich zum Beispiel im Hochmoorgebiet Hohes Venn an. Die Eifeler Seenplatte mit dem Rursee als größtem Gewässer bietet Seglern, Surfern und Anglern gleichermaßen gute Bedingungen. Wer mag, macht eine Bootsfahrt in die völlig unberührte Natur des Urftsees.

Für geschichtsinteressierte Gäste lohnt ein Besuch im „Roten Haus"-Museum im Herzen der Altstadt. Zünftig und interessant ist ein Abstecher in den historischen Felsenkeller des Brauereimuseums.

Hochkarätige Veranstaltungen finden in Monschau zu jeder Jahreszeit statt. Ein Highlight ist sicherlich das Klassik-Open-Air auf der Burgruine. Auch Gourmetfreunde haben bei der Vielfalt des Angebots die Qual der Wahl zwischen Haute Cuisine oder den leckeren Monschauer Spezialitäten.

► Infos
Stadt Nideggen
Zülpicher Str. 1
52385 Nideggen
Tel. 02427/809-0
Fax 02427/809-47
info@nideggen.de
www.nideggen.de

Nideggen

Durch den originalgetreuen Wiederaufbau Nideggens im Jahr 1946 erstrahlt der Marktplatz mit seinen Fachwerk-, Ritter- und Patrizierhäusern wieder im alten Glanz. Den Besuchern des Ortes in der sogenannten „Dürener Rur-Eifel" bietet sich von der Burgruine aus ein Rundblick über das Rurtal.

Bild links: Monschau, Bild rechts: Nideggen

Im Bergfried befindet sich heute ein kleines Burgmuseum, das die Stadtgeschichte anschaulich darstellt. Nach einem Rundgang entlang der Stadtmauer lohnt ein Bummel durch die vielen kleinen kopfsteingepflasterten Gässchen und Straßen. Romantisches Ambiente versprüht zum Beispiel die Zülpicher Straße mit ihrem Stadttor.

Schier unbegrenzt ist das Touristik- und Freizeitangebot, das die Region zu bieten hat. Das milde Reizklima des Mittelgebirges lockt Wochenend-Urlauber und Feriengäste gleichermaßen in den beliebten Luftkurort, in dem der nahe gelegene Rursee ideale Wassersportbedingungen bietet. Nideggen hat zu jeder Jahreszeit etwas zu bieten: Theaterfestspiele auf der Burg und Rurseefest im Sommer, Erntedankfest mit traditionellen Umzügen und das Oktoberfest im Herbst, dazu ein Weihnachtsmarkt im historischen Stadtkern.

Schleiden-Olef

Die günstige Lage inmitten des Deutsch-Belgischen Naturparks macht Olef, das Eifelstädtchen am nördlichen Ortsausgang der Stadt Schleiden, zu einem idealen Ausgangspunkt für Wandertouren und Ausflüge. Im historischen Ortskern wohnen heute 360 der insgesamt 1 400 Einwohner.

Olef kann mit einem besonderen Sommerereignis aufwarten: Woche für Woche bummelt der historische Dampfzug auf seinem Weg durch das Schleidener Tal schnaubend mitten über den Dorfplatz auf den Schienen der alten Bahnstrecke Kall – Hellenthal und unterbricht für einen Moment die Idylle des beschaulichen Ortes.

Die Region mit ihrer imponierenden Vielfalt von Natur und Kultur lockt zu jeder Jahreszeit. Ideale Voraussetzungen für einen Aktivurlaub mit Wandern, Radwandern oder Wassersport ziehen die Besucher im Sommer in diese Eifelregion. Aber auch die Wintersportler finden mit gespurten Loipen, Rodelstrecken oder zauberhaft verschneiten Wanderwegen beste Möglichkeiten, um ihrem Freizeitvergnügen nachzugehen. Lohnende Ausflugsziele sind der Urft- und Rurstausee, aber auch die Nachbarstadt Schleiden und der Kneippkurort Gemünd.

▶ Infos
Stadt Schleiden
Untere Denkmalbehörde
Tel. 02445/89311
www.schleiden.de

Touristik Schleidener Tal e.V. in Gemünd
c/o Kurverwaltung und Verkehrsamt
Kurhausstr. 6
53937 Schleiden-Gemünd
Tel. 02444/2011
Fax 02444/1641
www.eifel-touristik.de/schleiden.html

Köln / Bonn / Aachen

► Infos
Stadt Aachen, Bezirksamt
Aachen-Kornelimünster /
Wahlheim
Schulberg 20
52 076 Aachen
Tel. 02408/9259222
Fax 02408/1728
stadt.aachen@mail.aachen.de
www.aachen.de

Verkehrsverein Bad Aachen e.V.
Postfach 10 22 51
52022 Aachen
Tel. 0241/19433
Fax 0241/18029-30
info@aachen-tourist.de
www.aachen.de

Aachen-Kornelimünster

Das „Kleinod an der Inde", so wird Kornelimünster, zehn Kilometer südlich von Aachen gelegen, wegen seiner noch intakten mittelalterlichen Siedlung genannt. Im historischen Ortskern leben heute noch rund 500 Einwohner, seit 1972 gehört Kornelimünster zur kreisfreien Stadt Aachen.

Die Besiedlung des Ortes reicht bis in die Zeit um Christi Geburt zurück, Reste von freigelegten Tempelanlagen datieren aus dem Jahr 260 nach Christus.

Die bedeutenden Kunstschätze, aber auch der „Historische Jahrmarkt" mit Nostalgie-Karussells und Riesenrädern, dazu vielen Raritäten, Artisten, Gauklern und Kunsthandwerkern locken viele Besucher aus nah und fern nach Kornelimünster. Im September heißt es „Kornelioktav", eine Marktwoche zu Ehren des Schutzpatrons und Namensgebers des Ortes.

Doch fernab von der Historie hat auch Kornelimünsters Gegenwart einiges zu bieten. Das wildromantische Naturschutzgebiet Kläuserwäldchen und die verschiedenen Spezialitäten-Lokale locken die Gäste und Naturliebhaber an.

Bedburg-Kaster

Bis 1955 war Kaster mit 731 Einwohnern die zweitkleinste Stadt der Bundesrepublik. Seit 1975 gehört der historische Ort zum benachbarten Bedburg, einer 24 000-Einwohner-Stadt zwischen Aachen und Köln. Die vielen Gäste aus nah

Bild links: Aachen-Kornelimünster, Bild rechts: Bedburg-Kaster

Bild links: Stolberg, Bild rechts: Stolberg-Breinig

und fern kennen Bedburg und seinen historischen Ortsteil Alt-Kaster aber auch als die „Schlossstadt an der Erft". Großes Engagement verband die Bürger, Politiker, den Landeskonservator und den Regierungspräsidenten, als es darum ging, Alt-Kaster vor den riesigen Schaufelradbaggern des Braunkohletagebaus zu bewahren. Mit Erfolg. Alt-Kaster blieb verschont, dennoch mussten rund 7 000 Menschen, das entspricht einem Drittel der Gesamtbevölkerung, dem „braunen Gold" weichen. Kaster nahm um den mittelalterlichen Kern herum den größten Teil der Umsiedler auf.

Mit viel Liebe zum Detail restauriert, entwickelt sich Kaster heute mit seinem mittelalterlichen Stadtbild mehr und mehr zu einem gefragten Wohn- und Freizeitort. Jährlicher Anziehungspunkt ist das Altstadtfest in den historischen Gemäuern von Alt-Kaster.

► Infos
Stadt Bedburg, Ratsbüro
Am Rathaus 1
50181 Bedburg
Tel. 02272/402-0
Fax 02272/402-149
stadtverwaltung@bedburg.de
www.bedburg.de

Stadt Bedburg
Untere Denkmalbehörde
Am Rathaus 1
50181 Bedburg
Tel. 02272/402-0
stadtverwaltung@bedburg.de
www.bedburg.de

Stolberg

Die Stadt Stolberg, im Dreiländereck von Deutschland, Belgien und den Niederlanden gelegen, bietet seinen Gästen und Bürgern eine reizvolle Mischung aus historischen Bau- und Industriedenkmälern, erholsamer Naturlandschaft und moderner Wohnqualität.

Das alles überragende Wahrzeichen der 60 000-Einwohner-Stadt im Kreis Aachen ist die Burg. Unterhalb der monumentalen Befestigungsanlage liegt der in großen Teilen erhaltene historische Stadtkern. Die Stadtführungen gelei-

► Infos
Stadtwerbung und Tourismus
Rathausstr. 11-13
52222 Stolberg
Tel. 02402/13-499
Fax 02402/13-362
info@stolberg.de
www.stolberg.de

ten die Besucher am schönsten Gebäude des Ortes vorbei, dem alten Rathaus. Weitere Stationen sind die Vogelsangkirche und die evangelische Pfarrkirche Zweifall.

Im Süden von Stolberg schließen sich weitläufige Waldgebiete an, die den Gästen ein attraktives Freizeit- und Erholungsangebot bieten. Die wunderschöne Eifel-Landschaft können aber auch die Urlauber genießen, die nicht besonders gut zu Fuß sind. Dafür sorgt die im markanten Blau gehaltene Vennbahn, die zwischen Monschau und Stolberg verkehrt.

► Infos
Amt für Wirtschaftsförderung
Werbung und Tourismus
Rathausstr. 11-13
52222 Stolberg
Tel. 02402/13-499
Fax 02402/13-333
info@stolberg.de
www.stolberg.de

Stolberg-Breinig

Das harmonische Ortsbild mit seinen frühen Dorfstrukturen macht Breinig, südöstlich von Aachen im Herzen der Eifel gelegen, zur „Perle des Münsterländchens". Breinig gehört seit 1972 zur Stadt Stolberg.

Seit 1980 sind rund 90 Bauten im historischen Ortskern konsequent und detailgetreu restauriert und saniert worden, nachdem in den sechziger Jahren der Altstadtkern wegen seiner maroden Bausubstanz für viele Bürger als unattraktive Wohngegend galt. Heute ist die historische Mitte mit ihren idyllischen Hinterhöfen beliebter denn je. In der Essiger Straße findet man zum Beispiel noch den Urtyp des Aachener Bauernhauses mit der Anordnung Stube, Küche und Stall.

Die waldreiche Region mit ihren saftiggrünen Wiesen, dazu die Steinbrüche mit ihren schroffen und moosbewachsenen Klippen bieten den Wandertouristen ein facettenreiches Naturbild, das lohnt, länger betrachtet zu werden. Sportlich aktive Gäste erkunden die Eifel-Landschaft bei einer ausgedehnten Fahrradtour oder halten sich auf dem nahegelegenen Trimmpfad und im Freizeitbad fit. Die Nähe zu Stolberg garantiert zudem ein anspruchsvolles Kulturprogramm.

Münsterland

Rheda-Wiedenbrück

Zu Fuß oder per Rad lässt sich die bauliche Geschichte Rheda-Wiedenbrücks am besten erkunden. Die Stadt liegt am Rande des Teutoburger Waldes an der Ems, zählt heute rund 45 000 Einwohner und entstand durch den Zusammenschluss der beiden im heutigen Namen verankerten Orte. Wegen der vielen geschichtsträchtigen Bauten empfiehlt es sich für Besucher, genug Zeit mitzubringen. Das Alte Rathaus von Wiedenbrück fällt bei einem Spaziergang ebenso schnell ins Auge wie die malerische Barockkirche Sant Vit, das Reethus und neben dem fürstlichen Schloss die dazugehörige Orangerie, der Wasserspielplatz Emssee, der Seilzirkus oder die „Spielerei". Im Sommer ist der Park der Flora Westfalica Anlaufpunkt für Groß und Klein. Doch auch in den beiden Ortskernen tummeln sich zu jeder Jahreszeit die Besucher. Als „der gemütlichste in Westfalen" wird der Wiedenbrücker „Christkindlmarkt" gepriesen, im September lädt das traditionelle Altstadtfest zu einem Bummel durch die mittelalterlichen Gassen von Rheda ein. Mit seiner urigen Gastronomie und vielen restaurierten Häusern hat sich Rheda-Wiedenbrück seinen historisch-romantischen Charme bewahrt.

► Infos
Stadtverwaltung
Rheda-Wiedenbrück
Rathausplatz 13
33378 Rheda-Wiedenbrück
Tel. 05242/963-0
Fax 05242/963-222
rheda-wiedenbrück@gt-net.de
www.rheda-wiedenbrueck.de

Flora Westfalica
Mittelhegge 11
33378 Rheda-Wiedenbrück
Tel. 05242/9301-0
Fax 05242/9301-20
FloraWestfalica@t-online.de
www.flora-westfalica.de

Rheda-Wiedenbrück

Rietberg

▶ Infos
Bürgerbüro und
Tourist-Info Rietberg
Rügenstr. 1
33397 Rietberg
Tel. 05244/986-0
Fax 05244/986-400
buergerbuero@rietberg.de
www.rietberg.de

Rietberg

Südlich von Bielefeld liegt Rietberg, die Stadt an der oberen
Ems. Gemeinsam mit den benachbarten Landgemeinden ge-
hört die ehemalige Grafschaft heute zum Kreis Gütersloh.
Nicht nur die historische Bausubstanz zieht die Besucher in
das Emsstädtchen, auch die reizvolle Umgebung mit einer
Fülle von Freizeitmöglichkeiten lockt die Gäste an. Spaziergänge in der weitläufigen Natur sind ebenso beliebt wie
Rad- und Kanutouren, Ausritte hoch zu Ross oder Fall-
schirm-Tandemsprünge. Das Kontrastprogramm: ein Exer-
zitien-Wochenende bei den Benediktinerinnen im Kloster
Varensell.
Stimmungsvoll und bunt geht es in der Rietberger Altstadt
zu, wenn die fünfte Jahreszeit eingeläutet wird. Der Rietberger Karneval ist seit vielen Jahren Anziehungspunkt für
Jecken aus nah und fern. Kaum weniger fröhlich verläuft das
alle zwei Jahre stattfindende Stadtbürgerfest vor der stilvollen
Kulisse des historischen Ortskernes. Gemütliche Gastronomie und ein vielseitiges Übernachtungsangebot machen Rietberg für Kurzbesucher und Urlaubsgäste zu allen fünf Jahreszeiten attraktiv.

Steinfurt-Burgsteinfurt

Zu Lande, zu Wasser oder aus der Luft. Egal aus welcher Perspektive, Steinfurt, die 34 000-Einwohner-Stadt im Münsterland, ist ein Reiseziel für Urlauber und Wochenend-Touristen. Durch ihre topografische Lage gilt die Stadt an der Aa als Paradies der Radwanderer. Das „Radwegesystem 2000" bietet ein Streckennetz, das scheinbar nicht enden will und seinesgleichen sucht. Bei einer Bootstour auf dem Bagnosee lässt es sich herrlich abschalten.

Der älteste freistehende Konzertsaal, die Bagno-Konzertgalerie, ist weit über die Stadtgrenzen hinaus nicht nur Musikkennern ein Begriff. Bagno-Konzertgalerie und Bagnosee, beide Attraktionen gehören zum Il-Bagno-Park, einer historisch gewachsenen Grünanlage, die die beiden Ortsteile Burgsteinfurt und Borghorst miteinander verbindet.

Steinfurts prächtige Fachwerkhäuser der Ackerbürger und die Bauten der Beamten sind außergewöhnliche Beispiele mittelalterlicher Baukunst, die das Auge der Besucher verwöhnen. Und für die kulinarischen Genüsse ist die westfälische Küche mit ihren herzhaften Gerichten bekannt.

▶ Infos
Tourist-Information
Verkehrsverein Steinfurt e.V.
Markt 2
48565 Steinfurt
Tel. 02551/1383
Fax 02551/7326
info@steinfurt.de
www.steinfurt-touristik.de

Steinfurt-Burgsteinfurt

► Infos
Tecklenburg Touristik GmbH
Markt 7
49545 Tecklenburg
Tel. 05482/9389-0
Fax 05482/9389-19
m.eschmann@tecklenburg-
touristik.de
www.tecklenburg-touristik.de

Tecklenburg

Tecklenburg, der Luft- und Kneippkurort auf dem Höhenzug des Teutoburger Waldes, ist ein faszinierendes mittelalterliches Städtchen, das, eingebettet in naturbelassenen Auen
und Wäldern, Wanderern und Radlern durch seine topografische Lage paradiesische Verhältnisse bietet. Um sich von der
historischen Altstadt einen guten Überblick zu verschaffen,
ist ein Aufstieg zur Burgruine empfehlenswert. Als Lohn
winkt ein herrlicher Panoramablick.

Tecklenburg gilt als beliebter Urlaubsort mit abwechslungsreichen Freizeitmöglichkeiten. Erholungssuchende Gäste machen gern einen ausgedehnten Spaziergang durch den romantischen Kurpark. Das Waldfreibad, ein Naturschwefelbad,
dazu die Hallenbäder mit Sauna und Solarien garantieren
ebenso Entspannung auf hohem Niveau.

Ein weiteres beliebtes Ziel ist das Wasserschloss Haus Marck.
In dem Schloss aus dem 16. Jahrhundert wurden einst die
Vorverhandlungen für den Westfälischen Frieden geführt,
heute finden dort regelmäßig Schlosskonzerte statt. Gehobene Gastronomie gepaart mit westfälischer Gastfreundlichkeit lassen es den Besuchern „gut gehen", übrigens in Tecklenburg mehr als nur ein typischer Gruß.

► Infos
Verkehrsverein Warendorf e. V.
Emsstr. 4
48231 Warendorf
Tel. 02581/787700
Fax 02581/787711
verkehrsverein@warendorf.de
www.warendorf.de

Warendorf

Auf eine lange und erfolgreiche Geschichte der Pferdezucht
und -ausbildung kann Warendorf seit Gründung des Lan-
desgestüts von 1826 zurückblicken. Mehrmals im Jahr weht
internationales Flair durch die Straßen und Gassen von Warendorf, wenn die berühmten Hengstparaden oder Spring-
und Dressur-Championate stattfinden. Pferdefreunde und
Pferdeliebhaber sind Stammgäste in der Stadt an der Ems,
nicht zuletzt wegen des einzigartigen Angebotes von Pony-
und Reiterhöfen.

Doch Warendorf hat noch einiges mehr zu bieten. Kurzurlauber schätzen einen erholsamen Spaziergang in intakter Natur, während Wassersportler am nahegelegenen Emssee voll
auf ihre Kosten kommen. Trubel in der Altstadt herrscht zum
Beispiel im Oktober, wenn der „Fettmarkt" Trödler genauso

in die Stadt lockt wie Liebhaber frisch geschabten Sauerkrautes. Typisch münsterländische Gerichte halten die Gastronomen in den vielen Lokalen und Restaurants in und um Warendorf bereit. Und je nach Geschmack und Geldbeutel auch eine gemütliche Unterkunft in einer der westfälischen Stuben oder im Komforthotel.

Werne

Das Ambiente eines gewachsenen Stadtkerns, umrahmt von der typisch münsterländischen Parklandschaft, ist das unverkennbare Merkmal der Stadt Werne. Über 30 000 Einwohner leben in der Stadt, die etwas abseits der Großstädte ein beliebtes Naherholungsgebiet ist. Das Wasser bestimmt heute das Gesicht der Stadt, in der bis 1975 rund 4 000 Menschen im Bergbau Arbeit fanden. Der See im Stadtpark und die Lippe sind wie geschaffen, um an den Ufern spazieren zu gehen oder ausgedehnte Radtouren zu unternehmen. Ein beliebter Treffpunkt ist das „Natur-Solebad Werne" mit seinem großzügigen Freigeländ und Hallenbad. Wernes bekanntestes Volksfest ist der Simon-Juda-Markt, der seinen Ursprung in der Verleihung des Marktrechtes von 1362 hat und heute mit bis zu 500.000 Besuchern das größte Volksfest an der Lippe ist. Vielschichtig ist auch das Angebot rund um Kunst und Kultur. Die Aufführungen im Freilichtmuseum begeistern das Publikum ebenso wie die Ausstellungen im Karl-Pollender-Stadtmuseum. Lohnenswerte Ausflüge bietet auch die Nachbarschaft mit dem Schloss Cappenberg, der Marina in Bergkamen und der westfälischen Metropole Münster.

► Infos
Stadt Werne, Presse, Öffentlichkeitsarbeit, Fremdenverkehr, Stadtmarketing
Konrad-Adenauer-Platz 1
59368 Werne
Tel. 02389/71-318
j.hoeinghaus@werne.de
www.werne.de

Bild links: Werne
Bild Mitte: Tecklenburg
Bild rechts: Warendorf

Niederrhein

► Infos
Stadt Kalkar – Abteilung
Fremdenverkehr
Markt 20
47546 Kalkar
Tel. 02824/13120
Fax 02824/13234
info@kalkar.de
www.kalkar.de

Kalkar

Unweit der holländischen Grenze liegt die 13 700-Einwoh-
ner-Stadt Kalkar. Eindrücklicher als jede andere Stadt am
Niederrhein bietet Kalkar einen außergewöhnlichen Mix aus
Städtebau, Architektur, Kunst und Kultur. Ein Wahrzeichen
der Stadt ist der um 1500 errichtete Beginenhof mit seiner
von Renaissance-Ornamenten verzierten Holzdecke. Die
Lohwindmühle am Hanselaer Tor ist weit über die Stadtgrenzen hinaus bekannt. Und das nicht nur als Denkmal einer
längst vergangenen Handwerkskunst, sondern auch wegen
seines frisch gebackenen Brotes und frisch gebrauten Bieres.
Besonders stolz ist Kalkar auf die Nikolai-Kirche, eine Pfei-
lerbasilika spätromanischen Ursprungs. Im Westturm und im
Bereich des Chores sind dafür heute noch typische Merkmale
sichtbar.

Doch neben kulturellem Angebot und mittelalterlichem Flair
bietet Kalkar auch Erholung und Bewegung. Ideale Voraus-
setzung zum Wandern, Radwandern und Schwimmen bietet der Wisseler See. Lohnenswert ist ein Abstecher zum
Mühlenhof. Sport in freier Natur bietet ein frei zugänglicher
Golfplatz. Die neueste Attraktion ist das „Kernwasser Wunderland" im ehemaligen Kernkraftwerk Kalkar.

Bild links: Kalkar
Bild rechts: Kempen

Kempen

Die 36 000-Einwohner-Stadt Kempen gilt als alte, aber sehr lebendige Stadt, in der sich Tradition und Fortschritt ideal verbunden haben. Erholung suchende wie kulturell interessierte Gäste finden hier ein reichhaltiges Angebot. Besucher, die per Bahn von Köln, Düsseldorf oder Krefeld anreisen, haben nur zwei Minuten Fußweg bis zum historischen Ortskern. Von dort lohnt ein Bummel, ob mit oder ohne Altstadtrundgang, durch die vielen kleinen Straßen und Gassen. Der um den historischen Stadtkern herum liebevoll angelegte Grüngürtel bietet ideale Plätze für eine kurze Rast.

Kempen gilt als beliebtes Ziel bei Radwanderern, überregional bekannt sind aber auch das Erlebnisbad „aqua sol" und als kulturelles Highlight die „Kempen-Klassik-Konzerte" vor historischer Kulisse. Typische niederrheinische Gaumenfreuden bieten die vielen Feinschmeckerlokale innerhalb und außerhalb der Altstadt. Kurzum: Kempen als Ausflugsziel lohnt zu jeder Jahreszeit; Altstadtfest und Klassik-Konzerte im Sommer, der Historische Altstadtmarkt im Herbst und im Winter der Weihnachtsmarkt.

▶ Infos
Stadt Kempen
Amt für Öffentlichkeitsarbeit
Buttermarkt 1
47 906 Kempen
Tel. 02152/917-237
Fax 02152/917-242
pressestelle@kempen.de
www.kempen.de

Korschenbroich-Liedberg

Bedeutende Sehenswürdigkeiten von Liedberg sind die Schlossruine, der Mühlenturm und der in seinem ursprünglichen Stil erhaltene Dorfplatz mit seinen Fachwerkhäusern. Heute gehört Liedberg zur niederrheinischen Stadt Korschenbroich. Den historisch-dörflichen Charakter hat es sich bis heute bewahrt. Anerkennung erhielten die Liedberger dafür 1985, als sie die Goldplakette in dem Wettbewerb „Unser Dorf soll schöner werden" gewannen. Zentrum der his-torischen Kulisse ist der Sandbauernhof, der heute als kulturelle Begegnungsstätte genutzt wird. Ein kleines Museum erzählt die Geschichte des Sandbergbaus. Ein Relikt aus vergangenen Tagen ist ein Schacht aus der Zeit um 1800, als es in Liedberg zwei Sandminen gab.

Doch das 2 300-Einwohner-Dorf bietet Erholung suchenden Gästen auch ein vielfältiges Freizeitangebot. Die malerischen Bruch- und Waldlandschaften bieten ausreichend Gelegen-

▶ Infos
Stadtverwaltung Korschenbroich
Büro für Presse- und
Öffentlichkeitsarbeit
Sebastianusstr. 1
41352 Korschenbroich
Tel. 02161/613-0
Fax 02161/613-108
stadt@korschenbroich.de
www.korschenbroich.de

heit zum Wandern oder Radwandern. Zum Beispiel zur Wasserburg Schloss Myllendonk. Die niederrheinische Gastfreundlichkeit können die Gäste in den vielen kleinen Lokalen erleben oder bei den zahlreichen Schützen- oder Heimatfesten.

▶ Infos
Stadtmarketing Krefeld
Rathaus
Von-der-Leyen-Platz 1
47798 Krefeld
Tel. 02151/86-1501
Fax 02151/86-1510
andrea.mania@krefeld.de
www.krefeld.de

Krefeld-Linn

Im historischen Ortskern von Linn leben heute 600 Menschen. Der Ort gehört seit 1901 zu der Stadt Krefeld und liegt im Osten zwischen Stadtzentrum und Rheinhafen.

Größter Anziehungspunkt des Stadtkerns ist die restaurierte Backsteinburg, doch auch das Umfeld lohnt für einen Besuch. Im Schatten der Burg findet man in den Straßen und Gassen familiäre und urige Gastlichkeit. Musikkenner schätzen die monatlichen Serenaden im Rittersaal der Burg. Und am Pfingst-Wochenende fühlt man sich in das Mittelalter zurückversetzt, wenn der überregional bekannte „Flachsmarkt" die Besucher anlockt. Gaukler und Musikgruppen unterhalten die Gäste. Über 600 Handwerker zeigen – zumeist in zeitgenössischer Kleidung – traditionelles Handwerk.

Unweit des Andreasmarktes im historischen Ortskern steht das Deutsche Textilmuseum mit über 25 000 Textilien aus aller Welt und zwei Jahrtausenden.

Für Geschichtsinteressierte ist ein Besuch im Burgmuseum Linn ein unbedingtes Muss. Eine Sammlung historischer Stadtmodelle, das Grab eines fränkischen Fürsten und bedeutende Gläser- und Bauern-Keramik-Sammlungen gehören zu den eindrucksvollsten Exponaten.

Bild links:
Korschenbroich-Liedberg
Bild rechts:
Wachtendonk

Krefeld-Linn

Wachtendonk

Historie, Kultur, Sport und Erholung. Dieses Kompaktpaket bietet Wachtendonk mit seinem landschaftlich reizvollen Umland seinen Gästen. Bei einem Spaziergang durch den Ortskern kommt man unweigerlich am „Haus Püllen" vorbei, das aus dem Jahr 1634 stammt und zu den älteren Baudenkmälern der Stadt gehört. Das 1430 gegründete Nonnenkloster beherbergt heute ein Pfarrheim und die Bücherei der katholischen Kirche. Direkt gegenüber lädt die Pfarrkirche Sankt Michael zu einem Besuch ein. Ein Abstecher zu der Burgruine Wachtendonk lohnt ebenso.

Ein gelungenes Beispiel internationaler Zusammenarbeit auf dem Gebiet Naturschutz und Touristik ist der Naturpark Maas-Schwalm-Nette. Im Sommer gelten die Naturbadeseen als Mekka der Wassersportler. Schwimmen, aber auch Wasserski verschaffen in der „blauen Lagune" die nötige Abkühlung. Zu jeder Jahreszeit finden Wanderer und Radfahrer ausreichend Platz, um die niederrheinische Landschaft zu erkunden. Und nach einer anstrengenden Tour bietet die Gastronomie allerlei Leckereien für jeden Geschmack und Geldbeutel. Zum Beispiel im Flachshaus aus dem Jahr 1719.

▶ Infos
Gemeindeverwaltung
Wachtendonk
Weinstr. 1
47669 Wachtendonk
Tel. 02836/9155-0
Fax 02836/9155-16
info@wachtendonk.de
www.wachtendonk.de

Ostwestfalen-Lippe

► Infos
Kur- und Tourist-Information
Bad Salzuflen
Parkstr. 20
32105 Bad Salzuflen
Tel. 05222/183-183
Fax 05222/17154
info@bad-salzuflen.de
www.bad-salzuflen.de

Bad Salzuflen

Bad Salzuflen, die ostwestfälische 50 000-Einwohner-Stadt im Tal der Salze, versteht sich als Quelle der Gesundheit, in der die Besucher Erholung tanken können. Dafür sorgen der weitläufige Landschaftspark, die 426 Meter langen Gradierwerke aus Schwarzdorn als maritimes Freiluftinhalatorium, aber auch der Charme der liebevoll restaurierten Altstadt. Bei einem Stadtrundgang dürften dem Besucher besonders drei Gebäude wegen ihrer eindruckvollen Giebel auffallen: Das spätgotische Rathaus von 1545, das „Alte Bürgermeisterhaus" von 1564 und das Haus Backs mit seiner Schnitzfassade. Die Geschichte der Heilbäder wird im Deutschen Bädermuseum erzählt und dargestellt. Beachtenswert ist die Ausstellung der farbenprächtigen Bade- und Brunnengläser. Außerdem im Museum zu sehen sind Exponate zur Stadt- und Salinengeschichte.

Kulturell überregionale Anziehungspunkte sind das Salzsiederfest in der Altstadt, das Weinfest und der alle drei Jahre stattfindende historische Markt.

Bild links: Bad Salzuflen, Bild rechts: Blomberg

Blomberg

Mittelpunkt der im Teutoburger Wald und Weserbergland gelegenen Stadt Blomberg ist der Marktplatz mit seinem 1587 erbauten Rathaus, dem Alheyd-Brunnen und der ehemaligen Klosterkirche. Das typisch lippische „Drei-Straßen-Schema" ist noch im heutigen Grundriss des historischen Stadtkerns sichtbar. Von der Burg Blomberg, bis 1511 Residenz der lippischen Landesherren, haben Besucher einen Blick über die Altstadt mit ihren 250 restaurierten Fachwerkhäusern und den farbenfrohen Giebeln.

Blomberg ist ein lohnendes Ziel für Wanderer und Fahrradfahrer. Über 1 250 Hektar ausgedehnter Hochwald umzieht in unmittelbarer Nähe die Stadt im Westen, Norden und Osten und bietet mit seinen schönen Wanderwegen und mit seinen romantischen Ruheplätzen Erholung. Beachtenswert ist auch das ganzjährige Kulturangebot. Der „Wilbaser Markt", einst Ort der Lehens- und Gerichtstage, ist heute die größte Stoppelkirmes Ostwestfalens. Die „Stadtparty" im Sommer und der „Martinimarkt" im Herbst sorgen ebenfalls für turbulentes Treiben vor der romantischen Kulisse der Altstadt.

► Infos
Städtisches Verkehrsbüro
Blomberg
Hindenburgplatz 1
32825 Blomberg
Tel. 05235/504444
Fax 05235/504450
verkehrsbuero@blomberg-lippe.de
www.blomberg-lippe.de

Brakel

Die ehemalige Hansestadt Brakel liegt im weiten Talkessel der Flüsse von Nethe und Brucht und gehört heute zum Kreis Höxter. Der historische Stadtkern der 19 000-Einwohner-Stadt ist geprägt von vielen alten Fachwerkhäusern, die so den Straßen, Gassen und Plätzen einen besonderen Reiz verleihen. Lebendiger Mittelpunkt der Stadt ist der Marktplatz mit dem Rathaus aus dem 13. Jahrhundert. Umrahmt wird das mit Treppengiebel verzierte Haus von einem ehemaligen Ackerbürgerhaus aus dem 16. Jahrhundert und der Alten Waage, einem ehemaligen Rittersitz. Mehr über die Geschichte von Brakel erfahren die Besucher im Stadtmuseum, das mit zahlreichen Ausstellungsstücken über Geschichte und Brauchtum der alten Hansestadt informiert. Der Luftkurort Brakel ist bekannt für sein besonders schonendes Mittelgebirgsklima. Im Kurpark sprudelt eine eisenhaltige Mineralquelle, die „Kaiserbrunn" genannt wird. Besonders sehens-

► Infos
tourist-info Brakel
Am Markt 5 (Haus des Gastes)
33034 Brakel
Tel. 05272/360269
Fax 05272/3901941
tourist-info@brakel.de
www.brakel.de

wert sind das Tourismus-Musterdorf Bellersen mit einem „Erfahrungsweg zur Entfaltung der Sinne" und der Böker-hof, in dem sich einst der Romantikerkreis um die Brüder Grimm und Annette von Droste-Hülshoff trafen. Ein wei-teres Brakeler Highlight: der Annentag, die größte Innen-stadtkirmes des Weserberglandes.

▶ Infos
Tourist Information
Rathaus am Markt
32754 Detmold
Tel. 05231/977-328
Fax 05231/977-447
tourist.info@detmold.de
www.detmold.de

Detmold

„Lippe Detmold – eine wunderschöne Stadt". So wird die ehemalige Residenzstadt in einem Volkslied besungen. Und bei einem Spaziergang durch die romantischen Straßen der Altstadt können sich die Besucher selbst davon überzeugen. Zentrum des historischen Stadtkernes ist das Residenzschloss mit seinen prunkvollen Sälen. Besonders sehenswert im In-neren sind die barocken Gobelins in den Königszimmern, die Jagdwaffen und die Porzellansammlung. Im Westfälischen Freilichtmuseum kann man in vergangene Zeiten eintauchen und sowohl den Alltag der „Kleinen Leute" als auch alte Handwerkskünste nachempfinden.

Freizeit, Erholung und Sport: Auch hier bietet die 80 000-Einwohner-Stadt mit den weitläufigen Wäldern des Teuto-burger Waldes ausreichend Platz. Eine Stippvisite lohnt zur Adlerwarte Berlebeck und zum alles überragenden Her-mannsdenkmal.

Detmold

Bild links: Horn
Bild rechts: Höxter

Bedeutende Aufführungen zeigt das Lippische Landestheater. In den Sommermonaten wird aber auch die Altstadt zur Kulturbühne. Das Palaisgartenfest, die Stadtparty sowie der Sterntalermarkt in der Adventszeit locken die Gäste an. Diese genießen dann auch gern die regionalen Köstlichkeiten, so auch das lippische Nationalgericht „Pickert".

Horn-Bad Meinberg

„Die Krone im Kranze der Städte des Lipperlandes". Dieser überlieferte Spruch bezeichnet die Stadt Horn, die am Rande des Teutoburger Waldes zwischen dem Hermannsdenkmal und dem 468 Meter hohen Berg Velmerstot liegt. Der bis heute erhaltene Stadtgrundriss mit vielen Bürgerhäusern aus dem 16. bis 18. Jahrhundert kennzeichnet Horn-Bad Meinberg als eine typische mittelalterliche Gründungsstadt mit Stadtburg.

Aber nicht nur das historische Stadtbild lädt die Besucher zu einem entspannten Bummel ein. Der Stadtteil Bad Meinberg, heute Staatsbad, liegt an den bewaldeten hügeligen Ausläufern des Teutoburger Waldes in 210 Metern Höhe. Geschützt gegen die Nord- und Ostwinde bietet er ein mildes, aber erfrischendes Klima. Das historische Mineral- und Moorheilbad gilt als eine „Oase der Ruhe" und verfügt über umfangreiche natürliche Heilmittel wie Schwefelmoor und

▶ Infos
Tourist-Information Horn-Bad Meinberg
Parkstr. 2
32805 Horn-Bad Meinberg
Tel. 05234/98903
Fax 05234/9577
tourist-information@horn-badmeinberg.de
www.horn-badmeinberg.de

Mineralquellen. Bekannteste touristische Attraktion sind aber die Externsteine, deren Sandsteinfelsen bis zu 40 Meter in den Himmel ragen. Radfahrern bieten sie eine eindrucksvolle Naturkulisse, Wanderer genießen von den Felsen die Aussicht in das idyllische Lipperland.

► Infos
Tourist- und Kulturinformation
Historisches Rathaus
Weserstr. 11
37671 Höxter
Tel. 05271/19-433
Fax 05271/963-435
info@hoexter.de
www.hoexter.de

Höxter

Im Flusstal der Weser, umgeben von den bewaldeten Hügeln des Weserberglandes, liegt Höxter, heute Kreisstadt mit 34 000 Einwohnern. Die historische Altstadt versprüht durch die Fachwerkbauten und die Häuser aus der Epoche der Weserrenaissance einen besonderen Charme. Es lohnt sich, länger zu verweilen. Das Adam-und-Eva-Haus, 1571 erbaut, gehört zu den schönsten Gebäuden von Höxter und besticht durch die typischen Schmuckmotive der Weserrenaissance. Weitere Stationen eines Altstadtrundganges sollten der von Uffeln'sche Hof und das Gebäudeensemble Dechanei sein, der ehemalige Adelshof der Familie von Amelunxen. Außerdem besuchenswert: die Nicolaikirche aus dem Jahr 1157 und die Sankt Kiliani-Kirche aus dem Jahr 1075, die älteste Kirche in Höxter.

Seit geraumer Zeit gilt die Weserstadt als beliebtes Fremdenverkehrsziel. Das Weserbergland bietet Wanderern und Radtouristen optimale Bedingungen; aber auch Drachenfliegen, Fallschirmspringen und Segelfliegen sind Sportarten, die in oder besser über Höxter möglich sind. Entspannen und die Natur genießen kann man am besten bei einer Dampferfahrt auf der Weser. Anspruchsvolle Kultur bietet das nahegelegene Schloss Corvey.

► Infos
Lemgo Markting e. V.
Am historischen Marktplatz
32657 Lemgo
Tel. 05261/9887-0
Fax 05261/9887-29
info@lemgo-marketing.de
www.lemgo.de

Lemgo

Im Herzen des Lipperlandes zwischen Teutoburger Wald und Weserbergland liegt die 44 000-Einwohner-Stadt Lemgo. Das Flair der Renaissance und die Idylle des Lipperlandes machen Lemgo zu einem beliebten Ziel für Urlauber und Wochenend-Touristen. Besonders groß ist das geschichtliche Angebot, das die insgesamt acht Museen bieten. Eindrucks-

Bild links: Lemgo
Bild rechts: Lügde

volle Kunst und Kultur des 16. und 17. Jahrhunderts bietet das Schloss Brake, das städtische Museum Hexenbürgermeisterhaus zeigt Sammlungen zur Wohn- und Alltagskultur. Weitere Anlaufpunkte für geschichtsbegeisterte Gäste: das Institut für lippische Landeskunde, die Skulpturen-Remise, das Frenkelhaus und das städtische Museum Junkerhaus. Lemgo ist aber auch Sportstadt. Neben dem sportlichen Aushängeschild des Handball-Bundesligisten TBV Lemgo bietet sich den Besuchern ein vielfältiges Freizeitangebot, zu dem Kanufahren, Radwandern, Wandern oder Sportaerobic gehören. Eine grüne Oase der Erholung ist der STAFF-Landschaftspark unweit des Stadtzentrums. Und zünftig gefeiert wird auch: zum Beispiel beim Lemgoer Sommertreff, dem Strohsemmelfest, dem Bruchmarkt und dem Kläschenmarkt.

Lügde

Die „Stadt der Osterräder", so wird Lügde wegen des traditionellen Brauches am ersten Ostertag genannt, wenn fünf brennende Eichenholzräder mit Stroh gestopft bei Einbruch der Dunkelheit vom Osterberg gerollt werden. Lügde liegt unweit des Köterberges, mit rund 500 Metern die höchste Erhebung Lippes.

► Infos
Tourist Information Lügde e. V.
Vordere Str. 81
32676 Lügde
Tel. 05281/78029 o.
Tel. 05281/979642
Fax 05281/979643
touristinfoluegde@t-online.de
www.luegde.de

Kennzeichen der Stadt sind die frühklassizistischen Fachwerk-Ackerbürgerhäuser mit ihren typisch hallenartigen Deelen, die Stadtbefestigung und natürlich die beiden erhaltenen Tortürme.

Bei einem Besuch der historischen Altstadt lohnt ein Blick in das Heimatmuseum, das einen Überblick über die Stadtgeschichte bietet. Das Dechenmuseum im früheren Feuerwehrgerätehaus zeigt alles Wissenswerte zur Geschichte des Osterräderlaufes.

Ein Abstecher in den Ortsteil Elbrinxen lohnt ebenfalls. Dort steht die evangelisch-reformierte Kirche aus dem 12. Jahrhundert mit Langschiff und Turmanlage. Besonders wertvoll ist die Kanzel aus dem Jahr 1562, deren Seitenfelder geschnitzte biblische Motive zieren. Elbrinxen hat mit der 1000-jährigen Linde eines der schönsten Naturdenkmäler Deutschlands.

▶ Infos
Minden Marketing GmbH
Domstr. 2
32423 Minden
Tel. 0571/8290659
Fax 0571/8290663
info@mindenmarketing.de
www.mindenmarketing.de

Minden

Die ehemalige Bischofs- und Hansestadt Minden liegt in reizvoller Umgebung am Wasserstraßenkreuz von Mittellandkanal und Weser. Minden zählt 87 000 Einwohner und ist Kreisstadt des Kreises Minden-Lübbecke, der wegen seiner vielen funktionstüchtigen Mühlen als Mühlenkreis bezeichnet wird. Erholung, Entspannen oder auf Entdeckungsreise durch Minden: Die vielen Ausflugsmöglichkeiten machen die Weserstadt zu einem beliebten Urlaubsziel. Man kann mit Dampf über die Weser oder auf den Schienen der Museums-Eisenbahn fahren oder die Bauten aus der Preußenzeit entdecken. Alle zwei Jahre kehrt Preußenkönig Friedrich der Große nach Minden zurück, wenn das Freischießen in der historischen Altstadt gefeiert wird. Die vielen repräsentativen Bauten aus der Preußenzeit sind dagegen eine ständige Attraktion in der Weserstadt. Das Klassik-Open-Air vor der Kulisse des Mindener Doms lockt ebenso wie das Wassersportfest „Blaues Band der Weser" und die Jazz-Summer-Night auf dem Marktplatz. Jazzmusik hat in Minden Tradition. Im Jazzclub geben sich internationale Größen wie Paul Kuhn oder Dizzy Gillespie die Klinke in die Hand. Das Stadtthea-

Bild links: Nieheim, Bild rechts: Minden

ter erlebte im Jubiläumsjahr 1998 die Preußenoper „Friedrich und Katte". Minden bei Nacht lässt sich am besten bei einem Nachtwächter-Rundgang erkunden. In unmittelbarer Nähe: die „Porta Westfalica", das Staatsbad Oeynhausen, die Residenzstadt Bückeburg und die ehemalige Glashütte Gernheim bei Petershagen.

Nieheim

Die Großgemeinde Nieheim gehört heute mit ihren 7 500 Einwohnern zum Kreis Höxter und liegt im Naturpark „Eggegebirge und südlicher Teutoburger Wald". Charakteristisches Merkmal des Corveyer Landes ist die Nieheimer Flechthecke, eine eineinhalb Meter hohe Flurbegrenzung aus Weißdorn-, Schlehen- und Haselnusssträuchern. Naturliebhaber kennen die Tongruben östlich von Nieheim, die als äußerst schützenswerter Lebensraum für zahlreiche seltene und geschützte Lebensarten gelten.

Passionierte Wanderer finden im Corveyer Land ein 130 Kilometer langes Wanderwegesystem. Gut ausgeschilderte Routen machen Nieheim auch zu einem beliebten Ziel für Radwanderer.

▶ Infos
Kultur- und Tourismusamt
Verkehrs- und Kneippverein
Nieheim
Haus des Gastes
33039 Nieheim
Tel. 05274/8304
Fax 05274/8672
VVNieheim@aol.com
www.tourismusbuero-nieheim.de

Das Museum im Kornhaus bietet Interessierten Ausstellungen zur Stadtgeschichte. Außerdem ist dort das Korn- und Sackmuseum untergebracht. Die fünfte Jahreszeit spielt in Nieheim eine tragende Rolle im bunten Kulturkalender. Der Nieheimer Rosenmontagsumzug gilt als eine Attraktion und zieht Tausende Schaulustige an. Eine überregional bekannte Delikatesse ist der Nieheimer Käse. Ihm zu Ehren findet alle zwei Jahre in Steinheim der Deutsche Käsemarkt statt.

▶ Infos
Tourist Information
Schwalenberg
Marktstr. 7
32 816 Schieder-Schwalenberg
Tel. 05284/99-803
Fax 05284/94-431
info@schieder-schwalenberg.de
www.schieder-schwalenberg.de

Kurverwaltung
Schieder-Schwalenberg
Schloss Schieder
Im Kurpark 1
32816 Schieder-Schwalenberg
Tel. 05282/601-72
Fax 05282/601-73

Schieder-Schwalenberg

Die liebenswerte Vielfalt im Lipperland: Dafür steht die Stadt Schieder-Schwalenberg, die eingebettet in die Mittelgebirgslandschaft des Lippischen Südostens liegt. Knapp 10 000 Einwohner leben in der Maler- und Trachtenstadt, die zum Landkreis Lippe gehört.

Zu Beginn des 20. Jahrhunderts gab es, inspiriert von den besonderen Lichtverhältnissen und der idyllischen Lage, eine Künstlerkolonie. Die Kunstwerke, die in dieser Zeit entstanden, schmücken noch heute die Stadt.

Einen überregionalen Ruf genießt die „Schwalenberger Sommerakademie", bei der kunstinteressierte Besucher unter professioneller Anleitung Kunsttechniken erlernen können.

Bild links:
Schieder-Schwalenberg
Bild rechts: Soest

Spektakulärer Höhepunkt ist die Kunstnacht, mit Kleinkunst, Varieté und Live-Musik. Internationalen Charme strahlt Schieder-Schwalenberg aus, wenn das „Schwalenberg Trachtenfest" ausgerichtet wird. Tanzgruppen aus vielen europäischen Ländern kommen in den Ort und geben ihm viele wunderschöne Farbtupfer.

Ein Bummel durch den historischen Ortskern wird besonders am Abend zu einem echten Erlebnis, wenn der Nachtwächter seinen Rundgang durch die Straßen und Gassen macht. Auch das Naherholungsangebot ist vielversprechend. Neben Wanderern und Radwanderern kommen besonders die Wassersportler in und auf dem Schiedersee auf ihre Kosten.

Soest

„Westfalens heimliche Hauptstadt heißt Soest". So sprechen die Einwohner gern über ihre Stadt, die am Südrand der Westfälischen Bucht liegt und mit 50 000 Einwohnern Kreisstadt des gleichnamigen Kreises ist.

Langeweile ist innerhalb und außerhalb des Stadtkernes ein Fremdwort. Das Bürgerzentrum „Alter Schlachthof" ist Treff der Theater- und Musikfreunde, in dem sich renommierte Künstler die Klinke in die Hand geben.

Höhepunkt des Soester Jahres ist die „Allerheiligenkirmes" im November, die mit ihren Ausmaßen als eine der größten Innenstadtkirmes Europas gilt. Der „Bördetag" im Mai, der „Soester Sommer" mit Kleinkunst und das Rock-Open-Air-Festival „Die Börde bebt" zählen zu den weiteren Publikumsmagneten.

Doch auch wer es lieber beschaulich und ruhig mag, ist in Soest bestens aufgehoben. Eine Fahrradtour von der Börde zum Möhneseee führt durch die landschaftlich reizvolle Region. Und wer auf den Geschmack gekommen ist, sollte einmal die historische Gaststättentour „erradeln".

In Soest steht der älteste Gasthof Westfalens. Das „Pilgrim-Haus" aus dem Jahr 1304 hält ebenso geschmackvolle Leckereien bereit wie die vielen anderen Spezialitäten-Restaurants.

▶ Infos
Stadt Soest, Tourist-Information
Am Seel 5
59494 Soest
Tel. 02921/103-1414
Fax 02921/33039
touristfinfo@soest.de
www.soest.de

Warburg

▶ Infos
Fremdenverkehrsverband
Südegge e. V.
Bahnhofstr. 28
34414 Warburg
Tel. 05641/92555
Fax 05641/92583
info@warburg-touristik.de
www.warburg.de

Warburg

Im romantischen Diemeltal am Fuße des Naturparks Egge-gebirge und südlicher Teutoburger Wald liegt Warburg. Die 26 000-Einwohner-Stadt liegt im Dreiländereck von Nord-rhein-Westfalen, Hessen und Niedersachsen. Die Stadt er-streckt sich von den Ausläufern des Sauerlandes im Westen, umgeben von Wäldern, an der Diemel entlang zur Warbur-ger Börde hin im Osten. Die alten Kirchen, die Rathäuser und die vielen restaurierten Fachwerk- und Steinhäuser und die fast vollständig erhaltene Stadtmauer machen Warburg zu einer der malerischsten Städte Westfalens.

Das Stadtmuseum hat sein Domizil im Haus „Zum Stern", das mit seinem Erbauungsjahr um 1340 zu den ältesten Steinhäusern Westfalens gehört. Mittelpunkt des historischen Stadtkernes ist der Marktplatz, auf dem in den Sommermo-naten zahlreiche Kulturveranstaltungen stattfinden. In der „Warburger Wasserwippe" wird die Geschichte von Stadt und Region wieder lebendig. Lebendig ist auch das Freizeitange-bot der Region. Wassersportler genießen eine Kanufahrt auf der wildromantisch daher fließenden Diemel und wer es ge-mütlicher liebt, unternimmt eine Erkundungsfahrt mit der Kutsche.

Ruhrgebiet

Hattingen

Hattingen liegt eingebettet in eine malerische Landschaft am Südufer der mittleren Ruhr, umrahmt von den Metropolen Bochum, Essen und Wuppertal. Den einmaligen Charakter hat sich die 60 000-Einwohner-Stadt durch die liebevolle Restaurierung ihrer Altstadt bewahrt. 150 Fachwerkhäuser rund um die St.-Georgs-Kirche laden zu einem Spaziergang ein. Am Kirchplatz stehen die ältesten Häuser Hattingens, die Wachszinshäuser, und nur einen Steinwurf davon entfernt das 1576 erbaute „Alte Rathaus", heute Schauplatz kultureller Veranstaltungen. Das Altstadtfest, der Weihnachtsmarkt und der kulinarische Altstadtmarkt locken weit über die Stadtgrenzen hinaus die Gäste an.

Das Haus Kemnade, die Burg Blankenstein und die „Isenburg" geben Hattingen den Beinamen „Drei-Burgen-Stadt".

▶ Infos
Presse- und Informationsbüro
Roonstr. 11
45525 Hattingen
Tel. 02324/204-2401
Fax 02324/204-2405
presse@hattingen.de
www.hattingen.de

Verkehrsverein Hattingen e.V.
Langenberger Str. 2
45525 Hattingen
Tel. 02324/951395
Fax 02324/951394
verkehrsverein.hattingen@kdt.de
www.verkehrsverein-hattingen.de

Hattingen

Besonders die Isenburg hat trotz ihres kurzen Bestehens (1200-1225) große regionalgeschichtliche Bedeutung. Der weite Blick über das grüne Ruhrtal und das Haus Custodis innerhalb der Isenburg machen einen Besuch lohnenswert. Einkaufen und Bummeln vor historischer Kulisse lockt nach Hattingen, genau wie das Industriemuseum Henrichshütte. Erholung und Wassersport bietet der Kemnader See.

▶ Infos
Presse- und Informationsbüro
Roonstr. 11
45525 Hattingen
Tel. 02324/204-2401
Fax 02324/204-2405
presse@hattingen.de
www.hattingen.de

Verkehrsverein Hattingen e.V.
Langenberger Str. 2
45525 Hattingen
Tel. 02324/951395
Fax 02324/951394
verkehrsverein.hattingen@kdt.de
www.verkehrsverein-hattingen.de

Hattingen-Blankenstein

Hoch über der Ruhr gelegen zeichnen die in Teilen rekonstruierte Burg und der neu gestaltete alte Marktplatz das heutige Bild vom Hattinger Ortsteil Blankenstein. Insgesamt 60 sehenswerte Einzeldenkmäler warten darauf, von den Besuchern in Augenschein genommen zu werden. Herzstück des historischen Ortskernes ist der nach denkmalgerechten Gesichtspunkten neugestaltete Marktplatz. In den Räumen der angrenzenden ehemaligen Amtshäuser befindet sich das Hattinger Stadtmuseum mit einer Dauerausstellung, Atelier und überregionalen Wechselausstellungen bedeutender Künstler.

Sehenswert ist auch der weit über Blankenstein hinaus bekannte Privatgarten Gethmann aus dem 18. Jahrhundert, angelegt von einem sehr auf das Gemeinwohl bedachten Kommerzienrat.

Hohen Freizeitwert bietet die unmittelbare Umgebung. Radwandern entlang der Ruhr und das Naturschutzgebiet Kat-

Hattingen-Blankenstein

Herten-Westerholt

zenstein locken die Besucher aus nah und fern regelmäßig an. Im Sommer durchquert der Museumszug des Dahlhauser Eisenbahn-Museums mit reichlich Dampf unter dem Kessel das Ruhrtal.

Herten-Westerholt

Herten-Westerholt bietet seinen Gästen lebendige Geschichte, die, eingebettet in Wälder und Parks, mit den alten Strukturen des Bergbaus verbunden ist. Sehenswertes, so weit das Auge reicht. Das Wasserschloss Herten, im 14. Jahrhundert erbaut und vier Jahrhunderte später barock umgestaltet, ist nach seiner Renovierung 1970 heute kultureller Treffpunkt mit überregionalem Flair. Im Barocksaal findet regelmäßig das Klavier-Festival-Ruhr statt. Ebenso eindrucksvoll ist der Schlosspark mit seinen uralten Bäumen, der 1814 in einen Landschaftsgarten nach englischem Vorbild umgestaltet wurde.

Im Landschaftspark Emscherbruch ragen die begrünten Gesteinshalden „Hoppenbruch" und „Hoheward" als Relikte des Bergbaus gen Himmel und bieten den Besuchern einen eindrucksvollen Panoramablick über das Revier und ambitionierten Radfahrern abwechslungsreiche Mountainbike-Strecken. Der historische Volkspark „Katzenbusch" gilt seit je als grüne Lunge von Herten. Neugestaltete Pfade, ein neuer Kinderspielplatz und die Gastronomie machen den „Katzenbusch" zu einem beliebten Ausflugsziel.

► Infos
Stadt Herten
Pressestelle
Kurt-Schumacher-Str. 2
45699 Herten
Tel. 02366/303-551
Fax 02366/303-523
n.johrendt@herten.de
www.herten.de

Sauerland

► Infos
Verkehrsverein Arnsberg e. V.
Neumarkt 6
59821 Arnsberg
Tel. 02931/4055
Fax 02931/12331
khahn@arnsberg-info.de
www.arnsberg-info.de

Arnsberg

Mittelalterliches Ambiente ist bei weitem nicht alles, was Arnsberg zu bieten hat. Die 80 000-Einwohner-Stadt im Hochsauerland, heute Sitz der Bezirksregierung, bietet eine breite Palette von Kultur- und Freizeitangeboten. Besonders plastisch verlaufen die angebotenen Stadtführungen, bei denen einzelne Episoden der Historie nachgespielt werden.

Den sportlichen Aktivitäten sind in, um und über Arnsberg kaum Grenzen gesetzt. Armbrustschießen, Segelfliegen, Kanufahren und Sportklettern sind nur einige Beispiele. Naherholung mit Wander- und Radwandermöglichkeiten bieten der Möhne- und der Sorpe-Stausee vor den Toren der Stadt im Sauerland.

Weit über die Stadtgrenzen hinaus bekannt ist die Arnsberger Woche im Frühsommer mit Ruinenfest auf dem Schlossberg und Oldtimer-Treffen im Rahmen der Sauerland-Rallye. Kunstsommer mit Musik, Tanz, Theater und Literatur, die Herbsttage mit Antik- und Trödelmarkt und natürlich der Weihnachtsmarkt machen Arnsberg für Besucher zu jeder Jahreszeit interessant.

Arnsberg

Bild links: Meschede, Bild rechts: Lippstadt

Lippstadt

Die historische Altstadt, die gepflegten, weitläufigen Park-
landschaften und dazu 250 Kilometer Wasserläufe: Lippstadt,
mit rund 70 000 Einwohnern die größte Stadt in der Hell-
weg-Region, gilt als das „Venedig Westfalens". Dementspre-
chend wassersportlich zeigt sich die ehemalige Hansestadt.
Einmalig ist die Wildwasserstrecke inmitten der Altstadt, wo
Kanuten um nationale und internationale Ehren kämpfen.
Doch nicht nur aus diesem Grund lohnt ein Bummel durch
die vielen Gassen. Zwischen den historischen Bauten finden
sich immer wieder grüne Oasen zum Durchatmen, so zum
Beispiel der „Grüne Winkel".

Das Stadttheater, aber auch Galerien, Kleinkunstbühnen und
Museen gehören zum vielfältigen Kulturangebot. Und dass
die Lippstädter gern mit ihren Gästen feiern, zeigt der große
Zuspruch beim Altstadtfest im Frühling, den Schützenfesten
im Sommer, der Lippstädter Herbstwoche und dem romantischen Weihnachtsmarkt. Gepflegte Gastlichkeit, Unterhaltung und Entspannung: Das alles bietet Lippstadt seinen
Gästen.

▶ Infos
Städtischer Verkehrsverein
Lippstadt e.V.
Lange Str. 14
59555 Lippstadt
Tel. 02941/58515
Fax 02941/79717
info@verkehrsverein-
lippstadt.de
www.lippstadt.de

► Infos
Touristik Information
Meschede
Franz-Stahlmecke-Platz 2
59877 Meschede
Tel. 0291/205-277
Fax 0291/205-135
touristik@meschede.de
www.meschede.de

Verkehrsverein Eversberg
Burghagenweg 2
59872 Meschede-Eversberg
Tel. 0291/51154
Fax 0291/56216
Roland.Wiese@t-online.de
www.eversberg.de

Meschede-Eversberg

Eversberg, die Bergstadt im Herzen des Hochsauerlandes, liegt am Rande des Arnsberger Waldes und gehört seit 1975 zur Stadt Meschede. Im liebevoll restaurierten Ortskern leben heute etwa 700 Menschen. Die wirtschaftliche Entwicklung Eversbergs ist im 19. Jahrhundert von der Landwirtschaft geprägt, heute spielt der Fremdenverkehr eine wichtige Rolle für die gesamte Region.

So steht das Sauerland besonders bei erholungssuchenden Naturfreunden hoch im Kurs. Rund 250 Betten in Gasthöfen, Pensionen und Ferienwohnungen stehen in Eversberg zur Verfügung, um von dort aus ausgiebige Wandertouren zu unternehmen und um es sich anschließend nach zurückgelegter Wegstrecke in einer der gemütlichen kleinen Kneipen und Restaurants gut gehen zu lassen.

Flachs und Schafwolle wurden einst in Eversberg verarbeitet und noch heute kann man die längst vergangene Handwerkskunst betrachten. Die Besucher, die in Eversberg waren, kommen gern dorthin zurück. Vielleicht um die romantische Fachwerkidylle zu genießen oder um einfach in der reizvollen Natur zu entspannen.

► Infos
Touristikzentrum Schmallenberg
Poststr. 7
57392 Schmallenberg
Tel. 02972/9740-0
Fax 02972/9740-26
info@schmallenberger-
sauerland.de
www.schmallenberger-
sauerland.de

Schmallenberg

Rund 2 500 Kilometer Wanderwege durch herrliche Wälder, über Berge und Täler: Das macht Schmallenberg, die Stadt im Hochsauerlandkreis südwestlich des Kahlen Astens, zu einem in jeder Jahreszeit äußerst attraktiven Urlaubsziel. Mittlerweile hat sich das Städtchen am Oberlauf der Lenne zu einem der Wintersportzentren Westfalens entwickelt. 250 Kilometer gespurte Loipen und 30 Lifte machen jede Form des Skifahrens zu einem Vergnügen. Besonders romantisch ist aber auch eine Schlittenfahrt durch die verschneiten Wälder des Sauerlandes. Von Schmallenberg aus lohnt ein kleiner Abstecher zum Heilstollen nach Nordenau oder in das benachbarte Kneippheilbad Fredeburg. Interessante Einblicke in die Vergangenheit liefern das Heimatmuseum, die Besteckfabrik Hesse sowie das Kloster- und Gerichtsmuseum.

Die hohe Kunst der Bewirtung ist in Schmallenberg seit dem Mittelalter Tradition. Bereits vor Hunderten von Jahren ließen es sich weitgereiste Kaufleute, die auf der nahegelegenen Heidenstraße verkehrten, in den Schankwirtschaften gut gehen. Die stilvolle und abwechslungsreiche Gastronomie und Hotellerie des Sauerlandes ist darum besonders in Schmallenberg zu Hause.

Bild links: Schmallenberg
Bild rechts: Werl

Werl

Einst prägte das Salz und seine Gewinnung die Entwicklung der Stadt Werl. Heute ist die „Siederstadt" wegen ihrer bedeutenden klerikalen Vergangenheit der drittgrößte Wallfahrtsort Deutschlands. Rund 32 000 Einwohner leben in Werl, das am Hellweg zwischen Dortmund und Soest liegt. Die restaurierten Fachwerkbauten, die klassizistischen Fassaden und die vielen kopfsteingepflasterten Gässchen machen einen Rundgang durch die historische Altstadt zu einem romantischen Erlebnis. Das Stadtmuseum im „Haus Rykenberg" veranschaulicht die 5 000 Jahre Siedlungsgeschichte und in einer Sonderausstellung die Geschichte des Salzes. Im Völkerkundemuseum des Franziskanerordens befindet sich mit rund 8 000 Exponaten Europas größte chinesische Münzsammlung.

Freizeitsportler, Kulturliebhaber wie auch Erholung suchende Gäste finden in Werl ein ausgiebiges Angebot. Dafür sorgen Allwetterbad, regelmäßige Konzert- und Theaterveranstaltungen und der Kurpark mit seinen malerischen Teichen und Grünanlagen. Wallfahrer, Besucher und Feriengäste schätzen die facettenreiche wie gastfreundliche Bewirtung innerhalb und außerhalb der mittelalterlich geprägten Stadt.

▶ Infos
Stadtmarketing
Gesellschaft mbH Werl
Engelhardtstr. 4
59457 Werl
Tel. 02922/870350-0
Fax 02922/870350-16
info@smg.werl.de
www.smg-werl.de

Siegerland

▶ Infos
Stadt Bad Berleburg
Poststr. 42
57319 Bad Berleburg
Tel. 02751/923-0
Fax 02751/923-288
info@bad-berleburg.de
www.bad-berleburg.de

Tourist Information
Poststr. 44
57319 Bad Berleburg
Tel. 02751/9363-3
Fax 02751/9363-43
tourist.bad-berleburg@
t-online.de

Bad Berleburg

Das reizarme Klima hat Bad Berleburg berühmt gemacht. Heute ist der Ort im Kreis Siegen-Wittgenstein der zweitgrößte Kneipp-Kurort Deutschlands. Modernste Reha-Kliniken, aber auch die weitgehend ursprüngliche Architektur des Ortes, machen Bad Berleburg liebens- und lebenswert. Mittelpunkt des historischen Ortskernes ist das Wittgensteiner Schloss, zu dessen Füßen schiefergedeckte Fachwerkhäuser stehen. Ein längerer Besuch im Schloss lohnt für geschichtsbegeisterte Besucher. Die ausgestellte Gemäldesammlung, der riesige Fundus an Uniformen, Porzellan, Gläsern und Jagdgeräten lassen die Vergangenheit schnell wieder lebendig werden.

„Bad Berleburg macht springlebendig". Mit diesem Slogan wirbt die Kurstadt, die zu der waldreichsten Region Deutschlands gehört. Auf 800 Kilometern beschilderter Wanderwege lässt sich entlang der Flüsse und Seen im Sommer wandern und in der kalten Jahreszeit Wintersport betreiben. Der renommierte Kneipp-Kurort verfügt über eine hervorragende Gastronomie. Stilvolle Hotels, gemütliche Pensionen oder Leben auf dem Bauernhof: Die Urlaubsregion im Rothaargebirge hält für jeden Geschmack etwas bereit.

Bad Berleburg

Bild links:
Bad Berleburg-Elsoff
Bild rechts: Bad Laasphe

Bad Berleburg-Elsoff

Noch heute überragt die einst dem heiligen Andreas geweihte Kirche mit ihrer noch erkennbaren wehrhaften Einfassung den Ort. Damit war sie für die Bürger von Elsoff sowohl geistig-kulturelles Zentrum als auch schutzbringender Zufluchtsort bei drohenden Gefahren.

Die Vielzahl an kulturhistorischen Gebäuden lässt das Herz geschichtsbegeisterter Gäste höher schlagen. Die Lage am Rande des Rothaargebirges, somit direkt am Rothaarsteig, bietet ideale Voraussetzungen zum Wandern und für abwechslungsreichen Wintersport. Weitere Freizeitmöglichkeiten finden die Besucher durch die Nähe zum Kneipp-Kurort Bad Berleburg in den vielen nahegelegenen Sport- und Erholungseinrichtungen. Das Wittgensteiner Land ist bekannt für seine hervorragende Gastronomie. Zahlreiche Übernachtungsmöglichkeiten stehen Gästen mit großem und kleinem Geldbeutel gleichermaßen zur Verfügung.

Die Lage und die historische Architektur des Ortes vermitteln den Besuchern noch heute den Eindruck, dass die Zeit scheinbar stehen geblieben ist. Somit ist Elsoff ein idealer Platz, um einmal die Seele baumeln zu lassen.

► Infos
Stadt Bad Berleburg
Poststr. 42
57319 Bad Berleburg
Tel. 02751/923-0
Fax 02751/923-288
info@bad-berleburg.de
www.bad-berleburg.de

Tourist Information
Poststr. 44
57319 Bad Berleburg
Tel. 02751/9363-3
Fax 02751/9363-43
tourist.bad-berleburg@
t-online.de

► Infos
Kurverwaltung Bad Laasphe
Postfach 1265
57324 Bad Laasphe
Tel. 02752/898
Fax 02752/7789
www.bad-laasphe.de

Bad Laasphe

Bad Laasphe gilt bereits seit Anfang des 20. Jahrhunderts als Ziel für Erholung suchende Gäste. Das Kneipp-Heilbad mit seinen 22 Ortsteilen liegt an der Lahn am Südrand des Rothaargebirges und gehört heute zum Kreis Siegen-Wittgenstein. Das wohltuende Mittelgebirgsklima, aber auch die modernen Kur- und Reha-Kliniken haben Bad Laasphe weit über die Region hinaus bekannt gemacht.

Mittelpunkt des Kurortes ist die Altstadt mit ihren kopfsteingepflasterten Gassen, in der etwa 600 Einwohner leben. Einzigartig ist das Radiomuseum, das mit mehr als 4000 Exponaten weltweit die umfangreichste Dokumentation der Radiogeschichte liefert. Für Naturkundler bietet sich ein Besuch im Pilzmuseum an.

Kultureller Mittelpunkt von Bad Laasphe ist das Haus des Gastes. Hochkarätige Konzerte, aber auch Theateraufführungen gehören zum ganzjährigen Veranstaltungsprogramm. Ein längerer Aufenthalt in einem der waldreichsten Gebiete Deutschlands lohnt sich allein schon wegen der vielfältigen wie renommierten Gastronomie.

► Infos
Stadt Freudenberg
Kultur- und Touristikamt
Bahnhofstr. 18-20
57258 Freudenberg
Tel. 02734/43-120
Fax 02734/43-115
info@freudenberg-stadt.de
www.freudenberg-stadt.de

Freudenberg

Freudenberg im Siegerland, das ist mehr als romantische Fachwerkidylle. Verkehrsgünstig gelegen bietet die Stadt mit ihrem großen Freizeitangebot Spaß und Erholung für jeden Geschmack: Wandern auf den 120 Kilometern ausgeschilderter Wanderwege, Angeln, Reiten, Tennis und natürlich Wintersport. Besonders Wagemutige können Freudenberg mit dem Gleitschirm aus der Vogelperspektive erkunden.

Für Kurzurlauber bietet die Stadt eine Reihe von Genießer-Wochenenden an mit einer Führung durch die Altstadt, einem Besuch des Technikmuseums oder – für kreative Gäste – einem Seminar in Holzbrandmalerei. Die romantische Atmosphäre des Ortes spiegelt sich auch in den vielen kleinen Cafés, Bistros und Restaurants wider. Wer es besonders gemütlich mag, sollte einmal die Kaffeetafel mit den Köstlichkeiten der Region genießen. Im Sommer ist die Südwest-

fälische Freilichtbühne mit ihrer eindrucksvollen Fels- und
Waldkulisse Anziehungspunkt für Groß und Klein. Das bereits erwähnte Technikmuseum zeigt interessante Exponate
der Gewerbe- und Industriegeschichte. Beachtenswert ist eine
Dampfmaschine von 1904.

Freudenberg

Hennef-Blankenberg

Hoch über der Sieg auf einem Felssporn liegt die Stadt Blankenberg mit ihrer Burgruine und den noch erhaltenen Tortürmen. Mit ihrer malerischen Lage lockt das „Kleinod an
der Sieg" jährlich unzählig viele Touristen an, die eine Reise
in längst vergangene Zeiten unternehmen wollen. Frühzeitig
begann man in Blankenberg die kulturhistorischen Kostbarkeiten zu bewahren. Heute ist die gesamte Stadtmauer der

▶ Infos
Tourist Information
der Stadt Hennef
Frankfurter Str. 97
53773 Hennef
Tel. 02242/19433
Fax 02242/888157
info@hennef.de
www.hennef.de

Hennef-Blankenberg

Neustadt mit ihren beiden Tortürmen gesichert und erhalten.

„Geschichte erleben und Geschichte hören" heißt ein geführter Stadtrundgang, der auf den denkmalgerecht sanierten Straßen und Gassen entlang führt und unter anderem an der einschiffigen Katharinenkirche Halt macht.

Eine lange Tradition hat der Weinbau in Blankenberg. Darum lohnt ein Abstecher in das Weinbaumuseum des geschichtsträchtigen Runenhauses, um vielleicht anschließend auf dem Weinwanderweg in der landschaftlich schönen Umgebung mit seinen unterschiedlichen Wegstationen die Besonderheiten des Weinbaus kennenzulernen. Das Maifest und der Flohmarkt sind jährlich wiederkehrende Veranstaltungen, an denen die Besucher gerne wieder den mittelalterlichen Charme der Stadt Blankenberg genießen.

▶ Infos
Gesellschaft für Stadtmarketing
Markt 2
57072 Siegen
Tel. 0271/404-1316
Fax 0271/22687
info@siegen.de
www.siegen.de

Siegen

Die historischen Spuren sind im heutigen Stadtbild von Siegen, der Kreisstadt im südlichen Zipfel von Nordrhein-Westfalen, allgegenwärtig. Ein besonderes Augenmerk sollten die Besucher auf die Kirchen der Altstadt legen. In der Martinikirche konnte ein Bodenmosaik freigelegt werden, das in die Entstehungszeit der Kirche im 10. Jahrhundert zurück reicht.

Siegen

Die am Marktplatz gelegene Nikolaikirche trägt das Wahrzeichen der Stadt, ein von Fürst Johann Moritz 1658 gestif-
tetes Krönchen.

Das Bild des historischen Stadtkerns wird von den Schloss-
anlagen geprägt. Das obere Schloss beherbergt heute das Sie-
gerlandmuseum, während im dreiflügeligen unteren Schloss
seit Anfang des 19. Jahrhunderts Dienstgebäude staatlicher
Behörden untergebracht sind.

Die historischen Monumentalbauten sind eingebettet in eine
landschaftlich reizvolle Umgebung. Urige Kneipen und Gastronomie mit hochkarätiger Kochkunst lassen keine kulinarischen Wünsche offen. Auf der regionalen Speisekarte findet
der Gast den „Seejerlänner Riewekooche" (übers.: Siegerlän-
der Reibekuchen).

AUSSICHTEN

Gipfelerlebnisse sind immer etwas Besonderes. Wobei der Begriff durchaus von unterschiedlicher Beschaffenheit sein kann. In Nordrhein-Westfalen locken neben den Höhenzügen der Mittelgebirgslandschaften mit ihren traditionellen Aussichtstürmen auch alte Vulkane, Fernmeldetürme, bizarre Felslandschaften und Kohlehalden (zum Teil mit beeindruckenden Kunstwerken) bis hin zu Burg- und Industrieruinen zum Aufstieg. Ob man auf das Siebengebirge, das Rheintal oder die Stadtlandschaften im Ruhrgebiet blickt, immer gilt: Der Weg nach oben ist zwar beschwerlich, aber vom höchsten Punkt aus ist die Aussicht einfach herrlich.

DIE REGIONEN

Bergisches Land

Barmer Anlagen

▶ Untere Lichtenplatzer
Str. 84
42289 Wuppertal
Tel. 0202/557927
Fax 0202/5275881
info@barmer-anlagen.de
www.barmer-anlagen.de

Die Barmer Anlagen erstrecken sich von Barmens Innenstadt bis hoch zum Tölleturm. Es ist ein privater Park des Barmer Verschönerungsvereins. Auf der höchsten Erhebung steht ein 26,5 Meter hoher Aussichtsturm. Von ihm aus hat man einen guten Rundblick in Richtung Radevormwald, Lüttringhausen, Remscheid, nach Westfalen hinein bis zur Nordhelle, auf die Nordhöhen Wuppertals und durch das Tal im Westen bis zu den Düsseldorfer Hafenanlagen am Rhein.

Bismarckturm

▶ Info
Touristinformation
der Stadt Wiehl
Tel. 02262/99195
info@wiehl.de
www.wiehl.de

Weltweit wurden zwischen 1894 und 1934 Bismarcktürme zu Ehren des Reichsgründers erbaut. Genau 24 der 31 in NRW errichteten Bauwerke sind noch erhalten geblieben – einer davon steht in Wiehl im Oberbergischen Land.

Düsseldorf

Rheinturm

▶ Stromstr. 20
40221 Düsseldorf

Der Fernmeldeturm mit Restaurant und Aussichtsplattform steht zwischen Rhein, Altstadt und City in unmittelbarer Nähe zu Landtag und Rheinuferpromenade. Es gibt drei Publikumsebenen: die offene Aussichtsplattform (Höhe 166,25 m), die Cafeteria (170 m) und das Drehrestaurant (174,50 m).

Eifel

Eifel-Blicke

Die Eifel besitzt zahlreiche Aussichtspunkte mit weiten Fernblicken über die Umgebung. Hier haben Besucher die Möglichkeit, die Landschaft „als Ganzes" zu erleben und zu erfassen. Entsprechend beliebt sind Aussichtsstandorte bei Wanderern zur Rast und Orientierung.

Damit herausragende und spektakuläre Fernsichten mehr als nur ein Symbol in der Wanderkarte sind, hat der Deutsch-Belgische Naturpark das Gesamtkonzept „Eifel-Blicke" aus der Taufe gehoben.

Genießen Sie den Blick in die Ferne! Panoramatafeln erklären, welche Berge, Seen, Burgen und Dörfer im Blick liegen.

Machen Sie es sich auf dem „Eifel-Sitz" bequem! Er hat die Form eines liegenden „E" und lädt mit seiner praktischen Brotzeitablage zur Rast ein.

Zahlreiche „Eifel-Blicke" liegen entlang der Radwanderrouten und der gekennzeichneten Wanderwege in der Eifel. Die „Eifel-Blick"-Wegweiser zeigen Ihnen die Richtung für Abstecher zu einer herrlichen Aussicht.

Die Eifel-Blicke laden auch Menschen mit einer Behinderung zum Besuch ein. Viele Aussichtspunkte sind stufenlos und mit geringen Steigungen zu erreichen. Die Informationstafeln sind mit dem Rollstuhl unterfahrbar.

▶ Infos
Naturpark Nordeifel e.V. im
Deutsch-Belgischen Naturpark
Steinfelder Str. 8
53947 Nettersheim
Tel. 02486/911117
Fax 02486/911116
info@naturpark-eifel.de
www.naturpark-eifel.de
www.eifel-blicke.de

Schöne Aussicht in Simmerath-Einruhr, Eifel

Kölner Dom

► Hohe Domkirche St. Peter
und Maria (Kölner Dom)
Hauptbahnhof
50667 Köln
Tel. 0221/92584740
www.koelner-dom.de

Köln / Bonn / Aachen

Kölner Dom

Exakt 157 Meter ist er hoch. Auch wenn der fünfschiffige
Kirchenbau mit der monumentalen Westfassade heute nicht
mehr das höchste Gebäude der Welt ist, braucht man schon
etwas Ausdauer, um die 509 Stufen auf einen der Türme zu
erklimmen: Einen Aufzug gibt es nicht. Belohnt wird man
für die Mühen jedoch durch eine Aussicht auf die Kölner Innenstadt und das Umland, bis über Bonn hinaus.

► Info
Tel. 0228/316071
info@godesburg-online.de
www.godesburg-online.de

Godesburg

Auf der 122 Meter hoch gelegenen Godesburg in Bonn-Bad
Godesberg gibt es einen umfassenden Ausblick auf das Siebengebirge und das Rheintal. Wer noch höher hinauf möchte,
kann sich in der Burg den Schlüssel zum Bergfried ausleihen
und das Panorama ungestört genießen.

Rodderberg

Im Süden und Südwesten begrenzt wird der Naturpark
Rheinland durch das vulkanisch geprägte Drachenfelser
Ländchen und den Eifelanstieg mit seinen alten Eichen- und
Buchenwäldern. Beide Gebiete bieten atemberaubende Fern-

sichten auf die nahegelegene Eifel, das benachbarte Siebengebirge und die Landschaften des Naturparks selbst. Besonders attraktiv ist der Blick vom Rodderberg, einem der jüngsten europäischen Vulkane, dessen letzter Ausbruch „nur" ca. 300 000 Jahre zurückliegt. Der für seine Vielzahl seltener Biotope überregional bekannte Rodderberg steht bereits seit 1927 unter Naturschutz und ist heute zudem als Schutzgebiet von europäischer Bedeutung (Flora-Fauna-Habitat-Gebiet) ausgewiesen. Von hier aus genießt man die Aussicht auf den Rhein, die Stadt Bonn und den rechtsrheinisch gelegenen Drachenfels.

Aussichten von der Godesburg (Bild links) und den Dörenther Klippen

Münsterland

Naturdenkmal Dörenther Klippen

Südlich von Ibbenbüren liegt das Naturdenkmal Dörenther Klippen – die bizarre Felslandschaft am Rande des Teutoburger Waldes ist ein beliebtes Ausflugsziel für Wanderer, Spaziergänger und Kletterer. Vom höchsten Punkt hat man eine herrliche Aussicht über das Münsterland. Man erreicht sie am besten vom Wanderparkplatz an der B 219 in der Nähe der Sommerrodelbahn.

► Info
Stadt Ibbenbüren
Alte Münsterstr. 16
49477 Ibbenbüren
Tel. 05451/931-0
Fax 05451/931-198
info@ibbenbueren.de
www.ibbenbueren.de

► Baumberg 45
48301 Nottuln

Longinusturm

Auf der höchsten Erhebung der Baumberge, dem Westerberg, wurde ein rund 30 Meter hoher Aussichtsturm aus Baumberger Sandstein errichtet.

Niederrhein

► Geldernsche Straße
47506 Neukirchen-Vluyn

Halde Norddeutschland

Die ehemalige Bergehalde der Zeche Niederberg ist mit einer Fläche von 81 Hektar, einer Kapazität von 80 Mio. Tonnen und 102 Metern Höhe die größte im Raum Niederrhein/Ruhrgebiet. Nach Abschluss der Aufschüttung im März 2001 ging die Halde im März 2003 in den Besitz des Regionalverbandes Ruhr (RVR) über. Den nachfolgend ausgelobten internationalen Ideenwettbewerb gewannen die Hamburger Landschaftsarchitekten WES & Partner und die Künstlergruppe Observatorium aus Rotterdam mit ihrem Konzept „Ort der Stille". Entspannung, Erholung und Rückbesinnung sollen dominieren. Letzteres ist symbolisch umgesetzt durch ein zehn Meter hohes, im Mai 2006 eingeweihtes Kunstwerk in Form eines Stahlgerüsts auf dem Haldenkopf, welches das Skelett eines Hallenhauses darstellt und auf den ehemals landwirtschaftlich und industriell geprägten Landschaftsraum verweist. Darüber hinaus soll das Hallenhaus – mit Zeltplanen wetterfest gemacht – als Veranstaltungsort genutzt werden. Für den Zugang zum Haldenkopf werden vier Treppenanlagen gebaut.

Halde Norddeutschland

Tetraeder

Ruhrgebiet

Halde Beckstraße mit Tetraeder

Auf der begrünten und terrassenförmig gestalteten Halde
Beckstraße in Bottrop befindet sich in 90 Meter Höhe der Tetraeder, eine dreidimensionale, begehbare Stahlpyramide, erbaut auf grau-schwarzem Bergematerial. Rund 50 Meter hoch
ist die von Wolfgang Christ geschaffene Konstruktion, die über
387 Stufen und drei Aussichtplattformen zu erklimmen ist –
vorausgesetzt, man ist schwindelfrei. Denn die Plateaus sind
ebenso wie die nach oben führenden Treppen schwebend ein-
gehängt, der Gitterrost, auf dem man sich bewegt, lässt den
Blick ungehindert in die Tiefe gleiten. Ignoriert man jedoch
das mulmige Gefühl in der Magengegend, bietet sich von den
Aussichtsplattformen ein grandioser Ausblick auf die Städte-
landschaft des Emscher Park Geländes. Zu Recht trägt der Tetraeder deshalb auch den Beinamen „Haldenereignis Emscher-
blick". Zusammengesetzt aus Stahlrohren und Gussknoten ist
er sowohl Symbol für das vergangene Stahlbauzeitalter der Region als auch Zukunftsvision für die Möglichkeiten künstle-
rischen Schaffens in alten Industrieregionen. Die Lichtinsze-
nierung des Düsseldorfer Künstlers Jürgen LIT Fischer lässt
das Kunstwerk auch nachts erstrahlen und somit zum weithin
sichtbaren Wahrzeichen Bottrops werden.

▶ Beckstraße /
Batenbrockstraße
46238 Bottrop

Halde Schwerin

Sie gehört sicherlich zu den größten Sonnenuhren der Welt:
Die im Kreis von 24 Stunden angelegte Edelstahlkonstruk-
tion des Künstlers Jan Bormann auf der Halde Schwerin in

▶ Bodelschwingherstraße
44577 Castrop-Rauxel

Sonnenuhr auf der Halde Schwerin

Castrop-Rauxel. In überdimensionaler Größe ragen die Stahlstäbe in die Luft und zeigen in exakter Ausrichtung stets die aktuelle Stunde an. Steile Treppenstufen, hergestellt aus Materialien der Region, führen aus allen vier Himmelsrichtungen hinauf auf Castrop-Rauxels höchsten Punkt, die Halde Schwerin. Von hier aus kann man in aller Ruhe die Zeit sprichwörtlich vorbeistreichen lassen, weitere Kunstwerke auf der Halde erkunden (Wassertempel) oder einfach nur den schönen Ausblick auf die Emscherregion genießen.

► Info
Westfalenparkbüro
An der Buschmühle 3
44139 Dortmund
Tel. 0231/50-26100
Fax 0231/50-26111
westfalenpark@dortmund.de
www.westfalenpark.de

Florianturm Dortmund

Im Zentrum des Dortmunder Westfalenparks steht der 220 Meter hohe, 1959 erbaute und zuletzt 1999 restaurierte Fernsehturm „Florian", Wahrzeichen der Stadt Dortmund. In seiner Turmspitze befinden sich ein Drehrestaurant sowie eine Aussichtsplattform, von der aus man einen atemberaubenden Blick auf das Parkgelände, die Stadt und die Region gewinnt.

Hohensyburg

Ein auch im wahrsten Sinne des Wortes absoluter Höhepunkt
für Romantiker. Auf dem Gelände einer ehemaligen säch-
sischen Fliehburg, die 775 von den Franken unter Karl dem
Großen erobert worden war, wurde die Syburg von Kaiser
Heinrich IV. um 1070 aus Ruhrsandstein errichtet. Nach ihrer Zerstörung 1287 durch Graf Eberhard I. von der Mark
befinden sich hier nur noch Ruinen: Zwei Bergfriede, Palas
(Zweikammersystem), der Mauerring und die vorgelagerten
Wälle um die Hofanlage sind noch zu erkennen. Über die
Burgreste hinaus bedeutsam sind drei Denkmäler – der 1857
zu Ehren des ersten Oberpräsidenten Westfalens, Freiherr
Ludwig von Vincke, errichtete Vincketurm, das 1902 westlich der Burgruine entstandene Kaiser-Wilhelm-Denkmal
und das von Fritz Bagdons 1930 geschaffene Kriegerdenk-
mal zur Erinnerung an die Toten des Ersten Weltkriegs im
Innern der Burg. Die Burg selbst mit ihrem herrlichen Ausblick über die Täler von Ruhr und Lenne hat sich zu einem
beliebten Ausflugsziel entwickelt.

Blick auf den Westfalenpark
mit Florianturm

► Hohensyburg Straße
44625 Dortmund

Bramme auf der
Halde Schurenbach

► Emscherstraße /
Nordsternstraße
45329 Essen

Halde Schurenbach

Über 50 Meter hoch erhebt sich die Schurenbach-Halde
zwischen dem Rhein-Herne-Kanal und der Autobahn A 42,
aufgeschüttet durch 25 Millionen Tonnen Gestein aus der
Zeche Zollverein und Neuessen. Der Schurenbach, Namens-
patron und Teil dieser einstmals unberührten Natur, ist längst
umgeleitet worden, doch auch die Zeche existiert nicht mehr.
Stattdessen findet man auf der Kuppe der weitgehend wieder
begrünten Halde eines der beeindruckendsten Kunstwerke

dieser Art in der Region: die „Bramme für das Ruhrgebiet",
ein Entwurf des amerikanischen Bildhauers Richard Serra.
Knapp 70 Tonnen Stahl ragen als Stahlskulptur mit einer
Höhe von 14,5 Metern weithin sichtbar empor, rundherum
nur schwarzes Abraummaterial auf breiter Fläche, Symbol für
die beiden Elemente Kohle und Stahl, die das Ruhrgebiet
über Jahrzehnte hinweg geprägt haben. Die Bramme ist
(ebenso wie die Halde) über ein Wegesystem für jedermann
zugänglich, von oben genießt man einen herrlichen Rundblick auf eine Stadt- und Industrielandschaft, in der die
Natur Stück für Stück beginnt, sich ihren Raum zurückzu-
erobern.

Skulpturenwald Halde Rheinelbe

Auf dem Gelände der alten Zeche Rheinelbe (1861-1928)
wird schon lange keine Kohle mehr gefördert. Stattdessen be-
heimaten die noch erhaltenen Gebäude das Herzstück der
Route der Industrienatur: eine Dauerausstellung rund um
die Thematik Naturraum im Industriegebiet. Außerdem in
der ehemaligen Industrieanlage angesiedelt: die Fortbildungs-
akademie des Landesministeriums für Bauen und Wohnen.
Die benachbarte Halde, südlich der Kray-Wanner-Bahnlinie,
wurde nach Beendigung der letzten Aufschüttungen 1999 in
einen Skulpturenwald, entworfen von dem Künstler Herman
Prigann umgewandelt. Quer über die Halde führt der Emscher Park Radweg. Auf der Spitze der Halde ragt eine Him-
melstreppe aus mächtigen Betonblöcken empor, am Ostrand
steht eine 30 Meter hohe, künstliche Felswand, von der aus
man einen schönen Ausblick auf die umliegende Gegend gewinnt. Weitere Skulpturen des Künstlers befinden sich auf
den Freiflächen rund um die Forststation. Doch auf Rheinelbe findet sich nicht nur Kunst, sondern auch viel Natur:
Felder und Wiesen sind von Birkenreihen eingerahmt, Wild-
wuchs überwuchert das Gelände, darunter das rotviolette
Tausendgüldenkraut, urwaldartige Bäume, Sträucher und
Lianen bieten zahlreichen Tieren und Pflanzen einen neuen
Lebensraum.

▶ Leithestraße
45886 Gelsenkirchen
Infos
Forststation Rheinelbe
Tel. 0209/1474844

▶ Horster Straße
45897 Gelsenkirchen

Halde Rungenberg

Die Gelsenkirchener Bergarbeitersiedlung Schüngelberg bildet
die Kulisse für eine der Aufsehen erregendsten Lichtinszenie-
rungen im Revier: Auf der Halde Rungenberg, die sich schroff
neben der Siedlung in einer Doppelpyramide erhebt, haben
die Künstler Hermann Es Richter und Klaus Noculak sogenannte „Nachtzeichen" angebracht: zwei in den Himmel ge-
richtete Scheinwerfer, verteilt auf die beiden Gipfel der Halde.
Die Lichtkegel kreuzen sich in der Mitte und vereinigen den
Doppelgipfel wieder zu einer einheitlichen Figur. Die Halde
Rungenberg ist somit nicht nur ein architektonisch gestaltetes
Landschaftsbauwerk, sondern auch ein bedeutsames Kunstwerk. Seit der Aufschüttung der Doppelgipfel begehbar, ist sie
heute gleichermaßen Kunstraum wie Naherholungsgebiet.

▶ Im Emscherbruch /
Hohewardstraße
45699 Herten

Halde Hoppenbruch / Halde Hoheward

Woanders geht man „in die Berge" – die Revierbürger steigen „auf die Halden". Das größte „Revier-Exemplar" ist die
Haldenlandschaft Hoppenbruch-Hoheward in Herten, ein
Gebiet aus drei ursprünglich getrennten Bergehalden. Ein
Ausflugsziel, das wächst – im doppelten Sinne. Denn während sich die Halde Hoppenbruch als mit Schwarzkiefern be-
grünter Erholungsort für Spaziergänger und Radfahrer etabliert, steht auf Hoheward die Bandförderanlage noch nicht
still. Erst im Jahr 2008 wird die Schüttkapazität erschöpft –
und die Haldenspitze mit ca. 160 Metern Höhe dann der
höchste Industrieberg des Ruhrgebiets sein.

Der erhabene Weitblick verbindet sich bereits heute mit
neuen Technologie-Aussichten. Auf der Halde Hoppenbruch
versorgt seit Oktober 1997 eine der größten Windenergiean-
lagen Deutschlands in 70 Metern Höhe ca. 800 Haushalte
in Herten und Umgebung mit Strom. Vertieft werden die
Natur- und Technikimpressionen durch einen 1998 errichteten Skulpturengarten, der eine Menge Informatives über
Wind und Strom bietet.

Noch spektakulärer sind die Pläne für die 1,6 Quadratkilometer große Halde Hoheward. Hier sollen in den nächsten
Jahren ein Horizontobservatorium und ein „Himmelssee"

entstehen. Das auf dem obersten Plateau der Halde geplante Horizontobservatorium wird von zwei Meridianbögen überspannt sein, während der „Himmelssee" im westlichen Teil das Zusammenspiel von Himmel und Erde inszenieren soll. Im östlichen Areal des riesigen Haldenplateaus wurde im Mai 2006 bereits eine große Horizontalsonnenuhr mit einem ca. neun Meter hohen Obelisken als Sonnenstandszeiger eröffnet, der gleichzeitig als Landmarke dient.

Um die Halde Hoheward auch für Freizeit, Erholung und Sport zugänglich zu machen, sind im ersten Bauabschnitt bis Mitte 2006 insgesamt zehn Kilometer neue Wege entstanden – neben einer ca. sechs Kilometer langen Balkonpromenade, die um die Halde herum führt.

Die Halde Hoheward ist ein zentrales Projekt des Entwicklungsvorhabens „Neue Horizonte – Landschaftspark Emscherbruch" der Städte Herten und Recklinghausen sowie des Regionalverbandes Ruhr (RVR) in Kooperation mit der Deutschen Steinkohle AG.

Obelisk auf der
Halde Hoheward

▶ Am Grafenbusch 90
46047 Oberhausen
Tel. 0208/85037-30
(Gasometer Oberhausen GmbH)
Fax 0208/85037-33
info@gasometer.de
www.gasometer.de

Gasometer Oberhausen

1988 als unbrauchbare Industrieruine stillgelegt und beinahe abgeschrieben, ist der Gasometer als Symbol einer gelungenen Verbindung von Vergangenheit und Zukunft längst zum Wahrzeichen Oberhausens und des Ruhrgebiets geworden – weithin sichtbar und mit eigenen glänzenden Aussichten. Davon zeugen nicht nur die überregional beachteten Ausstellungen im Inneren, sondern auch die über einen Außenfahrstuhl oder die 592 Stufen eines angebauten Treppenturmes zu erreichende Plattform auf dem Dach, die den Blick weit über das westliche Ruhrgebiet schweifen lässt.

▶ Fernewaldstraße
46242 Bottrop

Halde Haniel

Die im Volksmund auch „Monte Schlacko" genannte Halde hat sich zu einem Kulturraum entwickelt. Auf der Haldenkuppe wurde in 126 Metern Höhe aus dem Bergematerial der ehemaligen Zeche Prosper-Haniel ein offenes Amphitheater nach griechischem Vorbild angelegt, das 800 Besuchern Platz bietet. Ebenso einzigartig ist der 1995 eingeweihte Kreuzweg, der in 15 Stationen zum Gipfel führt. Ein hohes, aus Spurlatten errichtetes Kreuz auf dem Haldenkopf erinnert an den Papstbesuch 1987 auf dem Bergwerk Prosper-Haniel. Von hier aus hat man einen wunderbaren Blick über das nordwestliche Ruhrgebiet. Attraktiv ist auch die Installation „Totems" des baskischen Künstlers Agustín Ibarrola, die sich mittels über 100 bearbeiteten Eisenbahnschwellen mit den (scheinbaren) Gegensätzen von Industrieraum und Natur beschäftigt.

Sauerland

▶ Ettelsberg-Seilbahn
Zur Hoppecke 5
34508 Willingen
Tel. 05632/6715
Fax 05632/968201
info@ettelsberg-seilbahn.de
www.ettelsberg-seilbahn.de
Öffnungszeiten:
tägl. 9-17 Uhr

Willinger Hochheideturm

59 Meter hoch ist der Willinger Hochheideturm, der auf dem Ettelsberg steht. Besondere Attraktion: An der Außenmauer des Turms ist die mit 41 Metern höchste Outdoor-Kletterwand installiert. Vom großen Parkplatz an der Talstation erreicht man den Turm mit der Ettelsberg-Sesselbahn oder zu Fuß über verschiedene Wanderwege.

Bild links: Willinger Hochheideturm, Bild rechts: Hohe Bracht

Hohe Bracht

Der Aussichtsturm Hohe Bracht ist mit seinen 36 Metern das Wahrzeichen des Kreises Olpe. Zahlreiche gekennzeichnete Wanderwege machen die Hohe Bracht zu einem beliebten Ausgangspunkt für Wanderungen, Spaziergänge und Radtouren. Das Café-Restaurant im Turm ist täglich (außer montags) ab 11 Uhr geöffnet.

▶ 57368 Lennestadt
Tel. 02723/2395
Fax 02723/718824
info@hohebracht.de
www.hohe-bracht.de

Stüppelturm im Fort Fun Abenteuerland

Der 57 Meter hohe Stüppelturm im Fort Fun Abenteuerland ist einer der höchsten Aussichtspunkte im Sauerland. Auf dem Stüppel wurde 2001 der Stüppelturm eröffnet. Der Turm erreicht mit dem Stüppel eine gewaltige Höhe von 845 Metern ü. NN. Bevor man die Aussicht genießen kann, müssen erst ein paar hundert Stufen erklommen werden. Bei gutem und klarem Wetter beträgt die Sichtweite sogar mehrere hundert Kilometer.

▶ Aurorastraße
Wasserfall
59909 Bestwig
Tel. 02905/810
Fax 02905/81118
post@fortfun.de
www.fort-fun.de

Siegerland

Ginsburg

Die Burgruine Ginsburg ist eine im 12. Jahrhundert errichtete, nassauische Grenzfeste und ein hervorragender Aussichtspunkt mit freiem Blick auf den Rothaarsteig.

▶ Schlossberg 1
57271 Hilchenbach,
Tel. 02733/7402
Fax 02733/129871
www.hilchenbach.de

NATURERLEBNIS

Die Natur zu erfahren und zu genießen, dazu bedarf es keiner langen Reisen. Denn die schönsten Landschaften liegen praktisch vor der Haustür. Die 14 Naturparke und der Nationalpark Eifel in Nordrhein-Westfalen schützen nicht nur die Lebensräume seltener Tier- und Pflanzenwelt, sondern laden die Menschen auch zur naturnahen Erholung ein. Riesige Wälder, kristallklare Bäche und Seen, geheimnisvolle Moore und bizarre Felslandschaften warten auf ihre Entdecker.

Lage in Deutschland

1   Arnsberger Wald (482 km²)

2   Bergisches Land (1.920 km²)

3   Diemelsee (334 km², davon 124 km² in NRW)

4   Dümmer (472 km², davon 132 km² in NRW)

5   Ebbegebirge (777 km²)

6   Eggegebirge und südlicher Teutoburger Wald
    (1.059 km²)

7   Hohe Mark (1.040 km²)

8   Hohes Venn-Eifel
    (2.500 km², davon 1.350 km² in NRW)

9   Nationalpark Eifel (107 km² innerhalb des
    Deutsch-Belg. Nationalparks Hohes Venn-Eifel)

10 Homert (550 km²)

11 Kottenforst-Ville (1.045 km²)

12 Maas-Schwalm-Nette
    (870 km², davon 435 km² in NRW)

13 Nördlicher Teutoburger Wald, Wiehengebirge,
    Osnabrücker Land – Terra.vita
    (1.220 km², davon 319 km² in NRW)

14 Rothaargebirge (1.355 km²)

15 Siebengebirge (42 km²)

Natürlich Naturparke – Naturerlebnis der besonderen Art

Urlaub und Freizeit, das heißt für viele: aus den Städten und Dörfern hinaus in die Natur. Gerade in unserer hektischen und schnelllebigen Zeit gewinnt die Erholung in der Natur zunehmend an Bedeutung.

Wussten Sie, dass es in Nordrhein-Westfalen 14 Naturparke gibt und in ganz Deutschland sogar 97 Naturparke? Sie repräsentieren die Vielfalt, Eigenart und Schönheit der Landschaften Deutschlands und nehmen ein Viertel der Fläche unseres Landes ein. In den Naturparken erholen sich Mensch und Natur gleichermaßen. Seltene Tiere und Pflanzen finden hier ihren Lebensraum, alte Kulturlandschaften – über Jahrhunderte hinweg von Menschenhand geprägt – werden erhalten und weiter entwickelt. Naturparke verbinden den Schutz und die umweltgerechte Nutzung der Landschaft und bieten gleichzeitig attraktive Erlebnismöglichkeiten.

Angebote mit Erlebnisgarantie

Naturparke haben viel zu bieten, um Ihre Wünsche zu erfüllen: Hier können Sie selbst die Natur erkunden oder sich einer qualifiziert geführten Tour anschließen: auf Schusters Rappen, dem Drahtesel oder hoch zu Ross. Neben der Tier- und Pflanzenwelt und der Landschaftsgeschichte stehen oftmals auch geologische, archäologische oder kulturelle Aspekte auf dem Programm.

Auch wer auf „eigene Faust" Natur und Landschaft entdecken will, ist in den Naturparken bestens aufgehoben. Man kann wandern und radfahren, in vielen Naturparken auch paddeln, schwimmen, reiten und anderes mehr. Oder ganz einfach die Ruhe genießen! Lohnenswert sind auch die kulturellen und gastronomischen Angebote im Naturpark. Es gibt eine Fülle an Möglichkeiten, den Alltag hinter sich zu lassen. Informationsbroschüren, Karten und auch das Internet erleichtern die Orientierung und geben Insider-Tipps.

Urlaubs- und Freizeitportal www.naturparke.de

Auf unserem Urlaubs- und Freizeitportal im Internet finden Sie weitere Angebote aus den Naturparken. Hierzu zählen auch attraktive Pauschalangebote für Ihren Urlaub. Schauen Sie doch mal rein unter www.naturparke.de, es lohnt sich!

▶ Infos
Verband Deutscher
Naturparke e.V. (VDN)
Görresstr. 15
53113 Bonn
Tel. 0228/9212860
Fax 0228/9212869
info@naturparke.de
www.naturparke.de

*Text: Jörg Liesen,
Verband Deutscher
Naturparke*

Bergisches Land

▶ Naturpark Bergisches Land
Moltkestr. 34
51643 Gummersbach
Tel. 02261/88-6909
Fax 02261/88-1888
naturpark@bergischesland.de
www.bergischesland.de

Naturpark Bergisches Land

Der Naturpark Bergisches Land liegt zwischen der Köln-Siegburger Bucht im Westen, den Ausläufern des Sauerlandes im Osten, dem Westerwald im Süden und dem bergischen Städteband Wuppertal – Remscheid – Solingen im Norden.

Nicht hohe Berggipfel und tiefe Schluchten sind vorherrschend, vielmehr prägen bewaldete Höhenzüge in langen Wellen und Wiesentäler das Landschaftsbild.

Die hohen Niederschläge im Bergischen Land machte man sich schon früh nutzbar. Aufgestaut in Staubecken und Talsperren diente das Wasser dem Antrieb gewerblicher Maschinen. Nach und nach entstanden 16 Wasserspeicher, die schnell bedeutsame Anziehungspunkte für die Erholungssuchenden wurden. Die Trinkwassertalsperren sind für den Wasserfreizeitsport „tabu", dennoch sind sie bevorzugte Bereiche stiller Erholung im Bergischen Land, dem Land der Talsperren.

Die Nutzung der Wasserkraft hat in der Naturarena Bergisches Land eine lange Tradition. Schon zu Zeiten der frühen Industrialisierung dröhnten unzählige Hämmer um die Wette. Riesige Wasserräder trieben klappernd die Hammerwerke an, in denen der Schmied sein Eisen bearbeitete. Zahlreiche Hämmer sind auch heute noch in den Wäldern der Naturarena zu finden.

Der gut 200 Jahre alte Oelchenshammer in Engelskirchen ist als Industriedenkmal erhalten geblieben. Er gehört heute zum Rheinischen Industriemuseum. Hier kann man erfahren, wie die harte Arbeit der Schmiedemeister früher ausgesehen hat.

Hoch zu Ross

Und zu bestimmten Zeiten bietet das Museum die Möglichkeit, auch selbst aktiv zu werden und das Handwerk auszuprobieren.

Von zahlreichen Aussichtstürmen und -punkten bietet sich dem Besucher die Möglichkeit, die „buckelige Welt" mit ihren besonders reizvollen Waldgebieten von oben zu betrachten.

Das Gesicht der Bergischen Landschaft wird sehr stark von den Häusern der Bauern und Bürger geprägt. Überall bilden das Schwarz der Schieferverkleidungen und des Fachwerks, das Weiß der Fenster- und Türlaibungen und das Grün der Fensterläden einen harmonischen Dreiklang.

Der bedeutendste Kirchenbau des Bergischen Landes ist der Altenberger Dom, eine der größten gotischen Kostbarkeiten auf deutschem Boden. Fünf Dorfkirchen im Oberbergischen zählen wegen ihrer bemerkenswerten Ausmalungen im Inneren zu den sogenannten „bonten Kerken". Schloss Burg an der Wupper, einst Residenz der Bergischen Grafen, beherbergt das Bergische Museum. Schloss Gimborn bei Marienheide ist eine eindrucksvolle, im 13. Jahrhundert als Wasserburg erbaute, in ein Waldtal eingebettete Anlage.

Im Land der Panoramen

Eifel

▶ Verein Naturpark Nordeifel
im Deutsch-Belgischen
Naturpark Hohes Venn – Eifel
Geschäftsstelle
Steinfelder Str. 8
53947 Nettersheim
Tel. 02486/911117
Fax 02486/911116
info@naturpark-eifel.de
www.naturpark-eifel.de

Deutsch-Belgischer Naturpark Hohes Venn – Eifel

Wald, Wasser und weitgezogene Berghöhen sind die beson-
deren landschaftlichen Merkmale des durch verschiedene
Landschaftstypen geprägten grenzübergreifenden Deutsch-
Belgischen Naturparks Hohes Venn-Eifel.

Im Nordwesten erstreckt sich das durch Milchviehwirtschaft
und Wälder geprägte Vennvorland, dessen sanfte Erhebungen
zum Radfahren einladen.

Das benachbarte Hohe Venn ist ein für Europa einzigartiges
Hochmoorgebiet mit einer großen intakten Hochmoorfläche.

Im Osten des Hohen Venns schließt sich die Rureifel mit
großen Wäldern und dem tief eingeschnittenen Rurtal an.
Eine Besonderheit ist hier das Monschauer Heckenland mit
seinen bis sechs Meter hohen Buchenschutzhecken. Die 15
Stauseen und Talsperren, vor allem der Rursee mit seinen
Wassersportmöglichkeiten sind attraktive Ausflugsziele.

Bei Kall-Urft

Für die Hocheifel im Süden sind hohe, bewaldete Bergrücken charakteristisch, die von den idyllischen Bachtälern der Prüm und der Kyll durchschnitten werden. Viele Dorfbilder werden von historischen Ortskernen und idyllischen Burgen geprägt.

Die Kalkeifel am Ostrand des Naturparks ist wärmer, trockener und stärker durch Ackerbau geprägt als die benachbarten Gebiete. Mit ihrer besonderen Flora und ihrem Fossilienreichtum bietet die Kalkeifel Naturerlebnisse von besonderer Seltenheit.

Mit einem vielfältigen Veranstaltungsangebot zu den Themen Naturkunde, Erdgeschichte, Bergbaugeschichte sowie Wald-, Land- und Wasserwirtschaft, mehreren Besucherzentren, zwei Besucherbergwerken und zahlreichen Touren und Pfaden bietet der Deutsch-Belgische Naturpark Hohes Venn-Eifel seinen Besuchern eine reichhaltige Auswahl von Möglichkeiten, sich die Landschaften auf erholsame Weise zu erschließen.

Dem Slogan „Eifel – Lust auf Natur" folgend, bieten die Gastgeber in der Eifel abwechslungsreiche Qualitäts-Angebote zum Wandern, Radfahren und aktiven Naturerlebnis. Kleine, gemütliche Gasthäuser und eine traditionelle Küche laden zu einem aktiven und erholsamen Urlaub in die Eifel ein. Die Initiative „Eifel barrierefrei" unterstützt das Natur- und Landschaftserlebnis für Menschen mit Behinderung (www.eifel-barrierefrei.de).

Der Deutsch-Belgische Naturpark freut sich auf Ihren Besuch in der Eifel!

Bild Links: Narzissenblüte
Bild rechts: Ourtal

► Landesbetrieb Wald
und Holz NRW
Nationalparkforstamt Eifel
Verwaltung
Urftseestr. 34
53937 Schleiden-Gemünd
Tel. 02444/95100
Fax 02444/951085
info@nationalpark-eifel.de
www.nationalpark-eifel.de

Nationalpark Eifel

Der rund 11 000 Hektar große Nationalpark Eifel ist Nordrhein-Westfalens erster und bislang einziger Nationalpark.
Trotz der großen Vielfalt an Landschaftsformen – Wälder,
Flüsse, Seen, tiefe Felsschluchten und großflächige Offen-
landbereiche – und der landschaftsprägenden Flüsse Rur und
Urft, ist das Gebiet in erster Linie ein Wald-Nationalpark, zu
dem die Staatswälder Wahlerscheid, Dedenborn, Kermeter
und Hetzingen, aber auch das Offenland der Dreiborner
Hochfläche gehören.

In den Waldgebieten, die rund zwei Drittel der Gesamtfläche ausmachen, geht es vor allem um den Schutz und die
Ausbreitung des Buchenwaldes. Denn die Zurückeroberung
der natürlichen Wälder und die Schutzstellung der übrigen
natürlichen Landschaften schaffen einmalige ökologische Lebensräume für Flora und Fauna. Über 400 gefährdete Pflan-
zen- und Tierarten sind im Nationalpark Eifel beheimatet.
Die prominentesten Bewohner sind zu Lande sicherlich die
seltene Wildkatze mit einer der größten Populationen Mit-
teleuropas, die Rothirsche, die künftig vor allem auf dem
Truppenübungsplatz als eine der größten Rotwildvorkom-
men in Mitteleuropa tagaktiv zu beobachten sein sollen, oder
die in Nordrhein-Westfalen seltene Mauer-Eidechse; zu
Wasser der fleißig Dämme bauende Biber, und in der Luft
Milan, Wespenbussard, Schwarzstorch, Uhu und Eisvogel.
Der spektakulären Tierwelt steht eine ebenso bezaubernde
Pflanzenwelt zur Seite, deren Highlight sicherlich die Gelbe
Narzisse darstellt. In jedem Frühjahr werden die Talwiesen
in Wahlerscheid zu einem gelben Blütenmeer, wenn sich Mil-
lionen dieser wilden Blumenart entfalten.

Bild links: Blick auf den Urftsee
Bild rechts: tagaktives Rotwild

Gerade wegen der besonders strengen Reglementierungen zum Schutz der Natur hat der Nationalpark ein umfangreiches Informationssystem mit vielfältigen Maßnahmen zur Umweltbildung entwickelt. Als Zentren dienen die drei Nationalpark-Tore in Simmerath-Rurberg, Schleiden-Gemünd und im Bahnhof Heimbach, die interessante Ausstellungen und Umweltbildung mit individuellem Besucherservice verbinden. Speziell ausgebildete Ranger, die sich um die Einhaltung der Schutzbestimmungen, die Instandhaltung der Wege- und Infoeinrichtungen sowie um die Pflege für besondere Lebensräume kümmern, bieten mehrmals wöchentlich Entdeckungstouren an – kostenlos und ohne Voranmeldung.

Im Nationalpark Eifel wächst der Buchen-Urwald von morgen

▶ Naturpark Rheinland
Willy-Brandt-Platz 1
50126 Bergheim
Tel. 02271/8342-10, -11, -12
Fax 02271/832318
info@naturparkrheinland.de
www.naturpark-rheinland.de

Köln / Bonn / Aachen

Naturpark Rheinland

Der Naturpark Rheinland westlich von Köln und Bonn bietet auf über 1 000 Quadratkilometern eine einzigartige landschaftliche Vielfalt: Wälder, Flüsse, Seen und hügelige Vulkane wechseln sich ab mit ebener Agrarlandschaft und kleinen idyllischen Dörfern.

Neben herausragenden Sehenswürdigkeiten wie den zum Weltkulturerbe ernannten Barockschlössern Augustusburg und Falkenlust gibt es ein reichhaltiges Sport- und Freizeitangebot; egal ob Radfahrer, Wanderer, Jogger, Skater oder Wassersportler, der Naturpark Rheinland bietet allen Besuchern beste Bedingungen.

Insgesamt laden im Naturpark Rheinland neun unterschiedliche Naturlandschaften zur Entdeckung ein. Von Norden nach Süden durchzieht der etwa 50 Kilometer lange Höhenzug der Ville den zentralen Bereich des Naturparks. Über 40 Seen und junge Laubwälder lassen kaum erahnen, dass hier noch bis vor wenigen Jahren Bergbau betrieben wurde: Dort, wo noch bis vor kurzer Zeit Braunkohle abgebaut wurde, können heute wieder seltene Tier- und Pflanzenarten beobachtet werden. Heute kann man in den ehemaligen Abbaugebieten baden, Rad fahren oder wandern – neue Naturparadiese sind entstanden.

Wer im südlichen Naturpark unterwegs ist, dem bieten sich kulinarische Genüsse der besonderen Art. Ein Besuch im zweitgrößten Obstanbaugebiet Deutschlands lohnt nicht nur im Spätsommer und Herbst, wenn überall in den Hofläden Äpfel, Birnen und Kirschen angeboten werden. Besonders im Frühjahr, wenn alle Obstbäume in voller Blüte stehen, bietet sich hier ein einmaliges Naturerlebnis.

Sportlich aktive Besucherinnen und Besucher kommen im Naturpark selbstverständlich auch auf ihre Kosten: Das historische, sternförmige Wegenetz im Kottenforst, die gut ausgebauten Wege der rekultivierten Landschaften oder die Wirtschaftswege in der Rheinebene und Börde bieten Radfahrern, Wanderern, Reitern und Inlineskatern die besten Bedingungen.

Die abwechslungsreiche und lange Geschichte der Landschaft hat überall im Naturpark Spuren hinterlassen. Eine Vielzahl von Wasserburgen, Herrensitzen, Mühlen und alten Siedlungen mit historischem Ortsbild sind kulturhistorische Zeugnisse der bewegten Vergangenheit. Nicht nur die gut erhaltenen Relikte aus der Römerzeit, die zum Weltkulturerbe ernannten Barockschlösser Augustusburg und Falkenlust oder die enorme Anzahl an Wasserburgen sind von überregionaler Bedeutung und ziehen jährlich viele Besucher in ihren Bann. Verschiedene Themenrouten wie die „Wasserburgenroute", „Die Wege der Jakobspilger" oder der „Erftradweg" verbinden die landschaftliche Vielfalt mit den kulturellen Highlights. Besucher des Naturparks können so beides: Die Natur genießen und Kultur erleben.

Obersee

▶ Infozentrum Naturparkhaus
Margarethenhöhe
Königswinterer Str. 409
43639 Königswinter
Tel. 02233/909494
Fax 02233/909700
info@naturpark-siebengebirge.de
www.naturpark-siebengebirge.de

Naturpark Siebengebirge

Der Naturpark Siebengebirge zieht sich vom Bonner Stadtgebiet über Königswinter bis nach Bad Honnef. Es ist der einzige Naturpark in Deutschland, der vollständig als Naturschutzgebiet ausgewiesen ist. Das vulkanische Siebengebirge ist seit dem Ende der Eiszeiten besiedelt und durchlebte eine wechselvolle Geschichte. Die Landschaft und die Berge laden zum Wandern ein, aber auch die zahlreichen Sehenswürdigkeiten (z. B. Chorruine des Klosters Heisterbach, Schloss Drachenburg) sind ein guter Anlass für einen Besuch des Siebengebirges.

Das Siebengebirge spielt in der deutschen Naturschutzgeschichte und unter den deutschen Naturparken eine besondere Rolle. Der Ankauf des Drachenfelsens durch den preußischen Staat im Jahre 1836 und die dadurch erreichte Einstellung der Steinbruchbetriebe wird bis heute als der erste Sieg der Ideen des Landschafts- und Naturschutzes über wirtschaftliche Interessen angesehen. 1923 wurde das Siebengebirge als Naturschutzgebiet ausgewiesen. Damit ist es mit der Lüneburger Heide eines der ältesten deutschen Naturschutzgebiete. Bereits 1958 wurde das Siebengebirge zum Naturpark erklärt. Es verfügt über eine reizvolle und attraktive Erholungslandschaft. Es umfasst weit mehr als die berühmten sieben Berge, nämlich insgesamt 42 große und kleine Erhebungen.

Von Bonn, Königswinter oder Bad Honnef aus führen circa 200 Kilometer Wanderwege und ein Reitwegenetz durch das Siebengebirge. Viele schmale Pfade bieten immer wieder Ausblicke in das Rheintal bis Köln, auf die Eifel und in den Westerwald. Der traditionelle „Rheinhöhenweg" und der neue „Rheinsteig" für

Löwenburg, Bad Honnef

sportliche Wanderungen führen zu den Höhepunkten des
Naturparks. Die Kulturlandschaft mit ihren schattigen Buchenwäldern, knorrigen Eichen, Streuobstwiesen, Weinbergen, Bach-
läufen und Felswänden bietet im Wechsel der Jahreszeiten ein
vielfältiges Naturerlebnis.

Das Naturparkhaus des Naturparks informiert mit einer Ausstellung „drinnen und draußen" über Geologie, die Lebensräume und den Naturschutz im Siebengebirge. Hier erhalten
Interessierte alle Informationen für den Aufenthalt im Siebengebirge. Besonders für Kinder werden Landschaft, Natur und
Tierwelt zu einem kleinen Erlebnis gemacht.

Im Naturpark steht die Pflege und Entwicklung des gesamten
Areals als wertvolles Rückzugsgebiet für viele seltene Tier- und
Pflanzenarten, aber auch die Information und Lenkung der zahl-
reichen Besucher im Vordergrund. Strenge Schutzbestim-
mungen sichern das Überleben von 80 seltenen Tier- und
Pflanzenarten, die auf der Roten Liste des Artenschutzes in
Nordrhein-Westfalen stehen und im Siebengebirge noch vor-
kommen. So bedeutet Naturschutz im Siebengebirge den Erhalt
der sehr alten Kulturlandschaft mit Wäldern, Obstwiesen und
Weinbergen.

Abendstimmung
im Siebengebirge

Münsterland

▶ Naturpark Hohe Mark e.V.
Informations- und
Besucherzentrum
Tiergarten Schloss Raesfeld
Hagenwiese 40
46348 Raesfeld
Tel. 02865/60910
Fax 02865/609129
naturpark-hohemark@raesfeld.de
www.naturpark-hohemark.de

Naturpark Hohe Mark

Der Naturpark Hohe Mark umfasst ein Gebiet, das sich nördlich des größten europäischen Wirtschaftsraumes, des Ruhrgebiets, beiderseits der unteren Lippe vom Niederrheinischen Tiefland bis in die Westfälische Bucht hineinzieht. Mit einer Fläche von 1 040 Quadratkilometern ist er der viertgrößte Naturpark in NRW. Abwechslungsreicher als im Naturpark Hohe Mark kann Landschaft kaum sein: Die Münsterländer Parklandschaft ist im Wesentlichen flach (25-75 Meter ü. NN), erhält aber ein überraschend bewegtes Relief in Teilen der Haard, im Rekener Kuppenland und in der Hohen Mark, dem geschlossenen Waldgebiet zwischen Haltern und Reken, das dem Naturpark seinen Namen gab. 35 Prozent des Naturparks sind dicht bewaldet. Die bäuerliche Kulturlandschaft bringt Abwechslung zum geschlossenen Forst. Lieblich wird die Landschaft durch fließende Gewässer: im Lippetal – deren Aue großflächig unter Naturschutz steht –, in den Bachlandschaften der Stever, der Ijssel und der Bocholter Aa.

Zu den sehenswertesten Ausflugszielen im Münsterland gehört das Wildpferdegehege im Merfelder Bruch des Herzogs von Croy. In dem weitläufigen Gelände hat sich das einzige Wildpferdegestüt des europäischen Kontinents erhalten. Auf einer Fläche von etwa 3,5 Quadratkilometern leben dort zwischen Weiden, Moor, Heide, Birken- und Eichenbeständen rund 300 Pferde. Am letzten Samstag im Mai lockt der

Sythener Wassermühle
mit Stauwehr

Den Naturpark erschließt ein
gut ausgebautes Radwegenetz

traditionelle Wildpferdefang Tausende von Besuchern aus aller Welt in den Merfelder Bruch.

Die Römer drangen vom Rhein her über Xanten entlang der Lippe vor und errichteten bei Dorsten und südwestlich von Haltern Lager und Befestigungen zur Sicherung des Nachschubes. Am Standort des ehemaligen Heereslagers steht heute das sehenswerte Westfälische Römermuseum Haltern.

Die Wasserschlösser bei Lembeck, Raesfeld, Velen und Borken-Gemen zählen zu den kunstgeschichtlich interessantesten Schlössern des Münsterlandes. Daneben gibt es über 35 Wind- und Wassermühlen. Ein sehr gut ausgebautes Radwanderwegenetz erschließt den Naturpark in idealer Weise regional und überregional. Es bieten sich z. B. fünf große Radtouristikrouten an. Königin dieser Routen ist die „100-Schlösser-Route". Darüber hinaus laden die „Niederrheinroute", die „Naturpark Hohe Mark-Route", die „Römerroute" und die „Kulturroute an Lippe und Ijssel" zu Erlebnisfahrten ein.

Wasserschloss Lembeck

Niederrhein

▶ Naturpark Schwalm-Nette
Willy-Brandt-Ring 15
41747 Viersen
Tel. 02162/81709-408
Fax 02162/81709-424
info@naturparkschwalm-nette.de
www.naturparkschwalm-nette.de

Naturpark Schwalm-Nette

Entlang der deutsch-niederländischen Grenze erstreckt sich das landschaftlich sehr reizvolle und attraktive Erholungsgebiet des Naturparks Schwalm-Nette. Es umspannt rund 43 500 Hektar auf Teilgebieten der Kreise Kleve, Viersen und Heinsberg sowie der Stadt Mönchengladbach. Seit 1976 ist er Bestandteil des grenzüberschreitenden Deutsch-Niederländischen Naturparks Maas-Schwalm-Nette.

Vor allem das landschaftlich reizvolle Wechselspiel von Bewaldung, offenen Wiesen-, Weide- und Ackerflächen, durchbrochen von zahlreichen kleineren Bächen, Flüssen und Seen, bildet eine ideale Ausgangsbasis als Erholungslandschaft. Ausgedehnte Wälder entlang der Grenze oder im Bereich der Süchtelner Höhen und des Hardter Waldes bieten Erholungssuchenden Entspannung, Ruhe und Beschaulichkeit. Zudem zeichnet sich die Naturparklandschaft aber auch durch ihre enorme ökologische Bedeutsamkeit aus, finden sich doch hier, entlang von Niers, Nette, Schwalm und Rur weitläufige, zum Teil noch sehr ursprüngliche Feuchtgebiete, die u. a. als Amphibienlaichbiotope von landesweiter, ja zum Teil sogar von internationaler Bedeutung sind.

Ein dichtes Netz ausgewiesener Wanderwege und zahlreiche gut geführte Radwanderrouten erschließen einen attraktiven

Von zahlreichen Flüssen durchzogen, präsentiert sich der Naturpark als ideales Revier für Kanuwanderer

Wasserschloss Krickenbeck

Erholungsraum. Für Radwandertouren steht dem Besucher dazu ein flächendeckendes und gut ausgeschildertes Radwandernetz zur Verfügung. Alle Radwanderwege im Naturpark sind mit den Routen der benachbarten niederländischen Gemeinden nahtlos verknüpft; die Erkundung der Region muss also nicht an der Grenze enden. Die Radwegkonzeption innerhalb des Naturparks beinhaltet sowohl die Erschließung besonders schöner Wegabschnitte als auch die Verknüpfung historischer Ortskerne und sonstiger Sehenswürdigkeiten auf verkehrsarmen Strecken. Neben dem Radwanderwegnetz gibt es noch touristische Routen wie z. B. die „NiederRheinroute", die „2 Länder-Route", die „Herrensitzroute" und die „Euroga-Route/Fietsallee".

Besondere Anziehungspunkte sind die vielen Seen im Naturparkgebiet. Neben uferbegleitenden Wander- und Radwanderwegen locken hier vor allem die zahlreichen Wassersportmöglichkeiten. Man kann Boots-, Kanu- und Kajaktouren durchführen oder im Hinsbecker Bruch, im Hariksee und im Effelder Waldsee baden. Größter Beliebtheit erfreuen sich auch die Paddeltouren auf der Niers.

Nicht nur für kulturell oder an Natur und Landschaft Interessierte, sondern auch für Sportbegeisterte hält der Naturpark Schwalm-Nette ein breites Angebot bereit. Auch die heimische Gastronomie bietet für jeden etwas, von der preiswerten bis zur international anerkannten Küche. Vor allem wer auf heimische Produkte Wert legt, sollte während der Spargelsaison den Naturpark besuchen.

Ostwestfalen-Lippe

Naturpark Dümmer

▶ Naturpark Dümmer e.V.
Niedersachsenstr. 2
49365 Diepholz
Tel. 05441/976-1290
Fax 05441/976-1762
Naturpark.duemmer@diepholz.de

Mittelpunkt des 472 Quadratkilometer großen Naturparks ist der von der Hunte gespeiste Dümmersee. Er ist eingebettet in feuchte Grünlandflächen zwischen Hoch- und Niedermooren.

In diesem „Feuchtgebiet Internationaler Bedeutung" sind viele seltene und vom Aussterben bedrohte Vogelarten (Kiebitz, Weißstorch, Trauerseeschwalbe, Bekassine, Uferschnepfe usw.) anzutreffen.

Der Naturpark Dümmer bietet ganzjährig ruhige und abwechslungsreiche Erholung, vor allem für Wanderer und Radfahrer. Besonders interessante Perspektiven vermitteln der 18 Kilometer lange Dümmer-Weg, der den See auf dem Dümmer-Deich umrundet, und die Wanderwege und Erlebnispfade im unmittelbar südlich angrenzenden Ochsenmoor.

Der Naturpark ist ein beliebtes Ziel für Vogelkundler

Die hier gelegene Naturschutzstation informiert über die Aufgaben und die Bedeutung des Naturparks und bietet Führungen an.

Der See ist natürlich auch ein hervorragendes Wassersportgebiet zum Segeln, Surfen, Rudern und Paddeln. Angeln, Schwimmen, Reiten, Golfen sind nur einige der vielfältigen Freizeitbeschäftigungen im Naturpark. Angelfreunde können insbesondere an der Hunte und am Dümmer ihrem Sport nachgehen. Frei- und Hallenbäder, Reitmöglichkeiten, Tennisplätze und -hallen, ein Golfplatz usw. ergänzen das Programm der Spiel- und Sportmöglichkeiten im Naturpark.

Östlich des Sees liegt das Oppenweher Moor. Wander-/Bohlenwege erschließen diesen Naturraum. Einzigartig und faszinierend ist besonders die Heideblüte und das Wollgras. Die großen Waldgebiete der Dammer Berge und des Stemweder Berges erkunden Sie am besten auf einer Wanderung.

Im Naturparkgebiet ist ganzjährig eine ruhige, abwechslungsreiche Erholung möglich. Planwagenfahrten bilden besonders für Gruppen eine interessante Möglichkeit, beschaulich die Landschaft kennen zu lernen. Windmühlen prägten früher das Bild der Landschaft südöstlich des Dümmersees. Eine Bockwindmühle in Oppenwehe und eine Hofmahlmühle in Levern können insbesondere an den Mahl- und Backtagen der Westfälischen Mühlenstraße besichtigt werden.

Bild links: Schafherden in der Heide
Bild rechts: Wollgras

▶ Naturpark Eggegebirge und
südlicher Teutoburger Wald
Felix-Fechenbach-Str. 5
32756 Detmold
Tel. 05231/627944
Fax 05231/627942
naturpark@lippe.de
www.naturpark-suedlicher-
teutoburger-wald.de

Naturpark Eggegebirge und südlicher Teutoburger Wald

Eine Landschaft, wie geschaffen für interessante Wandertouren und Ausflüge. Neben vielen Sehenswürdigkeiten und kulturellen Highlights bietet unser Naturpark eine besonders reichhaltige landschaftliche Schönheit. Romantische Täler, stille Wälder und muntere Bäche laden zum Erkunden ein. Zwischen Bielefeld und dem Diemeltal erstreckt sich der Naturpark Eggegebirge und südlicher Teutoburger Wald am Ostrand der Senne entlang der Kämme der Egge und des Teutoburger Waldes. Überall am Wegesrand kann man neue Eindrücke sammeln: Moore, Seen, Wälder und Baumalleen, Wiesen und Felder.

Bild oben: Panoramablick vom
Gipfel des Velmerstot
Bild rechts: beliebtes Ausflugs-
ziel – die Externsteine

Besondere Anblicke:
das Galmeiveilchen (links)
und die Wildkatze

Das Wegenetz erschließt all die Naturschönheiten, die un-
sere Landschaft auszeichnen: Die Externsteine bei Horn –
eine monumentale, geheimnisumwitterte Felsengruppe aus
Sandstein, oder den Velmerstot, mit 468 Metern die höchste
Erhebung im Naturpark. Von dort hat man eine wundervolle
Aussicht über Egge und Teutoburger Wald. Bemerkenswert
sind weiter das romantische Silberbachtal bei Leopoldstal, die
Hardehauser Klippen, das Felsenmeer sowie der nördlichste
Vulkan Deutschlands bei Sandebeck.

Zu den kulturellen Höhepunkten zählen u. a. historische
Städte wie die alte Hansestadt Warburg, die Bischofsstadt Paderborn mit der Kaiserpfalz Karls des Großen, die Schlösser
und Burgen oder das 53 Meter hohe Hermannsdenkmal bei
Detmold. Einen interessanten Ausflug in die Vergangenheit
gestatten Besuche im nahe gelegenen Westfälischen Freilichtmuseum Detmold oder im Archäologischen Freilichtmuseum Oerlinghausen.

Sogar Sagen, Mythen und Geschichte werden im Naturpark
wieder lebendig. Beispielsweise in der Stadtwüstung Blan-
kenrode, in den Ruinen der Iburg oder in den zahlreichen alten Klöstern, so dass man neben dem Naturerlebnis auch aktives Erleben von Geschichte und Kultur genießen kann.

Ebenfalls nicht zu kurz kommen Gesundheit und Wellness
im Naturpark. Hierfür sorgen die bekannten Heilbäder Bad
Lippspringe, Bad Meinberg, Bad Hermannsborn und Bad
Driburg. Im Naturpark Eggegebirge und südlicher Teutobur-
ger Wald können in einer natürlichen Umwelt Körper und
Seele wieder regenerieren.

▶ Naturpark TERRA.vita
Am Schölerberg 1
49082 Osnabrück
Tel. 0541/5014217
Fax 0541/5014424
info@naturpark-terravita.de
www.naturpark-terravita.de

Naturpark TERRA.vita

Vom großen Weserbogen an der Porta Westfalica über Osnabrück bis zum Hahnenmoor im Artland, und von Bielefeld bis zum Wasserdreieck Mittellandkanal/Dortmund-Ems-Kanal in Hörstel erstreckt sich der Naturpark TERRA.vita. Hier können Sie die Seele baumeln lassen und sich Ihrer Sehnsucht nach Abwechslung vom Alltag hingeben. Prägend sind die bewaldeten Höhenzüge des Teutoburger Waldes, des Wiehengebirges, sowie die Parklandschaft des Osnabrücker Landes. Der Naturpark TERRA.vita gehört zu den wenigen Naturparken in Deutschland mit unterschiedlichen und daher abwechslungsreichen Landschaftsformen.

Er ist als erster deutscher Naturpark in das Europäische Geopark-Netzwerk aufgenommen worden. Die Themen Boden und Geologie verbinden die unterschiedlichen Landschaftsformen: ob Saurierspuren, Varusschlacht, Sole oder Seen. Aller Ursprung kommt aus der Erde. Dies ist der rote Faden von TERRA.vita.

Erleben Sie 300 Millionen Jahre Erdgeschichte an einem Tag. Der Naturpark TERRA.vita erstreckt sich in Form von zwei schmalen grünen Bändern über die Kämme des Teutoburger Waldes und des Wiehengebirges. Zu den bekanntesten Naturdenkmalen gehören die Saurierspuren bei Bad Essen-Barkhausen und die Bifurkation bei Melle-Gesmold. Großstein-

Wanderer bei der Rast
auf den Dörenther Klippen
bei Ibbenbüren

Blick auf das Kaiser-Wilhelm-Denkmal

gräber zeugen von der frühen Besiedelung des Raumes. So fand in der Kalkrieser Senke bei Bramsche die Varusschlacht im Jahr 9 n. Chr. statt. Im Osnabrücker Land finden sich viele mittelalterliche Burgen.

Typisch für die Landschaft sind die schönen traditionsreichen Fachwerkbauten. Zu den besonderen Sehenswürdigkeiten zählen die Dörfer und die reizvollen historischen Ortskerne mit ihren liebevoll restaurierten Fachwerkhäusern aus dem 17. und 18. Jahrhundert sowie Wasser- und Windmühlen. Der Naturpark lässt sich auf zahlreichen Wanderwegen, Radwegen oder auf dem Wasser entdecken. Sole-, Thermalsole- und Kneippheilbäder geben an zahlreiche Kurgäste die Heilkräfte der Natur weiter.

Auf den „TERRA.trails" lässt es sich gut radeln

Sauerland

▶ Naturpark Arnsberger Wald
Hoher Weg 1-3
59494 Soest
Tel. 02921/302251
Fax 02921/302394
michael.matysiak@kreis-soest.de
www.naturpark-arnsberger-wald.de

Naturpark Arnsberger Wald

Der Naturpark „Arnsberger Wald" befindet sich in reizvoller Lage am Südrand der westfälischen Bucht. Er wird im Norden durch den Haarstrang und im Süden durch das Ruhrtal begrenzt.

Ein insgesamt 650 Kilometer umfassendes Wegenetz lädt den Wanderer und Spaziergänger zu ausgedehnten Touren durch die sich voneinander abhebenden vier Landschaften – Haarstrang, Möhnetal, Arnsberger Wald und Arnsberger Ruhrtal – ein.

Neben dem Wald hat der Naturpark Arnsberger Wald auch noch eine magische Anziehungskraft für Wassersportler zu bieten. Mit dem Bau der Möhnetalsperre entstand 1913 der flächengrößte Stausee in Nordrhein-Westfalen. Durch die 40 Meter hohe und 650 Meter lange Sperrmauer im Ortsteil Günne kann der Möhnesee über 135 Millionen cbm Wasser fassen. Dieses Wasser dient nicht alleine nur der Wasserver-

Freizeitoase und
Naturschönheit: der Möhnesee

Damwild und alte Buchen

sorgung, sondern bietet darüber hinaus den Besuchern ideale Wassersportmöglichkeiten wie z.B. Angeln, Baden, Bootsvermietung, Floß fahren, Schifffahrt, Segeln, Surfen und Tauchen an.

Das Naturschutzgebiet „Hevearm und Hevesee der Möhnetalsperre" wird alljährlich für tausende Wasservögel zum „Paradies für gefiederte Gäste". Von der Naturpromenade auf der Hevehalbinsel aus können sich alle Vogelfreunde an dem Treiben der Haubentaucher, Blesshühner, Stock- und Reiherenten, Höckerschwäne, Graureiher, Kanadagänse und Kormorane erfreuen.

Der reiche Fischbestand des „Westfälischen Meeres" lässt übrigens nicht nur die Herzen der zahlreichen Angler höher schlagen und bereichert deren Speiseplan, sondern er ernährt auch mehrere fischfressende Vogelarten und trägt zu deren Erhaltung bei.

Waldlehrpfade im Bibertal (Rüthen) und an der Bilsteinhöhle (Warstein) geben Auskunft über die Besonderheiten des Waldes und informieren über interessante und liebenswerte Details. Der Naturpark unterhält darüber hinaus auch Rast- und Spielplätze mit ausgezeichneten Freizeitmöglichkeiten, wobei besonders die Stationen „Himmelpforten" (Ense), „Bibertal" (Rüthen), „Rabennest" (Kallenhardt), Waldspielplatz „Victoria" (Warstein) und „Am Evenkopf" (Eversberg) hervorzuheben sind.

Ein besonderes Bonbon für alle Besucher ist das Wildgehege an der Bilsteinhöhle in Warstein, wo Hobby-Geologen und -Biologen gleichermaßen auf ihre Kosten kommen. Zusätzlich sind dort ganzjährig verschiedene Veranstaltungen, Exkursionen, pädagogische Programme, Führungen und Fahrradverleih im Angebot.

▶ Naturpark Diemelsee e.V.
Südring 2
34497 Korbach
Tel. 05631/954322
Fax 05631/954377
info@naturpark-diemelsee.de
www.naturpark-diemelsee.de

Naturpark Diemelsee

Der Naturpark Diemelsee liegt im äußersten Nordwesten Hessens und ragt mit einem Drittel seiner Fläche in das angrenzende Bundesland Nordrhein-Westfalen hinein. Er ist Teil des Rothaargebirges, besser bekannt unter dem Namen Sauerland, mit seinen höchsten Erhebungen, Langenberg und Hegekopf (843 Meter ü. NN).

Große geschlossene Wälder bestimmen das Bild der Landschaft. Erst südöstlich des Diemelsees Richtung Korbach tritt der Wald zugunsten des Acker- und Grünlandes zurück. Die Hochheiden um Usseln und Willingen mit ihrer Tundrenflora zeugen noch heute von früheren Bewirtschaftungsformen. Verbindendes Glied ist das weithin unberührte Tal der Diemel, die den Naturpark von ihrer Quelle südlich Usseln in Richtung Norden durchfließt.

Mittelpunkt des Naturparks ist die in den Jahren 1920 bis 1924 zur Verminderung der Hochwassergefahr und zum Ausgleich der Wasserführung der Weser gebaute Diemeltalsperre mit dem 166 Hektar großen See. Seine Popularität verdankt er den vielfältigen Erholungsangeboten.

Unmittelbar am See liegt Heringhausen, eine Gründung Karls des Großen, dessen Basilika, romanisch wie auch die Kirchen in Rhena und Welleringhausen, zu den Sehenswürdigkeiten im Naturpark gehört.

Der geologisch interessierte Wanderer findet südlich der „Büller Höhe", wie übrigens auch in Rhena, sowie zwischen Adorf und Giershagen sehenswerte Gesteinsaufschlüsse. Devonische Schiefer, Quarzite, Mergel und Kalksandsteine bilden diese herbe, unruhig gekuppte Mittelgebirgslandschaft, die mit dem Eisenberg (562 Meter) westlich von Korbach eine geologische Besonderheit aufweist. Er ist der wohl einzige „Goldberg" in Deutschland, wie Untersuchungen erst in letzter Zeit wieder bewiesen haben. Allerdings haben die Fürsten zu Waldeck und Pyrmont die Goldbergwerke schon im Dreißigjährigen Krieg stillgelegt.

Eine große Zahl gut markierter Wanderwege, sowohl Fernwanderwege als auch Rundwanderwege, erschließen die Schönheiten der Landschaft, die durch den Wechsel zwischen Wald und Feld, Berg und Tal besticht. Im Sommer üben die

klaren Gewässer, insbesondere die Diemel und der Diemelsee, eine besondere Anziehungskraft auf Wassersportler und
Angler aus.

Viele Aussichtspunkte wie der Eisenberg oberhalb der Diemeltalsperre oder der St. Muffert oberhalb von Heringhausen gewähren einen weiten Blick über das Waldecker Land.
Aber auch dort, wo dichte Wälder den Ausblick verwehren,
wird die Wanderung im waldeckischen Upland zum unver-
gesslichen Erlebnis.

Wandern auf dem Uplandsteig

▶ Naturpark Ebbegebirge
Danziger Str. 2
57462 Olpe
Tel. 02761/81-280
Fax 02761/81-514
s_struck@kdz-ws.net
www.naturpark-ebbegebirge.de

Naturpark Ebbegebirge

Wer die Naturschätze des Sauerlandes hautnah erleben und genießen möchte, für den dürfte der Naturpark Ebbegebirge nicht nur einmal, sondern immer wieder und zu jeder Jahreszeit eine Reise wert sein.

Nur eine knappe Autostunde von den Ballungsgebieten an Rhein und Ruhr entfernt, zeigt sich das Sauerland von seiner schönsten Seite. Einzigartig ist das Zusammenspiel von Wald und Wasser. In den ausgedehnten Waldgebieten entspringen unzählige Quellbäche und bilden Lebensräume für eine einzigartige Tier- und Pflanzenwelt.

Neun Talsperren sichern nicht nur die Wasserversorgung der Ballungsräume im Ruhrgebiet, sondern bieten dem Besucher eine Vielzahl von Freizeit- und Erholungsmöglichkeiten. Somit bietet der Naturpark Ebbegebirge ideale Voraussetzungen für einen abwechslungs- und erlebnisreichen Ausflug oder Urlaub. Wandern, Fahrradtouren und Wassersport sind nur einige der zahlreichen möglichen Freizeitaktivitäten.

Burgen und Schlösser wie Bilstein, Schnellenberg oder Neuenhof zeugen von einer Territorialgeschichte, deren Auswir-

Abendstimmung am Biggesee

kungen bis heute spürbar sind. Zu den Attraktionen im Naturpark Ebbegebirge zählt neben den Talsperren, den verschiedenen Aussichtstürmen, Burgen und Wallburganlagen, Kirchen und Museen die weltbekannte Tropfsteinhöhle (Attahöhle) in Attendorn.

Wer eher dem handwerklich-industriellen Werdegang der Region nachspüren will, kann dies in verschiedenen Museen und Ausstellungen tun. Im Museum Wendener Hütte findet der Besucher beispielsweise die älteste noch erhaltene Holzkohlehochofenanlage Westeuropas.

Interessantes zu entdecken und zu erleben gibt es übrigens nicht nur für Erwachsene. In einer Region, die einst für ihren Kinderreichtum weit über die Grenzen Westfalens hinaus bekannt war, sind Familien mit Kindern stets herzlich willkommen.

Egal, welche Form der Erholung Sie bevorzugen: Im Naturpark Ebbegebirge können Sie sie finden, und das direkt vor der Haustür.

► Zweckverband
Naturpark Homert
Heinrich-Jansen-Weg 14
59929 Brilon
Tel. 02961/943223
Fax 02961/943255
naturparke@hochsauerland-
kreis.de
www.naturpark-homert.de

Naturpark Homert

Im nordwestlichen Teil des Sauerlandes gelegen, erstreckt sich der Naturpark Homert vom Lennetal im Westen bis zum Ruhrtalgebiet im Osten, von Lennestadt im Süden bis zur Stadt Hemer im Norden.

Die Kuppen und Rücken der Höhenzüge im Naturpark erreichen teilweise 600 Meter ü. NN. Die höchste Erhebung und Namensgeber des Parks ist die „Homert" mit 656 Metern. Die Vielfältigkeit der Landschaftsformen wird durch einen häufigen Wechsel von Wald, Acker- und Grünland unterstrichen. Der Wald nimmt insgesamt 56 Prozent der Gesamtfläche ein.

Besondere Anziehungspunkte für den Besucher sind u. a. der von den ausgedehnten Waldungen umgebene Stausee „Sorpesee", der Stausee „Hennesee" bei Meschede, der Esmecke-Stausee bei Wenholthausen und die Naturbühne Elspe. Zu den eindrucksvollen Natursehenswürdigkeiten zählen die

Waldimpression mit
verwunschener Eiche

Balver Höhle (größte Kulturhöhle Deutschlands) und die Reckenhöhle bei Balve.

Kenner schätzen das in weiten Teilen als Naturschutzgebiet ausgewiesene „Hönnetal", eine malerische Schlucht mit bizarren Klippen und Felswänden (sieben Jungfrauen, Klusenstein, Uhufelsen), mit einer bedeutenden Fischreiherkolonie und besonderer Flora, wie z. B. den ausgedehnten Märzenbecherbeständen im Frühjahr oder den Wacholder-Bergheiden.

Aber auch Kultur- und historisch interessierte Besucher finden hier mit Schlössern in Wocklum und Melschede (Balve), dem Schloss Laer bei Meschede, der Pfarrkirche St. Blasius in Balve, der St. Lambertus-Kirche in Neuenrade-Afflen, dem Kapuzinerkloster Brunnen oder dem Heimatmuseum Eslohe ein reichhaltiges Angebot.

Wandern und Naturerleben stehen in der Beliebtheitsskala der Besucher-Aktivitäten mit an oberer Stelle. Die sanfte Mittelgebirgslandschaft bietet dem Wanderer ein umfangreiches und sorgfältig markiertes Wegenetz. Ausgangspunkte von Rundwanderungen sind oft Wanderparkplätze des Naturparks, zum Teil mit Freizeiteinrichtungen der naturnahen Erholung (kleine Weiher, Liegewiesen, Waldlehrpfade, Grillplätze, Schutzhütten ...) kombiniert.

Bild links: Schroffe Felswand im Hönnetal
Bild rechts: Wacholdergebiet in Altenhellefeld

► Zweckverband
Naturpark Rothaargebirge
Heinrich-Jansen-Weg 14
59929 Brilon
Tel. 02961/943223
Fax 02961/943255
naturparke@hochsauerland-kreis.de
www.naturpark-rothaargebirge.de

Naturpark Rothaargebirge

Der Naturpark Rothaargebirge umfasst die reizvolle Mittelgebirgslandschaft zwischen der oberen Ruhr und der Lahn. Der nördliche Teil mit dem oberen Ruhrtal, den Ramsbecker Höhen, der Hunau, dem Astenmassiv und dem Rothaargebirge gehört zum Hochsauerland. Die südliche Hälfte schließt das Wittgensteiner Land und Teile des Siegerlandes sowie im Westen Teile des Süd-Sauerlandes ein.

Seinen Namen führt der Naturpark nach dem Rothaargebirge, das sich dem Astengebirge mit dem Kahlen Asten (841 Meter) in südwestlicher Richtung anschließt. Weite Hochflächen, Bergkuppen und -rücken mit den Quellen von Ruhr, Lenne, Eder, Lahn und Sieg, tiefe Täler, Senken und Mulden gliedern die Landschaft. Dunkles Grün der Fichtenforste wechselt mit helleren Buchenbeständen. Die höchsten Berge steigen auf über 843 Meter (Langenberg). Bekanntester Berg Westdeutschlands ist der „Kahle Asten" (841 Meter) mit dem Astenturm und dem Info-Zentrum des Naturparks.

Ein dichtes Netz von Wanderwegen durchzieht das Gebiet. 2001 ist mit dem „Rothaarsteig" ein neuer 156 Kilometer langer Kamm- und Höhenwanderweg entstanden. Besucher finden rund 180 Wanderparkplätze mit attraktiven Rundwegen, Lehrpfaden, Liegewiesen, Spiel- und Grillplätzen. Das Freizeitangebot reicht von Angeln über Gleitschirmfliegen, Golfen, Mountainbiking, Reiten, Segelfliegen bis hin zu Tennis.

Auf dem Rothaarkamm verläuft nicht nur die Wasserscheide zwischen Rhein und Weser. Er war auch Konfessions-, Sprach- und Territorialgrenze zwischen den ehemaligen Grafschaften Wittgenstein, Nassau-Siegen und dem kurkölnischen Sauerland.

Eine Vielzahl von Burgen, Schlössern, Klöstern und Kirchen sind Zeugen historischer Vergangenheit und Hüter eines reichhaltigen Kulturgutes. Die bedeutenden Beispiele sind u. a. das Kloster Grafschaft (1072), die Schlösser in Bad Berleburg und Bad Laasphe oder die Eisenstraße zwischen Lützel und Lahnhof. Unzählige Museen, malerische Altstädte teils in typischem Fachwerk und schmucke Dorfbilder künden vom Leben und Wirken vergangener Zeiten und laden dazu ein, diese hautnah zu erleben.

PARKS UND GÄRTEN

Ob Japanische, Botanische oder Chinesische Gärten, Schlossparks, Volksgärten oder Klosteranlagen, ob barocke Gartenarchitektur oder englische Landschaftsgestaltung, die Parks und Gärten in Nordrhein-Westfalen haben viele Gesichter. Mit altem Baumbestand, Zierbeeten, Springbrunnen und Orangerien bieten sie Naherholung pur und dazu in vielen Pflanzenschauhäusern noch allerlei Wissenswertes, von exotischen Gewächsen bis hin zu Gewürzpflanzen oder Heilkräutern.

Bergisches Land

▶ Kaiser-Wilhelm Allee
51373 Leverkusen
Öffnungszeiten:
tägl. 9-20 Uhr

Japanischer Garten

Der Japanische Garten in Leverkusen, heute Eigentum der Bayer AG, entstand 1912 als privater Garten des damaligen Generaldirektors der Farbenfabrik Friedrich Bayer & Co., Geheimrat Carl Duisberg. Der Japan-Fan Duisberg schuf den Garten mit fachmännischer Unterstützung bewusst nicht als strengen japanischen Garten, sondern durch die Einbindung landschaftlicher Elemente mit europäischem Einschlag.

▶ Elisenhöhe 1
42107 Wuppertal
Tel. 0202/5634207
Fax 0202/5638092
botanischergarten@stadt.
wuppertal.de
www.wuppertal.de

Botanischer Garten Wuppertal

Der Botanische Garten Wuppertal wurde 1890 als Schulgarten auf der Fläche des heutigen Rosengartens auf der Hardt angelegt. Er bietet nicht nur einen hohen Erholungs- und Freizeitschwerpunkt, sondern ist auch eine Bildungsstätte und Informationsquelle für alle am Pflanzenleben interessier-

Elisenturm im
Botanischen Garten
Wuppertal

ten Besucher. Aufgrund seiner artenreichen Flora und seiner spannungsreichen Topographie ist er besonders reizvoll.

Botanischer Garten Solingen

Der Botanische Garten Solingen bietet im Freiland Alpinum, Irisgarten, Wassergarten mit Teichanlage, Heidegarten, Bauerngarten, Staudengarten mit Heil- und Gewürzkräutern, Mauervegetation sowie eine Sichtungsfläche mit Zwiebelpflanzen und Sommerflor. Weiteres: ein Wildbienen- und ein Fühlpfad sowie eine Voliere mit Sittichen und ein Kleinkinderspielplatz. Neben dem Bromelien-, Sukkulenten-, Kakteen- und Orchideenhaus zeigt das Tropenhaus die Vielfalt der nicht winterharten Pflanzen.

▶ Vogelsang 2a
42653 Solingen
Tel. 0212/599820
botanischer-garten-solingen@
t-online
www.botanischer-garten-
solingen.de
Öffnungszeiten Freiland:
April bis September tägl.
ab 8 Uhr, Oktober bis März
tägl. ab 9 Uhr

Düsseldorf

Botanischer Garten Düsseldorf

Der Botanische Garten auf dem Universitätsgelände ist sieben Hektar groß und der Rundweg 1 200 Meter lang. Das halbkugelförmige Gewächshaus im Eingangsbereich hat sich zum Symbol für den Botanischen Garten entwickelt. Es wird als Kalthaus mit einer Wintertemperatur von 10-12°C betrieben und beherbergt Pflanzen aus Gebieten mit warmen, trockenen Sommern und regenreichen Wintern. Dem Besucher bieten sich nicht nur im Frühjahr die Blütenpracht des Mittelmeerraums und der Kanarischen Inseln (z. B. verschiedene Natternkopf-Arten), sondern auch während des gesamten Jahres exotische Gewächse ferner Kontinente mit ihren imposanten Blatt- und Fruchtformen.

▶ Heinrich-Heine-Universität
Düsseldorf
Universitätsstr. 1
40225 Düsseldorf
Fax 0211/8111760

Südpark

Der Südpark – ehemaliges Bundesgartenschaugelände 1987 – ist eine sehenswerte, vielfältig gestaltete Parkanlage von überregionaler Bedeutung. Es gibt Themengärten/Heckengärten: Duftgarten, Irisgarten, Garten in Weiß, Steingarten und das Rhododendrontal.

▶ In den großen Branden 60
40225 Düsseldorf

▶ Brehmstr.
40239 Düsseldorf

Zoopark

Der Zoopark stammt aus einer Zeit, in der die Stadtparks zum Lustwandeln angelegt wurden. Eine grüne Lunge mitten in der dicht besiedelten Stadt durfte schon aus Repräsentationsgründen nicht fehlen. Eine besondere Attraktivität stellte der bis zum Bombenangriff 1943 bestehende Tierpark dar. Er wurde mitsamt dem Zooviertel zerstört. Aufgebaut wurde der Zoo nicht mehr. Statt dessen wurde die Grünfläche mit den alten Strukturen und dem wertvollen Baumbestand erhalten.

▶ Ständehaus 1
40217 Düsseldorf

Park am Ständehaus

Ob man sich vom Einkaufsbummel ausruhen will, sich für moderne Kunst interessiert oder einfach nur auf einer Bank an einem der zwei Weiher entspannen will, in der Ständehausanlage ist man an der richtigen Stelle. Zur Schau der Europäischen Gartenregion EUROGA 2002plus wurde der Park nach den Plänen des Gartenarchitekten Maximilian Weyhe von 1819 wieder hergerichtet und das Ständehaus aufwändig saniert.

Köln / Bonn / Aachen

▶ Amsterdamer Str. 34
50735 Köln
Tel. 0221/560890
Fax 0221/5608926
Öffnungszeiten:
tägl. 8 Uhr bis Einbruch
der Dunkelheit

Flora und Botanischer Garten Köln

Die Vielfalt der Pflanzen, ihre Bedeutung für den Gartenbau und die Gestaltung, für Technik, Ernährung, Medizin sowie für Bau- und Textilwesen – das sind die Themen der 11,5 Hektar großen Gartenanlage im Kölner Norden, gemeinhin bekannt als „Die Flora". Ursprünglich zwei getrennte Gartenanlagen, sind sie seit 1920 vereinigt und stellen nun die Verbindung eines Gartendenkmals und eines Botanischen Gartens mit Pflanzenschauhäusern dar.

▶ Volksgartenstraße
50667 Köln

Volksgarten Köln

Der Volksgarten dient den Kölnern als Oase der Ruhe und Erholung. Der Park wurde als Teil der Neustadtplanung 1887-89 geschaffen. Im Mittelpunkt befindet sich der 5,5 Hektar große Teich.

Schloss Augustusburg

Parkanlage Schloss Augustusburg

Der Park von Schloss Augustusburg in Brühl, der zusammen mit den baulichen Anlagen bereits 1984 in die UNESCO-Liste des Weltkulturerbes der Menschheit aufgenommen wurde, stellt ein Denkmal der Gartenkunst von international anerkanntem Rang dar.

▶ Schlossstr. 6
50321 Brühl
Tel. 02232/42471
Fax 02232/43254
verwaltung@schlossbruehl.de
www.schlossbruehl.de
Öffnungszeiten:
tägl. 7-21 Uhr

Freizeitpark Rheinaue

Rund 40 Kilometer Wege, ein großer Auensee, der duftende Rosengarten, der Blindengarten, der Japanische Garten, Aufenthaltsmöglichkeiten für Groß und Klein sowie vielfältige Open-Air-Veranstaltungen laden zu Sport, Spiel, Spaß und Erholung ein.

▶ Ludwig-Erhard-Allee
53113 Bonn
bonninformation@bonn.de
www.bonn.de/rheinaue

Münsterland

▶ Schlossgarten 3
48149 Münster
Tel. 0251/8323827
Fax 0251/8323800
www.uni-muenster.de/
BotanischerGarten

Botanischer Garten Münster

Auf einer Fläche von 4,6 Hektar können Besucher 8 000
Pflanzenarten besichtigen und die Ruhe genießen. Der Garten ist in pflanzensystematische Bereiche, Sammlungs-,
Riech- und Tastgärten eingeteilt. Zusätzlich zu den Außen-
bereichen können die Besucher noch sechs der zehn Gewächshäuser besichtigen.

▶ Herrenstr. 9
59302 Oelde
Tel. 02522/72800
Fax 02552/72815
Öffnungszeiten:
tägl. 9-19 Uhr

Vier-Jahreszeiten-Park Oelde

Auf dem ehemaligen Gelände der Landesgartenschau 2001
erstreckt sich der Vier-Jahreszeitenpark in Oelde. Bis heute
gilt die dort veranstaltete Landesgartenschau als die erfolg-
reichste Gartenschau, die in Nordrhein-Westfalen ausgerichtet wurde. Der Park gliedert sich in die Aue, den Park und
die Gärten. Hier wurden Kernbereiche des ehemaligen Lan-
desgartenschaugeländes erhalten und weiterentwickelt.

Schlosslandschaft Museum Wasserburg Anholt

Die Gäste des Parks können bei einem Besuch die gelungene Verbindung von barocker Gartenarchitektur und englischer Landschaftsgestaltung betrachten. Beim Rundgang durch den Park können sie den Wassergarten, den Boskett, den Irrgarten und eine Wildwiese entdecken.

▶ 46417 Isselburg
Tel. 0274/45353
museum@fuerst-salm.de
www.fuerst-salm.de
Öffnungszeiten:
der Park ist ganzjährig
geöffnet

Gärten am Haus Welbergen

Imposante Solitärbäume und zahlreiche alte Rhododendren stehen in der weitläufigen Gartenanlage. Die meisten dieser Gewächse wurden im 19. und frühen 20. Jahrhundert gepflanzt. Haus Welbergen gilt besonders zur Stauden- und Rosenblüte als Besucherziel.

▶ Haus Welbergen
Bökerhook 6
48607 Ochtrup
Tel. 02553/1333
Öffnungszeiten:
Park und Garten sind
während des Tages
jederzeit zugänglich

Schlosspark Cappenberg

Zu Füßen von Schloss Cappenberg in Selm liegt der Schlosspark, früher Grünanlage des Prämonstratenserklosters, später Privatbesitz des preußischen Staatsministers Reichsfreiherr Karl vom und zum Stein. In der Zeit zwischen 1816 und 1831 ließ letzterer nicht nur die aus dem 12. Jahrhundert stammende Klosteranlage restaurieren, sondern auch den angrenzenden Park nach seinen eigenen Wünschen und Vorstellungen umgestalten. Es entstand ein Landschaftsgarten englischen Vorbildes mit einem 30 Hektar großen Tierpark, mehreren Teichanlagen und umfangreichem Baumbestand. Bemerkenswert dabei die Anpflanzung einer besonderen Buchenart, deren Bestand heute zu den ältesten in ganz Deutschland zählt, sowie die alte Platane im Schlosshof.

Im Tiergehege kann man Damwild, Rotwild und Schafe beobachten, Kindern steht ein Spielplatz zur freien Verfügung. Nach Besichtigung der Schlossanlage lädt das Café im Wildpark zur Erholung ein.

▶ Freiherr-vom-Stein-Str. 27
59379 Selm

Schloss Moyland

Niederrhein

► Am Schloss 4
47551 Bedburg-Hau
Tel. 02824/951060
Fax 02824/951099
info@moyland.de
www.moyland.de
Öffnungszeiten:
Di-Fr 11-18 Uhr,
Sa/So 10-18 Uhr

Garten von Schloss Moyland

Barocke Gartenelemente wie das Alleen- und Grabensystem
bestimmen noch heute die Grundstruktur des Gartens. Der
Kräutergarten in der Parkanlage von Museum Schloss Moyland ist eine besondere Sehenswürdigkeit. Er beinhaltet mehrere hundert Pflanzenarten und bietet einen Querschnitt
durch die Geschichte der Kräuter-, Heil-, Nutz- und Duft-
pflanzen von der Antike bis heute.
Stiftung Museum Schloss Moyland

► Abteiplatz
47475 Kamp-Lintfort
Tel. 02842/4041
www.kloster-kamp.de

Barocker Terrassengarten Kloster Kamp

Von eigentümlicher Schönheit erscheint dem Betrachter der
barocke, gezirkelte Terrassengarten von Kloster Kamp. Um
ca. 1700 am Südhang des bereits 1123 gegründeten Zister-
zienserklosters angelegt, verwilderte der prächtige Garten

zum Ende des 18. Jahrhunderts und wurde schließlich 1802 nach Auflösung des Klosters zerstört. Erst Mitte des 20. Jahrhunderts wurde das gesamte Areal wieder instand gesetzt, auch die Gartenanlage ist seit ihrer Restaurierung in den Jahren 1986 bis 1990 wieder für die Öffentlichkeit zugänglich. Als Beinamen trägt der Garten die Bezeichnung „Sanssouci am Niederrhein", da man vermutet, dass das berühmte gleichnamige Schloss in Potsdam auf das Vorbild von Kamp zurückgeht. Zur Gartenanlage gehören neben bepflanzten Terrassen und Zierbeeten, geometrisch geordneten Baum- und Buschreihen, den beiden Springbrunnen und den dominierenden Rasenfeldern auch zwei Orangerien am Fuße des Treppenaufgangs: In der östlichen dokumentiert eine Dauerausstellung die Baugeschichte des Terrassengartens, während in der westlichen Orangerie Wechselausstellungen stattfinden.

Kloster Kamp

Botanischer Garten Krefeld

▶ Am Schönwasserpark
47809 Krefeld
Tel. 02151/540519
Fax 02151/548335
botanischer.garten@krefeld.de
Öffnungszeiten:
tägl. 8-18 Uhr

Botanischer Garten Krefeld

Am Rande des Schönwasserparks im Krefelder Ortsteil Oppum liegt der Botanische Garten, der sich um 1928 aus einem kleinen Schulgarten entwickelte. Heute wachsen im Botanischen Garten auf einer Fläche von 3,6 Hektar rund 5 000 Pflanzenarten in wissenschaftlichen Abteilungen und Themengärten.

▶ Stiftung Schloss Dyck
41363 Jüchen
Tel. 02182/8240
Fax 02182/824110
info@stiftung-schloss-dyck.de
www.Stiftung-schloss-dyck
Öffnungszeiten Park:
tägl. 10-18 Uhr

Parkanlagen Schloss Dyck

Auf Schloss Dyck können Besucher gartenkünstlerische Entwürfe von vor 200 Jahren mit aktueller Landschaftsarchitektur vergleichen. Dem englischen Landschaftsgarten stehen die zeitgenössischen Themengärten auf dem sogenannten Dycker Feld unmittelbar vor der Schlossanlage gegenüber.

Ostwestfalen-Lippe

▶ Am Kahlenberg 16
33617 Bielfeld
Tel. 0521/513178
www2.guetersloh.de

Botanischer Garten und Stadtpark Gütersloh

Der Gütersloher Stadtpark liegt unmittelbar am Rande der Innenstadt. Anfang des Jahrhunderts angelegt, zählt er mit dem Botanischen Garten heute zu den schönsten Anlagen in Ostwestfalen. Die klare Gliederung, die abwechslungsreiche

Darstellung verschiedenster Grün- und Pflanzenbereiche und nicht zuletzt sein Erholungswert über das ganze Jahr hinweg machen ihn so beliebt. Die Gehölzränder, der Hecken- und Farbgarten, der Steingarten und der Mediterrane Garten, sowie Beete mit Prachtstauden und die Frühjahrsblumenwiese zeigen die unterschiedlichen Lebensbereiche des Botanischen Gartens.

Botanischer Garten Bielefeld

Der Botanische Garten Bielefeld ist ein beliebtes Ausflugsziel nahe der Innenstadt. Umfang der Pflanzensammlung und vielfältige Gartengestaltungselemente reizen auch den nicht unmittelbar botanisch Interessierten zu einem Besuch. Zahlreiche, zum Teil auch exotische Pflanzenarten bieten dem Spaziergänger ein abwechslungsreiches Bild. Im Zentrum des Botanischen Gartens steht ein altes Fachwerkhaus aus dem Jahre 1823.

▶ Am Kahlenberg 16
33617 Bielefeld
Tel. 0521/513178
Botanischer.Garten@
bielefeld.de
www.bielefeld.de
Öffnungszeiten:
tägl. rund um die Uhr

Neuhäuser Schlosspark

Das Areal rund um das Weserrenaissanceschloss Neuhaus lockt mit einem prunkvoll restaurierten Barockgarten, saisonaler Blumenpracht, wirkungsvoll arrangierter Natur und romantischen Themengärten.

▶ Marstallstr. 10
33104 Paderborn
Tel. 05254/80192
Fax 05254/80199
schlosspark.lippesee@
paderborn.de
www.schlosspark-paderborn.de

Palaisgarten Detmold

Der am Rande der Detmolder Altstadt gelegene Landschaftspark Palaisgarten entstand 1851 aus der Umgestaltung eines barocken Gartens am Neuen Palais (heute Musikhochschule) des lippischen Fürstenhauses. Charakteristisch für die Anlage sind weite Wiesenräume sowie die zahlreichen fremdländischen Baumarten wie Blut- und Hängebuchen, Sumpfzypressen und zwei Mammutbäume. Eine weitere Besonderheit sind die zwischen 1851 und 1858 geschaffenen Brunnen und Wasserspiele, die alle noch erhalten sind.

▶ An der Hochschule für
Musik Neustadt
32760 Detmold
Tel. 05231/977328
www.ostwestfalen-lippe.de

Chinesischer Garten

Ruhrgebiet

Botanischer / Chinesischer Garten

▶ Universitätsstr. 150
44789 Bochum (Zugang auch
von der Straße Im Lottental)
Tel. 0234/32-23098
Fax 0234/32-14423
www.boga.ruhr-uni-bochum.de
Öffnungszeiten:
Freiland: April bis September
9-18 Uhr, Oktober bis März
9-16 Uhr; Chinesischer Garten:
April bis September 9-18 Uhr,
Oktober bis März 9-16 Uhr;
spezielle Öffnungszeiten für
einzelne Schaugärten und die
Pflanzenhäuser

Wer sich für die faszinierende Vielfalt der Pflanzen interessiert, der ist im Botanischen Garten der Ruhr-Universität Bochum genau richtig. Hier finden nicht nur Studierende einen geeigneten Raum für ihre fachbezogenen Untersuchungen,
auch jeder Besucher von auswärts kann sich hier seine Zeit
vertreiben und dabei über die Besonderheiten der Flora informieren. Gewächshäuser, Tropen-, Savannen- und Wüsten-
haus sowie ein Freilandlaboratorium informieren über die
Entwicklungsgeschichte der Pflanzenwelt von der Eiszeit bis
heute. Eine besondere Attraktion ist der Chinesische Garten,
aufgebaut in Zusammenarbeit mit der Tongji-Universität
Shanghai, der den Besucher auf verschlungenen Pfaden, an
kleinen Pavillons und künstlichen Teichflächen vorbei, in das
ferne Asien entführt. Innerhalb dieses exotisch-idyllischen

Botanischer Garten Bochum

Geländes liegt der „Quian Yuan" – der Garten der Dichter und Gelehrten, ein Hausgarten im original südchinesischen Stil, der in der Bundesrepublik einzigartig ist.

Rombergpark

Im Stadtteil Brünninghausen in Dortmund liegt, nördlich des städtischen Tierparks, der Botanische Garten Romberg-park. Seine Anfänge reichen bis weit ins 19. Jahrhundert zu-rück, als die Familie von Romberg 1822 den Herrensitz Brünninghausen durch eine Schlossanlage ersetzen und im Zuge dieser Umbaumaßnahmen eine Gartenanlage errichten ließ, in die 1927 der Botanische Garten integriert wurde. Wie so viele andere Gärten dieser Zeit wurde auch der Romberg-park im Stil des englischen Landschaftsparks gestaltet. Charakteristisch für diese Stilrichtung ist nicht nur die idyllisch anmutende Gesamtgestaltung des Parks, sondern auch sein artenreicher und aufgrund seltener Exemplare wertvoller Pflanzen- und Baumbestand. Eine dieser besonderen Baum-arten ist zum Wahrzeichen des Botanischen Gartens geworden: Das Blatt des Tulpenbaums steht heute als Symbol für Exotik und Rarität. In Fachkreisen spricht man in Bezug auf den Baumbestand des Rombergparks von einer der bedeu-tendsten Gehölzsammlungen Europas. Einige der Bäume sind immerhin schon mehr als 170 Jahre alt, und ihre Größe ist einzigartig in Nordrhein-Westfalen! Besuchen sollte man in jedem Fall auch die Pflanzenschauhäuser, die auf einer Flä-che von 1 000 Quadratmetern unter Glas Exotisches und Tro-pisches aus der Welt der Flora bieten. Teichanlagen, Prome-nadenwege, Kinderspielplatz, Hotel, Restaurant und das Café Orchidee tragen zum Erholungswert dieses Stadtparks bei.

▶ Am Rombergpark
44225 Dortmund
Tel. 0231/50-24164
Fax 0231/50-24163
botanischer-garten@
dortmund.de
www.rombergpark.dortmund.de
Öffnungszeiten:
ganztägig; spezielle Öffnungszeiten für einzelne Schaugärten und die Pflanzenhäuser

Im Februar 2006 wurde der Botanische Garten Romberg-park als geschütztes „Baudenkmal" in die offizielle Denkmal-schutzliste eingetragen.

► An der Buschmühle 3
44139 Dortmund
Tel. 0231/50-26100
Fax 0231/50-26111
westfalenpark@ dortmund.de
www.westfalenpark.de
Öffnungszeiten:
tägl. 9-23 Uhr, Infos zu
Führungen an Wochenenden
s. Westfalenparkbüro

Westfalenpark

Sein Entstehen verdankt der Westfalenpark, heute beliebtes Freizeit- und Erholungsgebiet der umliegenden Region, der Bundesgartenschau aus dem Jahre 1959. Seither ist der Park zwei weitere Male, 1969 und 1971, Schaustätte von Bundes-gartenschauen geworden. Alle hatten Erweiterungen und Er-gänzungen des Geländes zur Folge, so dass sich der Park heute auf einer Größe von 70 Hektar präsentiert.

Im Zentrum steht der 220 Meter hohe, 1999 restaurierte Fernsehturm „Florian", Wahrzeichen der Stadt Dortmund.

Der Westfalenpark aus der Vogelperspektive

In seiner Turmspitze befindet sich ein Drehrestaurant sowie eine Aussichtsplattform, von der aus man einen schönen Blick auf das Parkgelände und die Stadt gewinnt. Wer lieber festen Boden unter den Füßen hat, dem wird im Westfalenpark einiges geboten: Prächtige Staudengärten, fremdländische Gewächs- und Baumarten, Teichanlagen, Wiesenflächen, Wasserspielplätze und das Deutsche Rosarium mit über 3 000 Rosenarten laden zum Betrachten und Verweilen ein. Wer das Gelände nicht zu Fuß abwandern möchte, kann mit der Schienenkleinbahn fahren, per Tretboot oder Floß die Gegend erkunden oder sich von einem der acht gastronomischen Betriebe verwöhnen lassen. Im Winter kann man auf den zugefrorenen Wasserflächen eislaufen und auf einer eigens angelegten „Park-Loipe" sogar langlaufen. Für die Kleinen bietet das Regenbogenhaus Zauberkünste sowie Theater- und Märchenaufführungen. Ganzjährig finden im Park Veranstaltungen verschiedenster Art statt, darunter Festivals und Konzerte, aber auch Baum-, Rosen- und Duftführungen.

Botanischer Garten Kaiserberg

Ganz in der Nähe des Duisburger Zoos liegt der Botanische Garten Kaiserberg. Bereits 1891 wurde er nach einjährigen Arbeiten eröffnet und ist bis heute in seiner ursprünglichen Form nahezu vollständig erhalten. Hier können nicht nur Pflanzenkundige eine Menge über Herkunft, Art und Funktion verschiedenster Pflanzensorten erfahren, sondern auch der Laie kann sich über die heimische und fremdländische Flora informieren. Mehrere Beete geben Einblick in Gewürzpflanzen, Heilkräuter oder Giftpflanzen, ein naturnaher Hausgarten mag Anregungen geben für das eigene Heim. Der Lehrgarten hat insgesamt zwar nur eine Größe von ca. zwei Hektar, bietet aber dennoch mehrere tausend Pflanzen, eine Teichanlage sowie ein Gartenrestaurant mit Biergarten. Wer nach einem Spaziergang durch den Garten noch etwas mehr Bewegung haben möchte, kann sich im nahegelegenen Duisburger Stadtwald ausreichend betätigen.

▶ Schweizer Str. 24
47058 Duisburg
Tel. 0203/283-5216
Öffnungszeiten:
tägl. 8 Uhr bis Einbruch der Dunkelheit

▶ Hügel 15
45133 Essen
Tel. 0201/61629-0,
Fax 0201/61629-11
(Kulturstiftung Ruhr)
office@villahuegel.de
www.villahuegel.de
Öffnungszeiten:
Hügelpark: tägl. 8-20 Uhr,
Hauptgebäude und Dauer-
ausstellungen: Di-So 10-18
Uhr, Sonderausstellungen auf
Anfrage, Führungen:
Tel. 0201/ 61629-17
info@villahuegel.de

Hügelpark der Villa Hügel

In malerischer Umgebung, direkt am Baldeneysee zwischen Stadtwald und Kruppwald, liegt das Parkgelände der Villa Hügel, einst Wohnsitz der Industriellenfamilie Krupp, heute durch international renommierte Ausstellungen Zentrum für Kunst und Kultur. Der Park steht in seiner mondänen Gestaltung dem Herrensitz in nichts nach: Alfred Krupp, Begründer des Familienimperiums, ließ in dreijähriger Bauzeit zwischen 1870 und 1873 eine Gartenanlage errichten, in der er seine Träume von einem großzügigen und weitläufigen Park verwirklicht sah. Viel Aufwand wurde betrieben, um diesen Vorstellungen gerecht zu werden. So wurden z. B. mehrere Baumverpflanzungswagen nach französischem Vorbild gebaut, um die zum Teil fünfzig Jahre alten Bäume, die aus der umliegenden Gegend ausgesucht und in den neuen Park verpflanzt werden sollten, transportieren zu können. Ganze Alleen wechselten auf diese Weise ihren Standort! Dazu zählten hauptsächlich Eichen, Linden, Buchen, Kastanien und Ulmen. Um die Jahrhundertwende kamen seltene und exotische Bäume und Pflanzen hinzu. Der Hügelpark zählt deshalb heute zu einer der bedeutendsten Gartenanlagen Deutschlands und wird gerne von Spaziergängern und Erholungssuchenden aufgesucht.

▶ Virchowstr. 167a
45147 Essen
Info-Tel. 0201/ 8883-106
info@grugapark.essen.de
www.grugapark.de
Öffnungszeiten:
tägl. 9 Uhr bis Einbruch
der Dunkelheit

Grugapark

Der Grugapark Essen entstand aus der „Großen Ruhrländischen Gartenbauausstellung", genannt Gruga, zwischen 1927 und 1929. Mehrere Gartenbauausstellungen folgten, sie alle hatten Erweiterungen und Umgestaltungen des Geländes zur Folge.

Mit seinen 700 000 Quadratmetern gehört der Grugapark mittlerweile zu den größten Freizeitparks Europas. Das Angebot für die Besucher ist riesig: Tropenhaus, Botanischer Garten, Kneippgarten, Garten der Sinne, Orangerie, Bonsaihaus, Wasserspiele und Wasserfall, Gewächshäuser, Teichanlagen, weitläufige Wiesenflächen, mehrere gastronomische Betriebe sowie die größte Nadelgehölzsammlung Europas laden zum Entspannen, Erholen und Entdecken ein. Dazwi-

Grugapark

schen immer wieder farbenprächtige Blumenbeete mit Dah-
lien, Rosen und vielen weiteren Arten, durch die der
Grugapark als „Blumenwunder an der Ruhr" in ganz Deutschland bekannt wurde.

Aber nicht nur die Flora ist vertreten, auch die Fauna nimmt
im Park einen großen Platz ein: Zahlreiche Vogelvolieren, darunter Deutschlands größte Vogel-Freiflughalle, ein Damwild-
gehege, ein Bienen-Lehrstand sowie ein Kleintierpark ziehen
das Interesse der Besucher auf sich. Für die Kleinen ist ebenfalls gesorgt: Farbenterrasse, Badegarten, Ponyreitbahn, Ver-
kehrsspielplatz, Modellbootbecken sowie mehrere Spielplätze
sind nur einige von vielen Angeboten. Wer es sportlich mag,
hat im Grugapark ausreichend Gelegenheit dazu: Rollschuhbahn, Minigolfplatz, Großschachanlage, Volleyball, Tennis
und Tischtennis sind hier möglich. Im angrenzenden Gruga-
bad kommen Schwimmbegeisterte auf ihre Kosten. Im Sommer finden im Park Ausstellungen, Konzerte sowie zahlreiche
Sonderaktionen statt. Wer sich einen Überblick über das Parkgelände verschaffen will, der sollte entweder mit der ca. drei
Kilometer langen Grugabahn gemütlich durch die Anlage
rollen oder auf den 30 Meter hohen Grugaturm fahren; Die
Aussicht von oben ist wahrhaft beeindruckend.

Schlosspark Berge

► Adenauer-Allee
45894 Gelsenkirchen-Buer
Tel. 0209/17740
Fax 0209/1774299
info@schloss-berge.de
www.schloss-berge.net

Schlosspark Berge

Die Geschichte von Schloss Berge lässt sich bis ins 13. Jahrhundert zurückverfolgen. Danach wanderte der Herrensitz durch die Hände mehrerer Adelsfamilien, bis schließlich 1924 die Stadt Buer das Anwesen kaufte und umfangreich renovieren ließ. Im Zuge dieser Sanierungsarbeiten bekam nicht nur die barocke Schlossanlage einen Neuanstrich, sondern auch der Garten in französischem Stil wurde mit viel Liebe zum Detail neu angelegt. So sind bspw. auch heute noch zwei Sandsteinfiguren aus dem 18. Jahrhundert zu sehen, die schon damals zur Parkanlage gehörten. Zahlreiche Blumenbeete, die im Frühjahr und Sommer ihre Farbenpracht entfalten, wechseln sich ab mit akkurat geschnittenen Hecken und Hainen. Der an den Barockgarten angrenzende Landschaftsgarten englischen Stils wurde ebenfalls im Hinblick auf seine ursprüngliche Gestalt neu bearbeitet. Er ist um ein Jahrhundert älter und beherbergt deshalb einen wertvollen alten Baumbestand, darunter Kastanien, die mehr als 200 Jahre alt sind. An Teichanlagen vorbei führen verschlungene Pfade und Wege den Spaziergänger zu idyllisch anmutenden Plätzen. Zur Rast kehrt man ein im Café-Restaurant im Schloss, das eine erstklassige Küche besitzt. Am angrenzenden Berger See findet alljährlich das Sommerfest mit Feuerwerk statt, in der übrigen Jahreszeit kann man hier Kanufahrten unternehmen.

Garten der Villa Hohenhof

In den Jahren 1906-1908 wurde im Auftrag des Hagener Kulturreferenten Karl Ernst Osthaus die Villa Hohenhof gebaut. Der belgische Architekt Henry van de Velde war für die Gestaltung des im Jugendstil errichteten Wohnhauses sowie für die dazugehörige Gartenanlage zuständig. Haus und Garten sollten nach seinen Vorstellungen eine Einheit bilden, der geometrische Grundriss des Hauses spiegelt sich in der geometrischen Form des Gartens wider.

Dieses streng nach architektonischen Gesichtspunkten zugrunde gelegte Gestaltungsprinzip, in dem die Bepflanzung nur eine untergeordnete Rolle spielte, ließ den Park jedoch nüchtern und schmucklos erscheinen. Osthaus engagierte deshalb einen Gartenarchitekten, der die Grünanlage durch sein abwechslungsreiches Pflanzkonzept ansprechender gestaltete: In den Jahren nach 1913 entstanden so z.B. Frühlings- und Herbstgärten, ein Birkenhain, ein Rhododendronweg sowie ein Rosengarten. Leider verblieben Osthaus nur noch wenige Jahre, um seinen Villengarten zu genießen: Er verstarb 1921. Die Villa diente in den folgenden Jahrzehnten unterschiedlichen Zwecken, wobei der Garten nach 1960 mehrfach umgewandelt wurde. Pläne der Stadt Hagen, das gesamte Areal im Sinne seiner früheren Konzeption zu restaurieren, wurden bereits in Teilen verwirklicht. In den Räumen der Villa befindet sich heute eine ständige Ausstellung zum „Hagener Impuls".

▶ Stirnband 10
58093 Hagen
Tel. 02331/207-3138
Fax 02331/207-402,
keom@hagen.de
www.keom.de
Öffnungszeiten Ausstellung:
Di-So 11-18 Uhr

Garten der Villa Hohenhof

Schloss Herten

▶ Im Schloßpark
45699 Herten

Schlosspark Herten

Burg Herten, 1376 erstmals urkundlich erwähnt und 1520 zu einem spätgotischen Wasserschloss umgebaut, zählt mit Schlosspark und Schlossgarten zu einer der beliebtesten Kultur- und Freizeitstätten im Kernland des Ruhrgebietes. Die Arbeiten zur Gestaltung des Parkgeländes begannen bereits 1715, als französische Stilelemente prägend waren. Der das Schloss umgebende Wald ist trotz Eingriffen des Menschen ein naturnaher Lebensraum geblieben, der seltene Tier- und Pflanzenarten beherbergt. Mehrere Quellen durchziehen das Gelände. Zusammen mit dem nahe der Oberfläche gelagerten Grundwasser kommt es nicht selten zur Durchnässung des Waldgebietes. Ursprünglich war der Schlosswald Teil eines größeren Waldgürtels entlang der Emscher, in dem Eichen- und Buchenwälder beheimatet waren. Später kamen durch Aufforstungen von Nadelbäumen und Pappeln andere Vegetationsformen hinzu, die das ehemalige Landschaftsbild veränderten, aber nicht verdrängen konnten. Heute dient der Schlosswald mit angrenzendem Park als Naherholungsgebiet mit einem abwechslungsreichen kulturellen Angebot, so z. B. dem international anerkannten Weltmusikfestival, dem der Park ein passendes Ambiente bietet.

Schlosspark Broich und MüGa-Park

▶ Am Schloss Broich
45479 Mülheim an der Ruhr

Rund um die mittelalterliche Wehranlage Schloss Broich entstand 1992 das Zentrum der Landesgartenschau der Stadt Mülheim, Mülheims Garten an der Ruhr, kurz MüGa genannt. Schloss Broich, dessen Ursprünge bis ins 9. Jahrhundert zurückreichen, bietet eine wunderbare Kulisse für die herausragenden gartenarchitektonischen Gestaltungselemente, die hier umgesetzt wurden. Botanische Gärten, großzügige Grünflächen und Spielwiesen wechseln sich ab mit Teichanlagen, Tümpeln, Brunnen und Pavillons. Kinder können sich auf den Wasser-, Matsch- und Abenteuerspielplätzen austoben oder anhand von Versuchsgeräten (z. B. Prismen) physikalische Besonderheiten erproben. Im nordwestlichen Teil des Geländes, unterhalb des Wasserturms, in dem sich heute das Museum zur Vorgeschichte des Films mit der Camera Obscura (einzige begehbare Kamera der Welt!) befindet, sind zahlreiche Lehrgärten angelegt, einige davon wurden von Mülheims Partnerstädten Darlington, Tours, Oppeln und Kfar Saba gestaltet. Wer noch mehr über die heimische Natur erfahren möchte, kann den sogenannten „Fossilienweg", ehemals Teilstück der Ruhrtalbahn, beschreiten, der vom Schlosspark hinunter zur Ruhr führt. Der geologische Lehrpfad gibt eine Übersicht über Fossilien aus der Kreidezeit, die hier und andernorts gefunden wurden. Kultur- und Kunstinteressierten bieten das Schloss Broich sowie das angrenzende Kulturzentrum „Ringlokschuppen" Museum, Theater- und Konzertaufführungen mit großem gastronomischen Bereich.

Schlosspark Broich

Schattige Plätze

Egal, wie heiß der Sommer auch werden wird – bei einem Ausflug in die Höhlenwelt sollte man sich warm anziehen, denn meist herrschen Temperaturen unter zehn Grad Celsius. Man kann „unter Tage" nicht nur an Führungen teilnehmen oder märchenhafte Tropfsteinformationen bewundern. In den Höhlen reift Käse, es finden Kabarettabende und Rockkonzerte statt oder man kann sich dort sogar trauen lassen. Und für Allergiker bieten die Höhlen etwas ganz Besonderes: Sie sind quasi pollenfrei.

Bergisches Land

Aggertalhöhle

▶ 51766 Engelskirchen-
Ründeroth
Tel. 02263/70702
www.aggertalhoehle.de
Öffnungszeiten:
Do-So 10-17 Uhr

Die Aggertalhöhle ist mit 1 071 Metern Gesamtlänge die längste Höhle im Rheinland. Der Gesamthöhenunterschied in der Höhle beträgt 31 Meter. Der Führungsweg selbst hat eine Länge von 270 Metern mit einem Höhenunterschied von ca. zehn Metern und ist gut zu begehen. Es gibt keine steilen und beschwerlichen Ab- und Aufstiege. Teile des Führungsweges sind auch mit dem Rollstuhl zu befahren. Der gesamte Führungsweg ist beleuchtet. In der Höhle herrscht ganzjährig eine Temperatur von 6° bis 8°C – daran sollte man im Sommer denken. Warme Kleidung ist angebracht.

Ruhrgebiet

Kluterthöhle

▶ Gasstr. 10
58256 Ennepetal
Tel. 02333/98800
Fax 02333/73373
info@kluterthoehle.de
www.kluterthoehle.de
Öffnungszeiten:
tägl. 10-17 Uhr

Wer von „unter Tage" hört, denkt wohl als erstes an Kohlestollen, Schächte, dicke Luft und jede Menge Lärm. Doch es gibt auch noch ein ganz anderes „unter Tage", eines, in dem viel Ruhe herrscht und die Luft angenehm rein ist.

So rein sogar, dass sie auf den menschlichen Organismus eine heilende Wirkung ausübt. Gemeint ist die Kluterthöhle in Ennepetal, eine der größten Natur- und Schauhöhlen Deutschlands mit 360 Gängen und, nach bisherigem Stand

Kletterabenteuer in der Kluterthöhle

der Vermessungen, von fast 5 500 Metern Länge, mit einer Höhendifferenz von ca. 35 Metern. In der Höhle, die vor mehreren Mio. Jahren entstanden ist, befinden sich unterirdische Seen, Bäche, Fossilien und mehr als 100 verschiedene Tierarten. Seit den 1950er Jahren ist die Kluterthöhle ein anerkanntes klimatisches Heilzentrum, nachdem festgestellt worden war, dass besonders Asthmatiker nach längerem Aufenthalt in der Höhle eine spürbare Linderung ihrer Atemnot erfuhren. Auch bei Heuschnupfen, Keuchhusten und Hautallergien konnte eine ähnlich heilende Wirkung beobachtet werden. Auslöser ist die sehr hohe relative Luftfeuchtigkeit in der Höhle sowie das Fehlen von Pollen und Sporen. Seit 1996 befindet sich in Reichweite der Höhle ein Therapiezentrum.

Ein besonderes Angebot sind die Erlebnisführungen. Diese Touren gehen überwiegend durch unbeleuchtete Gänge. Nur mit Taschenlampe und Helm ausgerüstet werden Kinder (ab acht Jahre), Jugendliche und Erwachsene abseits des normalen Führungsweges durch die Höhle geführt. Auf dieser speziellen Route muss teilweise geklettert oder auf dem Bauch liegend durch Engstellen gekrochen werden. Die Führung dauert ca. 1,5 Stunden. Alte Kleidung und Gummistiefel werden dringend empfohlen.

Die Kluterthöhle ist öffentlich zugänglich, Führungen finden täglich statt.

Sauerland

Bilsteinhöhle

Eine der bedeutendsten Tropfstein-Schauhöhlen Deutschlands befindet sich zusammen mit einem großen Wildpark im Warsteiner Bilsteintal. Die Führungen in dem 400 Meter langen zur Besichtigung ausgebauten Teil der Bilsteinhöhle mit zahlreichen märchenhaften Tropfsteinformationen sind ein Erlebnis für Jung und Alt.

▶ Im Bodmen 52
59581 Warstein
hoehle@warstein.de
www.hoehle-warstein.de
Öffnungszeiten:
tägl. 9-17 Uhr

► Felsenmeerstr. 32
58657 Hemer
Te. 02372/61549
info@hiz-hemer.de
www.heinrichshoehle.de
Öffnungszeiten:
tägl. 10-18 Uhr

Heinrichshöhle

Die Heinrichshöhle ist eine im Hemeraner Stadtteil Sundwig gelegene Tropfsteinhöhle mit ausgeprägten Flusshöhlenprofilen und über 20 Meter hohen Klüften und Spalten. Auf über 300 Metern Länge ist die Höhle als Schauhöhle ausgebaut und mit elektrischer Beleuchtung versehen, so dass sie bequem besichtigt werden kann. Berühmt ist die Höhle insbesondere wegen der reichhaltigen Knochenfunde eiszeitlicher Tiere. Eine Besonderheit ist ein komplett montiertes, 2,35 Meter langes Höhlenbärenskelett.

Heinrichshöhle

► Finnentroper Str. 39
57439 Attendorn
Tel. 02722/93750
Fax 02722/93725
info@atta-hoehle.de
www.atta-hoehle.de
Öffnungszeiten:
tägl. 9.30-16.30 Uhr

Atta-Höhle Attendorn

Hunderttausende steigen jährlich durch den 80 Meter langen Zugangsstollen hinunter in die farbenprächtige Welt von Stalaktiten, Stalagmiten und Stalagmaten in der Atta-Höhle. Sie stellt das größte zusammenhängende Höhlensystem Deutschlands dar. Die Atta-Höhle ist nicht nur wegen ihrer Tropfsteingebilde einmalig. In der Höhle reift Deutschlands einziger Höhlenkäse.

300 bis 400 Käselaibe lagern auf Vorrat in der Höhle. Sie werden einmal pro Woche mit Salzwasser abgewaschen. 50 Meter unter der Erde befindet sich die Gesundheitsgrotte, deren reine Luft gegen eine Menge Krankheiten helfen soll.

Reckenhöhle

Die Reckenhöhle wurde im Frühjahr 1888 von Franz Recke entdeckt. Franz Recke, der nicht nur Land- und Gastwirt war, betrieb als echter Sohn des industriellen Zeitalters einen Steinbruch, eine Strohseilfabrikation, eine Mühle und war außerdem Erbauer einer Turbinenanlage zur Stromerzeugung. Entdeckt wurde die Höhle durch einen Zufall. Franz Recke beobachtete schon des öfteren, dass aus einer schma-

▶ Binolen 1
58802 Balve
Tel. 02379/209
Fax 02379/293
www.reckenhoehle.de
Öffnungszeiten:
tägl. 10-16.30 Uhr,
Mo geschlossen

Bilder oben und unten: die Atta-Höhle

len Spalte im Kalkstein, gegenüber seinem Haus, bei kühler Witterung Nebel aufstieg. Bei der Verfolgung eines Fuchses – der ihm öfter Gänse und Hühner gestohlen hatte und in einer der Spalten entwischte – wurde eine Märchenwelt entdeckt. Ab 1924 war die Höhle in ihrer heutigen Art begehbar.

▶ Dechenhöhle 5
58644 Iserlohn
Tel. 02374/71421
Fax 02374/750100
dechenhoehle@t-online.de
www.dechenhoehle.de
Öffnungszeiten:
tägl. 10-17 Uhr

Dechenhöhle

Gletschergrotte, Kapelle, Laubengang, Orgelgrotte, Grufthalle und Nixengrotte – die vielen Pfade und Grotten der

Dechenhöhle

Dechenhöhle haben im Laufe der Zeit ihre ganz eigenen Namen bekommen. Und alle haben sie eine besondere Bedeutung. So sind z. B. die Wände der Kristallgrotte mit Korallen bedeckt, und auf dem Boden eines Teiches haben sich tausende kleiner Calcitkristalle gebildet.

▶ Helle 2
58802 Balve
Tel. 02375/1887
Fax 02375/937742
info@balver-hoehle.de
www.balver-hoehle.de

Balver Höhle

Dass die Balver Höhle zu einem Kulturzentrum von überregionaler Bedeutung wurde, ist nicht nur den publikumsnahen kulturellen Angeboten heimischer Akteure zu verdanken. Die Höhle vermittelt eine außergewöhnliche Atmosphäre. Feintönige Akustik und wechselfarbige Lichtreflexe im Kalkgestein des Gewölbes vermitteln eine Stimmung, die Besucher vergessen lässt, dass die Raumtemperatur hin und wieder wärmere Kleidung empfiehlt. Das Abtropfen von Schwitz- und Sickerwasser von der Höhlendecke ist jedoch zur Seltenheit geworden, seitdem die Bewetterung geregelt werden kann. Im Rahmen des Veranstaltungsprogramms 2007 ist u.a. Ruhrgebiets-Kabarettist Doktor Stratmann zu Gast, die Verdi-Oper Rigoletto wird aufgeführt und Justus Frantz und die Philharmonie der Nationen geben ein Gastspiel. Die Schützenbruderschaft St. Sebastian ist Pächter der Höhle, die im Besitz der Stadt ist. Sie vermietet sowohl die

Balver Höhle

Höhle als auch das Schützenheim nebenan tageweise an Veranstalter nach Vereinbarung.

Siegerland

Tropfsteinhöhle Wiehl

1860 wurde die Wiehler Tropfsteinhöhle in einem Steinbruch entdeckt. Heute finden dort regelmäßig Führungen statt, und die Stadt Wiehl führt in diesem ungewöhnlichen Ambiente Trauungen durch.

▶ 51674 Wiehl
Tel. 02262/7920
Fax 02262/93400
Öffnungszeiten
tägl. 9-17 Uhr

LAUE ABENDE

Was kann es Schöneres geben, als nach einem sonnigen und erlebnisreichen Tag den Abend bei einbrechender Dämmerung in einem Biergarten ausklingen zu lassen? Ob bei Kerzenschein oder Live-Musik – das Angebot reicht von gemütlich bis schick. Und wer ein bisschen vom Urlaub am Meer träumen mag, ist an einem der Stadtstrände bestens aufgehoben. Hier ist eigentlich immer was los. Morgens frühstücken im Strandkorb und abends Cocktails unter Palmen genießen.

Bergisches Land

Altes Amtshaus

▶ Am Marktplatz 1
51789 Lindlar
Tel. 02266/464646
Fax 02266/464647
info@amtshauslindlar.de
www.amtshauslindlar.de

Das „Alte Amtshaus" befindet sich im Herzen von Lindlar. Und ein besonderer Anziehungspunkt ist der Biergarten. Er liegt auf einer leicht erhöhten großen Wiese und schließt sich dem Innenhof an. Unter einer Schatten spendenden alten Buche befinden sich auf 800 Quadratmetern ca. 150 Sitzplätze. Während der Saison finden dort viele Veranstaltungen statt – Live-Musik von Rock bis Klassik. Und regelmäßig wird abends gegrillt.

Gasthaus Rüdenstein

▶ Obenrüden 72
42657 Solingen
Tel. 0212/812314
Fax 0212/811512
info@ruedenstein.de
www.ruedenstein.de

Das altbergische „Gasthaus Rüdenstein" liegt im Tal der Wupper. Fachwerk, viel Grün, viele Blumen – und einen großen Biergarten finden die Besucher vor. Und für die kleinen Gäste gibt es einen großen Spielplatz. An jedem ersten Donnerstag des Monats führt ein geschulter Wanderführer interessierte Gäste durch die Wupperberge. Wer mag: Bergische Waffeln und Kaffee gibt es im Anschluss.

Hotel zur Eich

▶ Eich 7
42929 Wermelskirchen
Tel. 02196/72700
Fax 02196/727070
info@hotel-zur-eich.de
www.hotel-zur-eich.de

Wermelskirchen, mit seinen Ortsteilen Dabringhausen und Dhünn, liegt im Herzen des Bergischen Landes im gleichnamigen Naturpark. Altbergische Fachwerk- und Schieferhäuser prägen das Bild der über 37 000 Einwohner zählenden Stadt. Das historische „Hotel zur Eich" ist seit über 175 Jahren im Familienbesitz. Schattige Plätze gibt es im Biergarten genug – und natürlich ein „frisch Gezapftes", kühle Getränke und leichte Gerichte aus der Küche.

Gasthaus Rüdenstein

Rengser Mühle

Das Hotel-Restaurant „Rengser Mühle" hat seinen Ursprung in einer Getreidemühle, die hier in der Mühle 1869 gegründet wurde und bis 1954 in Betrieb war. An die bäuerliche Vergangenheit erinnern die großen Mühlsteine vor dem Haus. Und Mühlsteine dienen im Biergarten auch als rustikale Tische. Zur Spezialität gehört natürlich die Bergische Kaffeetafel, aber auch andere Spezialitäten aus der Region und frisch Gegrilltes sind im Angebot.

▶ Niederrengse 4
51702 Bergneustadt
Tel. 02763/91450
Fax 02763/914520
info@rengser-muehle.de
www.rengser-muehle.de

Düsseldorf

Galerie Burghof

Der Biergarten ist das Herzstück der Galerie Burghof. Er liegt direkt neben der Kaiserpfalz am Rhein. Ein großer Teil des Biergartens wird von Kastanien überdacht. 300 Gäste finden dort Platz.

▶ Burgallee 1
40489 Düsseldorf
Tel. 0211/401423
www.galerie-burghof.de

Rheinterrasse

Auf einem der schönsten Flecken Düsseldorfs breitet sich dieser Biergarten vom Haus zum Wasser hin aus. Unter Platanen können hier bis zu 1500 Gäste sitzen und den Blick auf den Rhein genießen.

▶ Joseph-Beuys-Ufer 33
40479 Düsseldorf
Tel. 0211/497770
Fax 0211/4977721

Alte Rheinfähre

Das Ausflugslokal Alte Rheinfähre liegt direkt am Rhein. Vom Biergarten aus kann man die vorbeifahrenden Schiffe beobachten.

▶ Fährerweg 22
40489 Düsseldorf-Kaiserswerth
Tel. 0211/40113

Meyer & Freemann

In der ehemaligen Zollstation an der Kalkumer Schloßallee hat ein junger, moderner Landgasthof heute seinen Sitz. Im Biergarten trifft man sich im Sommer unter uralten Kastanien.

▶ Unterdorfstr. 60
40489 Düsseldorf
Tel. 0211/4089255
Fax 0211/4089277
info@meyer-freemann.de
www.meyer-freemann.de

▶ Rennbahnstr. 20
40629 Düsseldorf
www.biergarten-duesseldorf.de

Rennbahn Biergarten Grafenberg

Auf dem Gelände der Rennbahn Grafenberg liegt dieser Biergarten. Und das Besondere daran: Es herrschen bayrische Sitten, denn jeder Gast kann seine eigene Brotzeit mitbringen.

▶ Siegburger Str. 25
40591 Düsseldorf
Tel. 0211/7213134
Fax 0211/7881627
info@biergarten-vierlinden.de
www.biergarten-vierlinden.de

Biergarten Vier Linden

Im Innenhof des neuen Akki-Hauses (Aktion & Kultur mit Kindern) findet man den lauschigen Sommertreff Vier Linden. Gegen Abend wird die Leinwand aufgehängt für das Open-Air-Kino im Biergarten. Vier Mal in der Woche (Di, Mi, Fr, Sa) werden bei schönem Wetter ausgesuchte Top-Filme unter sternklarem Sommerhimmel gezeigt. Rund um einen großen Teich stehen gemütliche Holztische. Der Biergarten bietet Platz für 250 Gäste.

Eifel

▶ Am Obersee 1
52152 Einruhr
Tel. 02485/721
Fax 02485/1747
hoffmann@eifelhaus-einruhr.de
www.eifelhaus-einruhr.de

Eifelhaus Einruhr

Einruhr, auch „Dorf am See" genannt, liegt unmittelbar am Einlauf der Rur in den Obersee, der zusammen mit dem Rursee und dem Urftsee den größten Stausee Westdeutschlands bildet. Das „Eifelhaus Einruhr" liegt direkt am Seeufer, nur wenige Meter von der Bootsanlegestelle entfernt. Der große Biergarten liegt teilweise unter Birken und bietet reichlich Freiheit für die kleinen Gäste.

Hotel Horchem

Der Biergarten des „Hotel Horchem" liegt direkt am Zusammenfluss von Laufenbach und Rur mitten in Monschau. Und bei so viel Wasser wird schnell klar, warum Monschau auch das „Klein-Venedig" genannt wird. Vor dem Bierchen am Abend bietet sich vielleicht eine hausgebackene Butterwaffel an.

▶ Rurstr. 14
52156 Monschau
Tel. 02472/80580
Fax 02472/805810
info@Hotel-Horchem.de
www.Hotel-Horchem.de

Hotel Forsthaus

Wo einst die Försterfamilie ein- und ausging, machen heute meist Wanderer Station. Das „Forsthaus" im Luftkurort Riedener Mühlen bietet eine Sonnenterrasse und einen Biergarten – und außerdem Spezialitäten vom Wild aus den heimischen Wäldern und fangfrische Forellen aus eigenen Gewässern.

▶ Riedener Mühlen
56745 Rieden
Tel. 02655/95990
Fax 02655/4136
Hotel-Forsthaus@t-online.de
www.forsthaus-rieden1.de

Köln / Bonn / Aachen

Landgasthaus Wanderstübchen

In den Pleiser Auen direkt am Pleisbach liegt das „Landgasthaus Wanderstübchen". Seit 30 Jahren ist es ein beliebtes Ausflugsziel, nicht nur für Wanderer. Im Biergarten finden 200 Gäste Platz – rustikal sind die Gerichte auf der großen Speisenkarte. Und an jedem Freitag ist Reibekuchentag.

▶ Baumschulweg 28
53757 Sankt Augustin
Tel. 02241/9454263
www.wanderstuebchen.de

BAY–Biergarten
am Yachthafen

► Infos
Live in Time GmbH
Lichtstr. 38
50825 Köln
Tel. 0221/541745
Fax 0221/5462844
kontakt@bay-cologne.de
www.bay-cologne.de

► Kierberger Str. 158
50321 Brühl
Tel. 02232/25581
Fax 02232/29702
info@kaiserbahnhof-bruehl.de
www.kaiserbahnhof-bruehl.de

BAY–Biergarten am Yachthafen

Im modernen neuen Stadtteil in Köln, dem „Rheinauhafen",
eröffnete im Mai 2006 ein innovativer Biergarten seine Pfor-
ten. Eine offene Treppenanlage mit Blick auf den Kölner
Yachthafen sowie eine großartige Aussicht auf den Dom bilden die Kulisse für eine einzigartige Open-Air-Entertain-
ment-Arena. Pflanzenwelten, Lichtilluminationen und eine
Bühne schaffen eine mediterrane Atmosphäre. Neben di-
versen Bühnenprogrammen (Live-Jazz, Lesungen, Konzerte
u.v.m) bildet das große Open-Air-Kino – mit der ersten
schwimmenden Leinwand Kölns – das zentrale Event für
diese außergewöhnliche Location.

Kaiserbahnhof Brühl

Der Kaiserbahnhof wurde aus Anlass des Baus der Bahnstre-
cke Köln – Trier im Jahr 1875 errichtet. Es hieß, er sei der
Schönste von ganz Preußen. Seine besonders aufwändige Gestaltung verdankt er Kaiser Wilhelm I., dem der Bahnhof als
Ausgangspunkt für seine Truppenbesuche in der Eifel diente.
Im Laufe der Jahre entwickelte sich dann die Gastronomie
bis zu ihrer heutigen Form. Umgeben von uraltem Baumbestand liegt der Biergarten. Auf einer ersten Ebene stehen 600
Sitzplätze zur Verfügung – 350 davon sind überdacht. Der
Gast kann zuschauen, wie die Grillspezialitäten auf dem
großen Buchenholz-Schwenkgrill zubereitet werden. Sollte
der Platz nicht ausreichen, wird die zweite Ebene geöffnet.
Zwischen Fackelbeleuchtung und Kerzenschein finden 400
weitere Gäste Platz.

Herbrand's

Das Herbrand's in Köln-Ehrenfeld verbindet mehrere Locations unter einem Dach. Eine einzigartige Veranstaltungshalle, einen der größten Biergärten Kölns, eine kleine Diskothek, sowie Restaurant und Kneipe. An schönen Sommerabenden genießen bis zu 1200 Gäste eine ganz besondere Atmosphäre. Die Kneipe des Herbrand's wurde übrigens von verschiedenen Künstlern gestaltet.

▶ Herbrandstr. 21
50825 Köln-Ehrenfeld
Tel. 0221/9541626
Fax 0221/9541636
info@herbrands.de
www.herbrands.de

Maybach

Das Maybach wurde 1998 in Köln auf einem ehemaligen Güterbahnhof eröffnet. An warmen Tagen wird der Biergarten zum Treffpunkt für Leute aus der Künstler- und Medienszene, liegt er doch am Grün des Mediaparks und im Hof des Filmhauses. Wer abends vom Bier mal die Nase voll hat, kann auf eine opulente Weinkarte zurückgreifen.

▶ Maybachstr. 111
50670 Köln
Tel. 0221/9123598
Fax 0221/9125171
info@maybach111.de
www.maybach111.de

Münsterland

Nobis Krug

Der Nobis Krug ist definitiv ein Haus mit langer Geschichte. Denn schon im 16. Jahrhundert wurden dort die Reisenden bewirtet – das Haus war damals eine Zollstation. Die Sache mit der guten Bewirtung ist zur Tradition geworden. Auch im gemütlichen Biergarten werden vor allem westfälische Spezialitäten serviert. Und an jedem Donnerstag gibt es pfannenfrische Reibekuchen.

▶ Warendorfer Str. 512
48157 Münster
Tel. 0251/329277
www.handorf-aktuell.de/
Nobiskrug/index.htm

Hotel Freitag

Die schöne Umgebung ist an sich schon einen Ausflug wert, und vom Biergarten aus hat man einen freien Blick auf den Margarethenplatz. Kaffee und hausgemachten Kuchen gibt es, natürlich ein kühles Bier und die vielen westfälischen Spezialitäten. Seit 100 Jahren trägt das Haus den Namen Freitag. Erst war es eine kleine Gastwirtschaft mit Kolonialwarenladen, seit 1997 ist es ein Hotel mit Restaurant und Biergarten.

▶ Margarethenplatz 13-14
59320 Ennigerloh-Ostenfelde
Tel. 02524/93170
Fax 02524/931730
info@haus-freitag.de
www.haus-freitag.de

▶ Breul 9
48143 Münster
Tel. 0251/45830
Fax 0251/56832
info@alter-pulverturm.de
www.alter-pulverturm.de

Gaststätte Alter Pulverturm

Der „Alte Pulverturm" liegt im Herzen der Stadt – und er
hat den ältesten Biergarten Münsters – er existiert bereits seit
1828. Der ungewöhnliche Name kommt nicht von ungefähr,
denn Biergarten und Gaststätte sind genau an der Stelle zu
finden, an der ehemals der Pulverturm einer Festung stand.

▶ Hüpohl 29-31
46342 Velen-Ramsdorf
Tel. 02863/5255
Fax 02863/6632
info@hotel-rave.de
www.hotel-rave.de

Hotel Rave

Bis weit in den Herbst hinein ist der Biergarten des Hotel
Rave ein beliebter Treffpunkt an der Bocholter Aa. Frisch gezapftes Bier und gutbürgerliche Küche mit regionalen Spezialitäten stehen auf dem Programm und machen das Lokal im
Herzen des Münsterlands zu einem der beliebtesten Treff-
punkte während der Freiluftsaison. Am Wochenende gibt es
übrigens frisch gebackenen Kuchen.

Niederrhein

▶ Ahrstr.2
46562 Voerde-Götterswicker-
hamm
Tel. 02855/2151
Fax 02855/15384
strandhaus-ahr@zentrale-
du.zzn.com
www.zentrale-du.de/
strandhaus-ahr

Strandhaus Ahr

Das „Strandhaus Ahr" hat eine große Sonnenterrasse mit
freiem Blick auf den Rhein. Selbst gebackener Kuchen ist
ständig im Angebot, Fischgerichte gehören ebenfalls zu den
Spezialitäten. Ein Tipp für Radfahrer: Direkt vom Haus aus
kann man rheinabwärts dem Deich nachfahren. Wie Perlen
an einer Kette reihen sich viele Rheindörfer inmitten der
größten Streuobstwiesen des Niederrheins.

Auffelder Bauerncafé

Raus aufs Land – in ländlicher Umgebung liegt das „Auffelder Bauerncafé". Besonders empfehlenswert für einen Besuch mit Kindern, denn während die Eltern entspannt im Biergarten sitzen, können die lieben Kleinen im angrenzenden Spielpark so richtig toben. Freitags ist immer Schnitzeltag – und für die Qualität garantiert die angeschlossene Hofmetzgerei.

▶ Auffeld 26
47929 Grefrath-Oedt
Tel. 02158/5120
Fax 02158/692626
info@auffelder-bauerncafe.de
www.auffelder-bauerncafe.de

Mühlrather Mühle

Die wohl bedeutendsten Baudenkmäler des Schwalmgebietes sind die Wassermühlen.
Am etwas mehr als 30 Kilometer langen Flusslauf hatte die Schwalm einmal 35 Mühlen angetrieben. Die „Mühlrather Mühle", die direkt am Hariksee liegt, wurde erstmals 1447 erwähnt. Heute ist sie ein beliebtes Ausflugsziel. Und rund um diese Mühle ist eine Außengastronomie entstanden, die den 400 bis 600 Gästen auf verschiedenen Terrassen vom Biergarten über die Cocktail-Lounge am Wasser bis zum großen Kinderspielplatz eine Menge zu bieten hat.

▶ Mühlrather Mühle 2
41366 Schwalmtal
Tel. 02163/5716276
Fax 02163/5716277
info@culinary-mill.de
www.culinary-mill.de

Königsgarten

Der Königsgarten am Kermisdahl ist ein bisschen mediterran, ein bisschen dolce vita und ein bisschen Niederrhein. Der Biergarten ist urgemütlich und wird – falls der Sommer zu kühl sein sollte – auch beheizt. Die saisonale Spezialitätenküche hat bis 23 Uhr geöffnet.

▶ Königsgarten 53
47533 Kleve
Tel. 02821/1366
Fax 02821/13536
info@koenigsgarten-kleve.de
www.koenigsgarten-kleve.de

Ostwestfalen-Lippe

Alt-Enginger Mühle

Zu den ältesten Mühlen im Paderborner Land gehört die „Alt-Enginger Mühle". Der Landgasthof liegt zwischen den beiden nördlichen Stadtteilen Elsen und Sande. Im großen Biergarten spenden selbst an heißen Sommertagen mächtige Kastanien Schatten. In der näheren oder unmittelbaren Umgebung der Alt-Enginger Mühle liegt der Lippesee.

▶ Sander Str. 105
33106 Paderborn-Sande
Tel. 05254/933778
Fax 05254/933782
info@alt-engingermuehle.
www.alt-engingermuehle.de

▶ Weserpromenade 24
32423 Minden
Tel. 0571/3980280
Fax 0571/38512211
info@biergarten-schiffmuehle.de
www.biergarten-schiffmuehle.de

Biergarten-Schiffmühle

Im Sommer wird das schwimmende Mahlwerk der „Schiffmühle Minden" täglich ab Einbruch der Dunkelheit in besonders gestaltetes Licht getaucht. Und auch sonst ist der Biergarten auf der Weser etwas ganz Besonderes. Während der warmen Jahreszeit finden dort regelmäßig Kulturveranstaltungen statt. Darunter Theater-, Musikabende und Lesungen. 1998 wurde die Idee, die Rekonstruktion einer Schiffsmühle aus dem 18. Jahrhundert zu bauen, umgesetzt.

▶ Gütersloher Str. 362
33549 Bielefeld
Tel. 0521/48513
Fax 0521/48379
info@gasthof-groeppel.de
www.gasthof-groeppel.de

Gasthof Gröppel

Wenn der Traditions-Gasthof Gröppel die Biergartensaison eröffnet, sind nicht nur die Bielefelder zur Stelle. Eine eigene Schinkenräucherei gibt es vor Ort, gehobene westfälische Spezialitäten und viel Platz zum Spielen für die kleinen Gäste. Wichtig zu wissen: Der Biergarten hat nur bei gutem Wetter geöffnet.

▶ Hellenkamp 20
33129 Delbrück-Hedding-
hausen
Tel. 05250/98690
info@zum-wiesengrund.de
www.zum-wiesengrund.de

Landgasthof zum Wiesengrund

Zwischen Paderborn und Delbrück, nur rund 300 Meter vom Boker Kanal und den daran entlangführenden Radrouten entfernt, liegt der gemütliche „Landgasthof Wiesengrund". An der frischen Luft sitzt man im Biergarten oder auf der Terrasse am Kräutergarten. Wildkräuter- und Blütenspezialitäten gehören zu den Besonderheiten, die auf der Speisenkarte stehen.

Ruhrgebiet

Mandragora

Mal abgesehen davon, dass das Bermuda-Dreieck ohnehin eine einzige Kneipenmeile ist, gehört das Mandragora zu den bekanntesten Szene-Biergärten. Um die 1000 Menschen sollen dort hineinpassen – ein perfekter Ort also, um zu sehen und gesehen zu werden. Darüber hinaus glänzt das Mandragora als Restaurant mit „Ganztagsangebot" und heimischer Atmosphäre.

▶ Adenauerplatz 1
44787 Bochum
Tel. 0234/64218
mandra@bermuda3eck.de
www.bermuda3eck.de

Tapas

Modern gestyltes, aber immer noch südländisches Ambiente, eine variantenreiche Tapas-Küche und dazu eine große Terrasse mit über 80 Sitzplätzen – was braucht der Mensch mehr, um im Sommer das Leben zu genießen. Neben der leckeren spanischen Küche locken diverse Kaffeespezialitäten, ausgesuchte spanische Weine und Cocktails aller Art.

▶ Kortumstr. 3
44787 Bochum
Tel. 0234/96436400
Fax 0234/96436436
info@tapas-bochum.de
www.bermuda3eck.de

Swabedoo

Die zentral gelegene Gastronomie ist Bar, Café und Restaurant in einem. Mit der gehobenen, mediterranen Küche korrespondiert der gemütliche Citybiergarten.

▶ Kleine Beurhausstr. 26
44137 Dortmund
Tel./Fax 0231/141300
info@swabedoo.de
www.swabedoo.de

Tante Amanda

Einst ein Bauernhof mit dem ersten Garten-Restaurant im Umkreis, zieht Tante Amanda heute ein zahlreiches Naherholungs-Publikum an. Das liegt vor allem am schönen Biergarten, der bestens dazu geeignet ist, sich nach Fahrradtouren oder Wanderungen mit kühlen Getränken zu erfrischen. Praktisches, für Eltern wichtiges Detail: Die Kids können sich auf einem zum Biergarten gehörenden Spielplatz austoben.

▶ Mosselde 149
44357 Dortmund
Tel. 0231/372230
Fax 0231/372201
info@tante-amanda.de
www.tante-amanda.de

Faktorei

Mal mit Bistro- oder Restaurantambiente, dann wieder Bar oder Caféhaus: Die Faktorei hat – je nach Tageszeit – viele Gesichter. Eines aber bleibt: der schöne Blick auf den Duisburger Innenhafen. Das neue Stadtquartier zieht vor der imposanten Kulisse alter Industrie-Architektur viele Menschen

▶ Philosophenweg 21
47051 Duisburg
Tel. 0203/3468379
Fax 0203/3468380
info@faktorei.de
www.faktorei.de

an, sei es zum Flanieren, Joggen, zum Museumsbesuch oder einfach nur zum Sehen und gesehen werden. Besonders eindrucksvoll wird der maritime Charme, wenn man einen Platz auf der Terrasse ergattert.

▶ Nonnengasse 8
47051 Duisburg
Tel. 0203/26859
Fax 0203/7980406
info@dreigiebelhaus.com
www.dreigiebelhaus.de

Restaurant Dreigiebelhaus

1536 erstmals urkundlich erwähnt, 1608 an die Duisserner Nonnen verkauft, diente das Haus später auch als Textilfabrik und Schule. Heute ist es Künstlerzentrum, das als Atelierhaus Stipendiaten des Wilhelm-Lehmbruck-Förderpreises beherbergt. Auch das Restaurant mit Terrasse ist Tradition, schließlich wird hier seit fast 25 Jahren bedient.

▶ Fünfkirchenblick 103
45136 Essen
Tel. 0201/5147176

Appelhannes

Der weite Blick auf das Ruhrtal zählt zu den besten Panoramen Essens. Und der Biergarten unter schattenspendenden Bäumen ist einfach idyllisch. In den Sommermonaten ist der Appelhannes eine Oase für den asphaltgewohnten Stadtmenschen.

Abendstimmung im Lukas

Casino Zollverein

Entspannung unterm Förderturm. Dort, wo früher die Kumpel für die Kohle sorgten, herrschen heute Ruhe und Beschaulichkeit. Vom Sommergarten aus kann man die historische Atmosphäre des heutigen Weltkulturerbes genießen, mit einer umfangreichen Speisekarte und einem kühlen Getränk in der Hand.

▶ Gelsenkirchener Str. 181
45309 Essen
Tel. 0201/83024-0
Fax 0201/83024-11
info@casino-zollverein.de
www.casino-zollverein.de

Löwntal

Wenn die ersten Sonnenstrahlen den nahen Sommer ankündigen, herrscht im Biergarten des Löwntal schon Hochbetrieb. Kein Wunder: Der beliebte Treff liegt nahe der Ruhr im Essener Stadtteil Werden, der mit seinem alten Stadtkern eines der großen Naherholungsziele der Region ist.

▶ Im Löwntal 15
45239 Essen
Tel. 0201/494077
Fax 0201/494075
kontakt@loewntal.de
www.loewntal.de

Lukas

Der Königlich Preußische Bahnhof zu Kupferdreh in Essen-Kupferdreh wurde 1898 an der Prinz-Wilhelm-Eisenbahn eröffnet und liegt einen Steinwurf vom idyllischen Baldeneysee entfernt. Riesiger Biergarten, manchmal Live-Musik und

▶ Prinz-Friedrich-Str. 1
45257 Essen
Tel. 0201/848353
Fax 0201/8483555
info@lukas-essen.de
www.lukas-essen.de

im Sommer ein schönes Open Air-Kino mit eigenwilliger Atmosphäre, weil unmittelbar daneben in regelmäßigen Abständen die S-Bahn vorbeifährt. Aber das ist ja eine alte Geschichte ...

Tempelbar

▶ Am Salzmarkt 1
45127 Essen

Mitten in der Essener Innenstadt gelegen, ist die Tempelbar der ideale Ort, um nach dem Einkaufsbummel auszuruhen oder den Start ins Nachtleben zu beginnen. Ganz im Gegensatz zum kleinen Innenraum lockt bei warmen Temperaturen ein umso größerer Biergarten unter großen Bäumen.

Bistro am Bugapark

▶ Am Bugapark 1d
45899 Gelsenkirchen-Horst
Tel. 0209/38650351
Fax 0209/38650352
info@bistro-am-bugapark.de
www.bistro-am-bugapark.de

Mit bis zu 1 500 Sitzplätzen bietet das Bistro am Eingangsbereich zum Bugapark nicht nur einen der größten Biergärten im Ruhrgebiet, sondern auch ein spezielles Ambiente. Dafür sorgt allein der Blick auf die ehemalige Zeche Nordstern, die einen Ankerpunkt der Route der Industriekultur markiert.

Franky´s Wasserbahnhof

▶ Alte Schleuse 1
45468 Mülheim an der Ruhr
Tel. 0208/3882963
Fax 0208/3882964
wasserbahnhof@arcor.de
www.frankys-wasserbahnhof.de

Eventgastronomie an der Ruhr mit großem Biergarten, Kuchen- und Eisspezialitäten im Bistro, gehobener Küche im Restaurant, ausgesuchten Cocktails im Cuba-Club und viel Platz für private Feiern im Blauen Salon.

Brauhaus Zeche Jacobi

▶ Promenade 30 – CentrO
46047 Oberhausen
Tel. 0208/802200
Fax 0208/802210
post@brauhaus-zeche-jacobi.de
www.brauhaus-zeche-jacobi.de

Hinter dem alten Namen steckt der Blick aufs Neue. Denn in der Nähe der Zeche Jacobi, wo ab 1912 Kokskohle gefördert wurde, blickt man heute von der Terrasse (350 Sitzplätze) oder dem Biergarten (1 000 Sitzplätze) aus auf den CentrO-See. Und dieser ist Teil der Einkaufs- und Freizeitstätte CentrO mit 70 000 Quadratmetern Fläche und über 200 Einzelhandelsgeschäften.

Stadt-Strände

Beach Club Bochum

Die No-Sport-Zone der Cageball-Hallenfußball Anlage in Bochum verschafft dem gestressten Stadtmenschen ein wenig Urlaubsflair im Alltag. Sandstrand, Strandkörbe, Sonnenliegen, Biergarten und Grill, ein Pool nebst Saunalandschaft und Whirlpool lassen eigentlich keine Sommerwünsche offen. Und abends wird der Beach Club zur Party-Zone mit Sandbar-Parties, Open Air Dancefloor und Live-Acts.

Solendo

Strandpartys, chillige Sounds, coole Cocktails – das sind die Stichworte der beliebten Hafenstrandbar Solendo. Vor der Kulisse des Dortmunder Hafens geht es hier um Entspannung, gute Laune und Partystimmung. 1 000 Quadratmeter Sand bieten den Boden für Liegestühle, Segelsäcke, Hängematten und eine Bar, die für ein umfangreiches Getränkeangebot, aber auch für Tapas und Paninis sorgt. Und am Wochenende bringen hier angesagte DJs und Live-Acts die Tanzbegeisterten in Bewegung.

Solendo

▶ Kohlenstr. 57
44795 Bochum
Tel. 0234/5798470
Fax 0234/5798472
info@cageball-bochum.de
www.cageball-bochum.de
Öffnungszeiten:
tägl. ab 10 Uhr

▶ Speicherstr. 2a
44147 Dortmund
Tel. 0231/8821382
Fax 0231/8821767
info@solendo.de
www.solendo.de
Öffnungszeiten:
Mo-Fr ab 12 Uhr,
Sa/So ab 11 Uhr

▶ Freiherr-vom-Stein Str. 384
45133 Essen
Tel. 0201/8392834
Fax 0201/8392836
info@seaside-beach-baldeney.de
www.seaside-beach-baldeney.de
Öffnungszeiten:
werktags ab 10 Uhr,
Sa/So/Fei ab 9 Uhr,
bei schlechtem Wetter
geschlossen

Seaside Beach Baldeney

Südseeurlaub unter Palmen, Cocktails im feinstem „Karibik"-Sand? Seit dem Sommer 2005 sind derartige Träume nicht mehr unbedingt mit weiten Reisen verbunden. Ein Kurztrip zum Essener Baldeneysee tut's auch. Dort ist auf insgesamt 65 000 Quadratmetern im ehemaligen Licht- und Luftbad Essen einer der schönsten Beach Clubs Deutschlands entstanden. Die Lage ist ohnehin erstklassig, die Ausstattung jetzt auch: Ein insgesamt 250 Meter langer und 35 Meter breiter Traumstrand mit 5 000 Tonnen feinstem „Karibik"-Sand, mehr als 35 Palmen, drei „Südsee"-Bars und die Cocktailbar „Santa Cruz", die in ein gestrandetes Segelboot integriert ist, verwöhnen die Besucher. Beach-Volleyball, Massagen unter Palmen, Windsurfen, Grillplätze gehören ebenso zu den Freizeitmöglichkeiten wie Soccer, Windsurfen oder Kanutouren.

Bilder oben und unten:
Seaside Beach Baldeney

Lakeside Inn

Lakeside Inn

Eine Kulisse wie gemalt bietet der schöne Halterner See für den attraktiven Beachclub. 20 000 Quadratmeter feiner Sand, jede Menge Wassersportmöglichkeiten und ein Restaurant mit umfangreicher Speisekarte lassen keine Wünsche offen.

▶ Stockwieser Damm 291
45721 Haltern am See
Tel. 02364/506080
Fax 02364/5060829
www.lakeside-inn.de
Öffnungszeiten:
tägl. 9-1 Uhr

Beachside-Club

Der Beachside-Club ist die Relax- und Partyzone des Naturfreibades Mülheim-Styrum. Auf feinstem Sand locken Liegestühle, Cocktails, Chill-Out-Musik und kulinarische Angebote, während das Abend- und Nachtleben von Partys und Events geprägt wird.

▶ Friesenstr. 101
45476 Mülheim an der Ruhr
Tel. 0208/992670
info@beachside.tv
www.beachside.tv
Öffnungszeiten:
Mo-Fr 10-24 Uhr,
Sa/So 10-1 Uhr

Beachside-Club

Sauerland

Altes Backhaus

▶ Alter Markt 27
59821 Arnsberg
Tel. 02931/5220-0
Fax 02931/5220-20
info@altesbackhaus.com
www.altesbackhaus.de

Das „Alte Backhaus" liegt im Herzen von Alt-Arnsberg, direkt neben dem Wahrzeichen „Glockenturm". Im märchenhaft angelegten Garten hat man einen traumhaften Blick über die Altstadt. Ein Wasserfall, ein Teich mit Goldfischen – halt Idylle pur. Und passend zum kühlen Bier gibt es Deftiges aus Großmutters Küche.

Seehof Möhnesee

▶ Möhnestr. 10
59519 Möhnesee/Günne
Tel. 02924/376
Fax 02924/1768
info@der-seehof-moehnesee.de
www.der-seehof-moehnesee.de

Nur durch eine Bruchsteinmauer ist der Biergarten des Seehofs vom Möhnesee getrennt. Ob in der Sonne, unter alten Linden oder in der Weinlaube – hier findet jeder den richtigen Platz. Und man hat einen freien Blick aufs Wasser und das Naturschutzgebiet Arnsberger Wald.

Landhotel Sauerländer Hof

▶ Südstr. 35
59889 Eslohe/Wenholthausen
Tel. 02937/97960
Fax 02973/979666
info@sauerlaender-hof.com
www.sauerlaender-hof.com

Wanderer kennen Eslohe, denn das dortige „Landhotel Sauerländer Hof" gehört zu den so genannten Wandergasthöfen. Der Biergarten hat einen alten Baumbestand, einen riesigen Hohlzkohlegrill und eine Außentheke. Um den plätschernden Brunnen haben bis zu 60 Gäste Platz. Der Stil der Küche ist saisonal und regional.

Landschafts-Gasthaus Bräutigam-Hanses

▶ Schanze
57392 Schmallenberg
Tel. 02975/454
Fax 02975/1017
mail@braeutigam-hanses.de

Das Landschafts-Gasthaus Bräutigam-Hanses liegt mit knapp 30 anderen Häusern oberhalb von Schmallenberg in 720 Metern Höhe über dem Meeresspiegel im Herzen des Sauerlandes. Aus der ehemaligen Köhlersiedlung wurde im Laufe der Jahre ein beliebtes Ausflugsziel. Vom Biergarten hat man einen herrlichen Ausblick über den Rothaarkamm. Die kleinen Gäste können sich auf dem Naturspielplatz und im angrenzenden Wald austoben.

Siegerland

Cafe-Restaurant Buchhellertal

Das romantische Waldcafé und Spezialitäten-Restaurant liegt im Wald des Buchhellertals – ein gemütliches Ambiente sowohl drinnen als auch draußen. Der Biergarten verfügt über 50 Plätze.

▶ Buchhellertal 1
57299 Burbach
Tel. 02736/1517
info@buchhellertal.de
www.buchhellertal.de

Kutscherhaus

Das Kutscherhaus bietet neben einem einmaligen Ambiente im Herzen des Dreslerschen Parks eine Wohlfühlkulisse zum Genießen und Entspannen. Romantik bei Kerzenschein im Biergarten unter alten Bäumen. Erlebnisgastronomie mit Comedy und Live-Events wird mit wechselnden Ausstellungen abgerundet.

▶ Hagener Str. 30
57223 Kreuztal
Tel. 02732/554747
Fax 02732/554748
info@kutscherhaus-online.de
www.kutscherhaus-online.de

Schloß-Stuben

Zentral in Siegen, ganz oben auf dem Siegberg gelegen, finden Sie das „Obere Schloß". Eingebettet in die mittelalterliche Burganlage und ihren Blumenpark liegen die Schloß-Stuben. Man sagt, es sei eines der schönsten Lokale der Stadt. Und mittendrin in diesem historischen Ambiente liegt der Biergarten. Dort gibt es eine spezielle Speisenkarte.

▶ Oberes Schloß 1
57072 Siegen
Tel. 0271/56566
info@schloss-stuben.de
www.schloss-stuben.de

Waldhotel Wilhelmshöhe

Zum Hotel-Restaurant gehört ein netter Biergarten. Und auf der Speisenkarte stehen leichte internationale Spezialitäten, aber auch regionale Gerichte. An 14 Tischen bietet der Biergarten 58 Gästen Platz. Eine Sperrstunde gibt es nicht, so dass man an warmen Abenden bis in die Morgenstunden draußen sitzen kann.

▶ Krumme Birke 7
57258 Freudenberg
Tel. 02734/2780
Fax 02734/278100
info@waldhotel-freudenberg.de
www.waldhotel-freudenberg.de

DEIN MODERNES
GESICHT
REGISTRIERT DAS
ÜBERRASCHENDE ENDE

KULTURGENUSS

Manche reisen zurück in die Römerzeit, andere in den mittelalterlichen oder gar prähistorischen Alltag, manche lassen die Landschaft in historischen Eisenbahnen an sich vorbeiziehen, wieder andere bevorzugen den Genuss von Opernarien, Theaterinszenierungen oder Rockmusik unter freiem Himmel – um nur einige wenige Beispiele zu nennen. Mit seinen Open-Air-Festivals, Freilichtmuseen und -bühnen hat das Kulturland Nordrhein-Westfalen jede Menge Sommerspaß zu bieten.

DIE REGIONEN

Bergisches Land

Freilichtmuseen

▶ Schloss Heiligenhoven
51789 Lindlar
Tel. 02266/90100
Fax 02266/9010200
bergisches-freilichtmuseum@
lvr.de
www.bergisches-freilichtmu-
seum.lvr.de
Öffnungszeiten:
Di-So 10-18 Uhr

Bergisches Freilichtmuseum Lindlar

Im Bergischen Freilichtmuseum Lindlar gibt es viel zu erkunden. Bei einem Besuch geht man auf Entdeckungsreise in die Welt der bergischen Landbevölkerung. Im Mittelpunkt steht die bergische Landschaft, wie sie im 19. Jahrhundert ausgesehen hat. Auf 25 Hektar wird das Gelände nach historischem Vorbild bewirtschaftet. Neben alten Tierrassen und Feldfrüchten sind auch traditionelle Bewirtschaftungsmetho-

Bergisches Freilichtmuseum
Lindlar

den mit Pflug und Pferd zu sehen. Höfe, Wohnhäuser und Werkstätten sind original wieder aufgebaut und in die Landschaft eingebunden. Handwerker, Landwirt oder Hauswirtschafterin präsentieren alte Arbeitstechniken und erklären Wissenswertes zu den Häusern, ihren Bewohnern und ihrer Arbeit.

Nach einem Besuch des Freilichtgeländes kann man durch das angrenzende Waldgebiet Steimel zum 300 Meter entfernt liegenden Schloss Heiligenhoven schlendern.

Eifel

Freilichtmuseen

Rheinisches Freilichtmuseum Kommern – Landesmuseum für Volkskunde

Als eines der größten Freilichtmuseen Europas wartet das Rheinische Freilichtmuseum Kommern in der Nordeifel mit einem umfangreichen Veranstaltungsprogramm auf. Das Angebot reicht von gespielter Geschichte über Ahnenforschung bis zum Schreiben wie vor 100 Jahren.

▶ Auf dem Kahlenbusch
53894 Mechernich-Kommern
Tel. 02443/99800
Fax 02443/9980133
kommern@lvr.de
www.kommern.lvr.de/
die_museen/
Öffnungszeiten:
tägl. 9-18 Uhr

Rheinisches Freilichtmuseum Kommern

Freilichtbühnen

Freilichtbühne Schuld

Die Freilichtbühne Schuld hat zur Zeit ca. 50 aktive Mitglieder, sowohl auf als auch hinter der Bühne. Zumeist sind es ganze Familien, in denen Vater, Mutter und die Kinder ein gemeinsames Hobby haben: das Theaterspielen.
In der Saison 2007 wird das Stück ALADIN UND DIE WUNDERLAMPE gespielt.

▶ 53520 Schuld
Tel. 02695/1373
info@freilichtbuehne-schuld.de
www.freilichtbuehne-schuld.de

Köln / Bonn / Aachen

Freilichtbühnen

▶ 41541 Dormagen
Tel. 02133/42274
Fax 02133/210701
www.freilichtbuehne-zons.de

Freilichtbühne Zons

In der ehemaligen Zollfeste Zons – einem Stadtteil von Dormagen – befindet sich an der Südseite der Stadtmauer im Zwinger des Schlosses Friedestrom die Freilichtbühne, die im Jahr 1935 eigens erbaut wurde, um dem Besucher historische Begebenheiten von Zons vor Augen zu führen. Heute wird meist Märchenhaftes aufgeführt. DER TEUFEL MIT DEN DREI GOLDENEN HAAREN wird im Sommer 2007 auf dem Spielplan stehen.

Burg Wilhelmstein

▶ Am Wilhelmstein
52146 Würselen
Tel. 02405/429490
Fax 02405/4294920
info@burg-wilhelmstein.com
www.burg-wilhelmstein.com

Burg Wilhelmstein

Die Burg Wilhelmstein wurde um 1300 als Grenzfeste vom Grafen Wilhelm von Jülich errichtet. Sie war ursprünglich Sitz eines Jülicher Amtes, das drei Gerichte umfasste. Heute beherbergt die Burg Wilhelmstein neben dem Freilichttheater auch ein beliebtes Restaurant. Rockkonzerte, Kabarett oder Ballett – das Programm ist vielfältig.

Sommerfestivals

RhEINKULTUR in Bonn
Samstag, 7. Juli 2007

RhEINKULTUR ist Deutschlands größtes eintrittsfreies Festival. In über zwei Jahrzehnten entwickelte sich die Veranstaltung in den Bonner Rheinauen zu einem Publikumsmagneten mit bis zu 170 000 Besuchern. Die Zuschauer kommen aus der ganzen Republik und dem näheren Ausland, um auf verschiedenen Bühnen Künstler unterschiedlicher Stile zu sehen. RhEINKULTUR bietet ein offenes Programm für offene Leute.

▶ Gluckstr. 2
53115 Bonn
Tel. 0228/2070806
Fax 0228/2070808
info@rheinkultur.com
www.rheinkultur.com

22. Summerjam in Köln
Freitag bis Sonntag, 6. bis 8. Juli 2007

Der Summerjam ist eines der größten Reggaefestivals in Europa. Ein Vorteil für die Besucher: Nach heißen Rhythmen kann man sich durch einen Sprung in den Fühlinger See abkühlen. Mit dabei in diesem Jahr sind u.a. Gentleman, Stephen Marley, Sizzla, Beenie Man, Bitty Mc Lean Feat. Sly & Robbie und The Roots.

▶ Oranjehofstraße
Fühlinger See/Regattainsel
50769 Köln
info@summerjam.de
www.summerjam.de

cologne on pop in Köln
Mittwoch bis Sonntag, 15. bis 19. August 2007

Zu c/o pop 2007 werden an verschiedenen Veranstaltungsorten wieder rund 40 000 Besucher erwartet. Im Mittelpunkt des Musikprogramms steht dieses Jahr vor allem die „Europareise", bei der sich zehn europäische Festivals, u.a. aus Reykjavik/Island (Iceland Airwaves), Barcelona/Spanien (Sonar), Turin/Italien (Traffic) und Lyon/Frankreich (Les Nuits Sonores) dem Publikum präsentieren.

▶ Wissmannstr. 30
50823 Köln
Tel. 0221/95439190
Fax 0221/95439192
info@c-o-pop.de
www.c-o-pop.de

Summerjam-Festival in Köln

2007 bei Summerjam-Festival dabei: Gentleman

Münsterland

Freilichtmuseen

Baumberger Sandstein-Museum

► Gennerich 9
48329 Havixbeck
Tel. 02507/33175
Fax 02507/1598
sandsteinmuseum@havixbeck.de
www.sandsteinmuseum.de

Im denkmalgeschützten ehemaligen Bauernhof Rabert erzählt die Dauerausstellung von einem Stein mit langer Geschichte. Fossilien verraten viel über seinen Ursprung, Skulpturen großer Bildhauer und Steinmetzarbeiten zeigen die Produkte von Künstlern und Handwerkern. Der ehemalige Heuboden bietet das richtige Ambiente für Sonderausstellungen.

Baumberger
Sandstein-Museum

Westfälisches Eisenbahnmuseum Münster

► Lippstädterstr. 80
48155 Münster
Tel. 0251/662336
wem-muenster@t-online.de
www.wem-muenster.de
Öffnungszeiten:
jeden 2. und 4. Sa 14-17 Uhr

Mit dem Westfälischen Eisenbahnmuseum Münster (WEM) ist das Ziel verbunden, die Eisenbahn im Münsterland innerhalb der Lokhalle in Münster-Ost darzustellen. Im Wesentlichen wird ein kleines Bahnbetriebswerk in den 1960er Jahren wiedergegeben. In der Lokhalle finden kleinere Exponate und Modelle Platz.

Mühlenhof-Freilichtmuseum

Eine umfangreiche Sammlung historischer Geräte und Bauwerke rund um die Müllerei bietet das Mühlenhof Freilichtmuseum Münster.

▶ Theo-Breider-Weg 1
48149 Münster
Tel. 0251/981200
Fax 0251/9812040
service@muehlenhof-muenster.org
www.freilichtmuseum-muenster.de
Öffnungszeiten:
tägl. 10-18 Uhr

Westfälisches Eisenbahn-museum Münster

Münsterländisches Feldbahnmuseum e.V.

Bis heute konnte das Münsterländische Feldbahnmuseum 30 Lokomotiven mit Dampf-, Diesel-, Benzol-, Elektro- und Pressluftantrieb für die Nachwelt sichern. Zusammen mit etwa 60 verschiedenen Feld- und Grubenbahnwagen, mit Schienenfahrrädern, Gleisanlagen und vielen weiteren Exponaten und Kuriositäten der Feldbahngeschichte kann das MFM einen interessanten Querschnitt durch die letzten hundert Jahre des Transportmittels Feldbahnen präsentieren.

▶ Postfach 1807
48408 Rheine/Westf.
Tel. 05971/6905
willkommen@feldbahn.org
www.feldbahn.org

Mühlenhof Freilichtmuseum

Freilichtbühnen

▶ Zur Freilichtbühne 36
48268 Greven
Tel. 02575/1566
Fax 02575/971678
fbgreven@gmx.net
www.diefreilichtbuehne.de

Freilichtbühne Greven-Reckenfeld

Die „Münsterländische Freilichtbühne Greven-Reckenfeld e. V." ist ein gemeinnütziger Verein mit ca. 200 aktiven Mitgliedern, die sich auf oder hinter der Bühne engagieren und das zu ihrem Hobby gemacht haben. Der Spielplan 2007: URMEL AUS DEM EIS und ANATEVKA.

▶ Weihgarten 17
48727 Billerbeck
Tel. 02543/7373
info@freilichtbuehne-
billerbeck.de
www.freilichtbuehne-
billerbeck.de

Freilichtbühne Billerbeck

Ronja Räubertochter und Figaros Hochzeit an der Kolvenburg – die Freilichtbühne im südlichen Münsterland richtet sich mit ihrem Sommerprogramm 2007 an Kinder und Erwachsene.

Freilichtbühne Billerbeck

▶ Südring 2
59368 Werne
Tel. 02389/532696
fbw@marktplatz-muensterland.de
www.freilichtbuehne-werne.de

Freilichtbühne Werne

Die Freilichtbühne Werne liegt direkt an der B233. Sie ist Bestandteil des Stadtparks von Werne und bietet ca. 1100 Zuschauern Platz. Das stufenförmige Halbrund sorgt für gute Sicht von allen Plätzen. Die Bühne ist nicht überdacht, gespielt wird aber bei jedem Wetter. Das Theater hat sich auf kindgerechte Stücke spezialisiert. Der Spielplan 2007: RONJA RÄUBERTOCHTER und VAMPIR WINNIE WACKELZAHN.

Sommerfestivals

Castellans Folk Sommer
Samstag, 28. Juli 2007
Der Castellans Folk Sommer findet an gewohnter Stelle als Open-Air am „Kulturufer Nasses Dreieck" in Hörstel-Bergeshövede statt. Es spielen die Bands Bardic, Booghk de Doo und Mr. Irish Bastard.

▶ Am Hafen
48477 Hörstel
www.castellans.de

Castellans Folk Summer

Niederrhein

Freilichtmuseen

▶ An der Dorenburg 28
47929 Grefrath
Tel. 02158/91730
freilichtmuseum@
kreis-viersen.de
www.freilichtmuseum-
dorenburg.de
Öffnungszeiten:
Di-So 10-18 Uhr

Niederrheinisches Freilichtmuseum Grefrath

Das Niederrheinische Freilichtmuseum Dorenburg in Grefrath zeigt eine große Sammlung zum Thema Leben und Arbeiten am Niederrhein, Einblicke in den Alltag der Familien und einen Überblick über die Arbeitsweise traditioneller Handwerksberufe. Im Zentrum steht im Wortsinne die Dorenburg. Die Geschichte dieser beeindruckenden Wasserburg lässt sich bis ins Jahr 1326 zurück verfolgen. Bei einem Rundgang durch die Burg kann man sich Ausstellungsstücke zur bürgerlichen und adligen Wohnkultur anschauen.

Archäologischer Park Xanten

▶ Trajanstr. 4
46509 Xanten
Tel. 02801/7120
Fax 02801/712149
apx@lvr.de
www.apx.de
Öffnungszeiten:
tägl. 9-18 Uhr

Archäologischer Park / Regionalmuseum Xanten

Der Archäologische Park wurde 1977 gegründet mit dem Ziel, eine bildungsbezogene Freizeiteinrichtung zu schaffen. Gleichzeitig wird die größte nicht überbaute Römerstadt nördlich der Alpen dauerhaft geschützt. Bauforscher und Archäologen haben sich bemüht, Räume wieder zu errichten, wie sie in römischer Zeit wohl ausgesehen haben.

Freilichtbühnen

Amphitheater Archäologischer Park

William Shakespeare meets Joe Cocker im Römerlager. Von wo einst Varus mit seinen Legionen in die Schlacht im Teutoburger Wald zog, erobern heute Ballett- und Theateraufführungen, Opern, Operetten, Musicals und bekannte Rock- und Popstars ihr Publikum. Das drängt sich alljährlich auch zu den Sommerfestspielen in das von dunklen Baumriesen umstandene Amphitheater, dessen wiederaufgebautes Viertelsegment immerhin 3 000 Zuschauern Sitzplätze garantiert – eine eindrucksvolle Szenerie mit einmaliger Akustik. Das Jubiläumskonzert der 25. Sommerfestspiele bringt am Sonntag, dem 26. August 2007, einen Weltstar in die Arena

▶ Wardter Straße
46509 Xanten
Info: Tourist-Information
Xanten
Tel. 02801/98300
Fax 02801/71664
info@xanten.de
www.xanten.de

Amphitheater Archäologischer Park

des Archäologischen Parks: José Carreras mit seinen schönsten Liedern und Arien. Weitere Programmpunkte 2007: Die Oper AIDA (9.–12. August), MAGIC OF THE DANCE – DIE GROSSE IRISH-DANCE-SHOW (17.–19. August) und das Musical LES MISÉRABLES (23.–25. August).

Freilichtspiele Birten

Beschaulicher als im Amphitheater des Archäologischen Parks geht es auf der kleinen Naturbühne des einstigen Römerlagers in Birten zu. Ein „Kammertheater" unter freiem Himmel erwartet hier den Besucher. Im Rahmen der Sommerfestspiele Xanten wird dort vom 17. bis 19. August 2007 die Operette DER VOGELHÄNDLER aufgeführt.

Freilichtspiele Burgtheater Dinslaken

Unmittelbar im Schatten der Burg unterhalb des Ostflügels wurde 1934 die Freilichtbühne errichtet. Ihr Reiz liegt nicht zuletzt in der natürlichen Kulisse der Burg. Die Freilichtbühne ist heute ein zentraler kultureller Veranstaltungsort der Stadt Dinslaken. Neben Aufführungen der Burghofbühne finden hier unter anderem Schützen- und Musikfeste statt.

Sommerfestivals

31. Internationales Comedy Arts Festival in Moers
Freitag bis Sonntag, 3. bis 5. August 2007

Sprachwitz, skurrile Performances, Akrobatik und Musik – das sind die Markenzeichen des seit 1976 bestehenden Internationalen Comedy Arts Festival Moers. Die Clownerie in der eigens für 1 800 Zuschauer errichteten Open-Air-Arena auf dem Kastellplatz inklusive der Verleihung des Comedy Preises „Henriettchen" dauert drei Tage und ist längst über die Landesgrenzen hinaus bekannt. Neben etablierten nationalen und internationalen Künstlern präsentiert das

Haldern Pop Festival

ComedyArts vor allem Geheimtipps und spektakuläre Neu-
entdeckungen.

24. Haldern Pop Festival
Donnerstag bis Samstag, 2. bis 4. August 2007
Auf dem Haldern Pop treten vor allem Rock- und Popbands
auf. Von dem dörflich-familiären Flair sind viele Bands an-
getan, so dass sie gern wieder kommen. So kommt es auch
vor, dass Bühnentechniker und Bands im hinteren Bereich
Fußball spielen – wie z. B. die Sportfreunde Stiller im vergangenen Jahr.

▶ Lohstraße
46459 Rees-Haldern
Tel. 02850/1000
Fax 02850/1002
info@haldern-pop.de
www.haldern-pop.de

Internationales New Jazz-Festival
Pfingsten, langes Wochenende = Moers. Für Fans der Jazz-
und Weltmusik seit über drei Jahrzehnten eine der selbstver-
ständlichsten Gleichungen. Schließlich bietet das viertägige
New Jazz-Festival im Schlosshof Moers alljährlich Topstars
aus der internationalen Szene, mehr oder weniger bunt gemischt. Dazu gibt's die Dance Night und kostenloses Cam-
ping im Schlosspark.

▶ Info: Festival Moers Kultur
GmbH, Festivalbüro
Unterwallstr. 9
47441 Moers
Tel. 02841/201-720
Fax 02841/201-874
Tel. Kartenbestellung:
01805/708077
www.festivalmoerskultur-
gmbh.de

Comedy Arts Festival
Moers

Ostwestfalen-Lippe

Freilichtmuseen

Archäologisches Freilichtmuseum Oerlinghausen

► Am Barkhauser Berg 2-6
33813 Oerlinghausen
Tel. 05202/2220
Fax 05202/2388
archaeoerl@t-online.de
Öffnungszeiten:
tägl. 9-18 Uhr

Archäologisches Freilichtmuseum Oerlinghausen

Auf einer Fläche von 1,5 Hektar wird im Archäologischen
Freilichtmuseum Oerlinghausen ein Stück Geschichte lebendig. In sechs großen Baugruppen erhält man einen guten Eindruck vom prähistorischen Alltag – vom Sommerlager eiszeitlicher Rentierjäger bis zur frühmittelalterlichen Hofanlage.
Außerdem werden in speziellen Gehegen mittelalterliche
Weideschweine und Ziegen gehalten. Mitmachen ist in diesem Freilichtmuseum Trumpf. Ob man Steingeräte selbst
herstellen möchte, Speere schleudern oder Steinzeitbrot backen will – das Angebot ist riesig.

► Buschkampstr. 75
33659 Bielefeld
Tel. 0521/492800
Fax 0521/493388
info@museumshof-senne.de
www.museumshof-senne.de

Museumshof Senne

Versteckt in einem kleinen Waldstück in Bielefeld Senne liegt
der Museumshof Senne. Wer durch die Hofeinfahrt fährt,
fühlt sich in vergangene Zeiten zurückversetzt. Hier stehen
Gebäude aus vier Jahrhunderten (1607–1903) – alle exem-
plarisch für die Besiedlung der Senne.

Bielefelder Bauerhausmuseum

Das seit 1917 bestehende Bauernhaus-Museum in Bielefeld ist das älteste Freilichtmuseum Westfalens. Ein Brand vernichtete 1995 das Haupthaus vollständig. 1999 war der Aufbau des Hofes Möllering aus Rödinghausen, einem Dreiständerhaus aus dem Jahr 1590, mit einem neuen Museumskonzept abgeschlossen. Seit der Wiedereröffnung widmet sich das Bauernhaus-Museum der Vermittlung des ländlichen Lebens um 1850. 2001 wurde es Europäisches Museum des Jahres.

▶ Dornberger Str. 82
33619 Bielefeld
Tel. 0521/5218550
Fax 0521/52185 52
bauernhausmuseum@owl-online.de
www.bielefelder-bauernhaus-museum.de
Öffnungszeiten:
Di-Fr 10-18 Uhr,
Sa/So 11-18 Uhr

LWL-Freilichtmuseum Detmold –
Westfälisches Landesmuseum für Volkskunde

Das größte Freilichtmuseum Deutschlands bietet auf mehr als 90 Hektar Museumsgelände über 100 historische Gebäude – und Gärten, Felder und Wiesen mit Lippegans und Bentheimer Landschwein.

▶ Krummes Haus
32760 Detmold
Tel. 05231/7060
Fax 05231/706-106
wfm-detmold@lwl.org
www.lwl.org/freilichtmuseum-detmold
Öffnungszeiten:
tägl. 9-18 Uhr

Freilichtbühnen

Freilichtbühne Nettelstedt

Die Freilichtbühne Nettelstedt auf der großen Naturbühne am Rande des Wiehengebirges besteht seit 1923. In dieser Saison steht Die kleine Hexe auf dem Familienprogramm, und am Abend gibt es Die Pension Schöller zu sehen.

▶ Hünenbrinkstr. 4
32312 Lübbecke
Tel. 05741/370192
Fax 05741/370194
info@freilichtbuehne-nettelstedt.de
www.freilichtbuehne-nettelstedt.de

Freilichtmuseum Detmold

Goethe-Freilichtbühne

▶ Unter den Tannen
32457 Porta Westfalica
info@portabuehne.de
www.portabuehne.de

Goethe-Freilichtbühne

Seit mehr als 75 Jahren wird an der Naturbühne im ostwest-fälischen Porta Westfalica Theater gespielt. Die imposante Felswand, die das Naturtheater nach hinten abschließt, lässt erkennen, dass sich hier ursprünglich einmal ein Steinbruch befunden hat. LADIES NIGHT, PYGMALION und SIMBA – KÖNIG DER LÖWEN stehen im Sommer 2007 auf dem Programm.

▶ Kahle-Wart-Str. 1
32609 Hüllhorst-Oberbauerschaft
Tel. 05741/4120
www.kahlewart.de

Freilichtbühne Kahle Wart

Der Heimatverein Oberbauerschaft, der seit 1948 im Wie-hengebirge eine Freilichtbühne unterhält, lädt alle Freunde der plattdeutschen Sprache und der Volksmusik ein. Die aus-gewählten Inszenierungen bekannter niederdeutscher Auto-ren zeigen, welcher Klang und welche besondere Ausstrah-lung von der niederdeutschen Sprache ausgehen.

Freilichtbühne Schloss Neuhaus

Die kleine Amateurbühne Schloss Neuhaus wurde 1957 im Schlosspark auf einem ehemaligen Schießplatz erbaut. Nach mehreren Umbauten bietet die Tribüne nun Platz für über 600 Zuschauer. Das Programm richtet sich hauptsächlich an Kinder und Jugendliche – 2007 wird DAS DSCHUNGELBUCH gezeigt.

▶ Marstallstr. 19
33104 Paderborn
webmaster@freilichtbuehne-schlossneuhaus.de
www.freilichtbuehne-schloss-neuhaus.de

Sommerfestivals

Medival Emporium in Wewelsburg
Samstag bis Sonntag, 8. bis 9. September 2007

Das mittelalterliche Festival vor den Toren Paderborns bietet auf einem Gelände von 40 000 Quadratmetern Musik und Tanz und ein reges Marktleben – ganz wie im 12. und 13. Jahrhundert. Folgende Bands werden voraussichtlich u. a. zu Gast sein: Corvus Corax, Tanzwut, Cultus Ferox, Elis, Potentia Animi, Weltenbrand, Adorned Brood und Schimmelreyther.

▶ 33142 Wewelsburg
info@medival-emporium.de
www.medival-emporium.de

Holter Meeting Schloss Holte-Stukenbrock
Freitag bis Samstag, 24. bis 25. August 2007

Punk, Rock, Ska, Reggae und Hip Hop stehen auf dem Programm.

▶ 33758 Schloss Holte-Stukenbrock
Am Hallenbad
info@holter-meeting.de
www.holter-meeting.de

Stemweder Open-Air
Freitag bis Samstag, 17. bis 18. August 2007

Das 31. Stemweder Open Air Festival findet wieder im Ilweder Wäldchen statt. Rock, Pop und Punk gibt es auf der Waldbühne – u.a. von ClickClickDecker, Genepool, Groovie Ghoulies, Judy 69, Jupiter Jones, Peter Pan Speedrock, Polarkreis 18, Psycho Key und The Movements.

▶ 32351 Stemwede-Haldem
info@jfk-stemwede.de
www.jfk-stemwede.de

Ruhrgebiet

Freilichtmuseen

▶ Mäckingerbach
58091 Hagen
Tel. 02331/7807-0
Fax 02331/7807-120
freilichtmuseum-hagen@lwl.org
www.freilichtmuseum-hagen.de
Öffnungszeiten:
April bis Oktober Di-So/Fei
9-18 Uhr (Einlass bis 17 Uhr)

LWL-Westfälisches Freilichtmuseum Hagen

Ein Museum zum Anfassen. Bestaunt und gleich ausprobiert werden können über 50 historische Werkstätten und Fabrikbetriebe auf 42 Hektar Fläche in einem über 2,5 Kilometer langen Abschnitt des Mäckinger Bachtales. Und jeder ist – unter fachkundiger Anleitung – sein eigener Gewerbechef, ob beim Brauen, Drucken, Backen, Seile schlagen oder Papier schöpfen: Zusammengenommen bildet das 1960 gegründete und 1973 eröffnete Westfälische Freilichtmuseum Hagen ein Kaleidoskop der Geschichte des Handwerks und der Technik in Westfalen vom ausgehenden 18. Jahrhundert über die frühindustrielle Produktion bis hin zur Hochindustrialisierung zu Beginn des 20. Jahrhunderts.

Seit 2006 dreht sich eine neue Dauerausstellung um „Das achte Metall" – Zink ist erst seit gut 200 Jahren bekannt und wurde gerne genutzt, weil es rostfrei ist.

LWL-Westfälisches
Freilichtmuseum Hagen

LWL-Westfälisches Freilichtmuseum Hagen

Freilichtbühnen

Freilichtbühne und Waldbühne Wattenscheid

Open-Air-Zentrale Wattenscheid. Im Sommer gibt's Kultur satt. Bei Theateraufführungen und Konzerten, Kabarett, Shows, Operetten und Kindertheater bietet die seit 1934 bestehende Freilichtbühne ein Fassungsvermögen von 2 500 Plätzen.

▶ Parkstraße
44866 Bochum
Tel. 0234/61030
Fax 0234/6103109
www.bochum.de

Naturbühne Hohensyburg

Freilichtbühne mit variabler Ausrichtung. Für Aktive oder jene, die es werden wollen, stehen Workshops und Schauspielkurse auf dem Programm.

▶ Syburger Dorfstr. 60
44267 Dortmund
Tel. 0231/ 774310
Fax 0231/774459
info@naturbuehne.de
www.naturbuehne.de

Amphitheater Gelsenkirchen

1997 zur Bundesgartenschau in Gelsenkirchen eröffnet, hat sich die Location im Nordsternpark direkt am Rhein-Herne-Kanal zu einem der stimmungsvollsten und beliebtesten Open-Air-Veranstaltungsorte entwickelt. In den Sommermonaten werden im Amphitheater Konzerte, Open-Air-Kino, Musicals und Partyevents geboten. Mehrere tausend Besucher genießen sowohl das Bühnengeschehen als auch die südländische Atmosphäre vor romantischer Zechenkulisse.

▶ Grothusstr. 201
45889 Gelsenkirchen
Tel. 0209/5083405
Fax 0209/5083406
info@amphitheater-gelsenkirchen.com
www.amphitheater-gelsenkirchen.com

Amphitheater Gelsenkirchen

▶ Gebrüder-Funke-Weg 3
59073 Hamm
Tel. 02381/ 309090
Fax 02381/3090930
info@waldbuehne-heessen.de
www.waldbuehne-heessen.de

Westfälische Freilichtspiele / Waldbühne Heessen

Wenn die Luft im Heessener Wald lau wird, startet die Saison der Westfälischen Freilichtspiele, Deutschlands besucherstärkstem Amateurtheater. Das abwechslungsreiche Programm vor einer 1 700 Plätze umfassenden, überdachten Tribüne, dazu ein großartiges Naturpanorama – der Besuch der Waldbühne Heessen lohnt sich.

Sommerfestivals

▶ Veranstalter:
Gemeinnützige
Klassikfestival Betriebs GmbH
Gildehofstr. 1
45127 Essen
Tel. 0201/8135-495
Fax 0201/8135-469
info@klassikfestival-ruhr.de
www.klassikfestival-ruhr.de

Europäisches Klassik Festival Ruhr
11. Mai bis 28. Oktober 2007

Orchester-Marathon in Industriekathedralen, Klassik-Konzerte in einzigartiger Atmosphäre – das ist das Konzept des Europäischen Klassik Festival Ruhr seit 1998. Ruhrgebiets-Orchester wie die Philharmonia Hungarica und die Neue Philharmonie Westfalen sowie internationale Gäste spielen in Maschinenhallen, Waschkauen oder auf Kohlehalden. Industrie-Kultur im besten Sinne.

Seit 2006 ist das Festival neu ausgerichtet. Die Reihe ist strukturiert in sechs Programmbereiche: Die „Festival-Classics" präsentieren bekannte Künstler und das EurOrchestra bzw. die Philharmonia Hungarica Werke berühmter Künstler, die „Festival-Dreams" bringen Sommernachtsträume auf die Bühne, unter dem Motto „Festival-Exclusive" gibt es Sonderveranstaltungen für Sponsoren, die Sparte „Festival-Young Generation" konzentriert sich auf den musikalischen Nachwuchs. Zusätzlich gibt es das „Festival-Event" mit einer großen Aufführung und die „Festival-Specials", die Konzerte im nicht-klassischen Bereich bieten.

Klavier-Festival Ruhr
12. Mai bis 20. Juli 2007

Eines der großen kulturellen Highlights im Revier, mit dem die Rechnung des Initiativkreises Ruhrgebiet, dem wirtschaftlichen Wandel im Ruhrgebiet auch kulturelles Leben einzuhauchen, voll aufgegangen ist. Seit 1989 trifft sich im Revier das Who is Who der internationalen Pianistenszene. Ein exklusives Glanzlicht, dessen Palette von der Klassik über den Jazz bis zur zeitgenössischen E-Musik reicht und weit über das Ruhrgebiet strahlt.

Welche Dimensionen das stetig gewachsene Festival mittlerweile erreicht hat, verdeutlichen die jüngsten Zahlen: Im Jahr 2006 wurden auf 28 Podien in 16 Orten an Ruhr und Rhein 74 Konzerte veranstaltet, die Resonanz für 2005 ist mit ca. 55 000 Zuschauern gewaltig.

Auch die Preisträger-Liste des vom Initiativkreis Ruhrgebiet ins Leben gerufenen Ehrenpreises ist beeindruckend: Chick Corea war 2006 der neunte Träger dieser Auszeichnung nach Bella Davidovich, Daniel Barenboim, Dmitri Bashkirov, Graham Johnson, Leon Fleisher, Pierre-Laurent Aimard, Alfred Brendel und Pierre Boulez.

▶ Veranstalter:
Initiativkreis Ruhrgebiet
Verwaltungs-GmbH
Alfred-Herrhausen-Haus
Brunnenstr. 8
45138 Essen
Tel. 0201/89668-42
Fax 0201/89668-71
info@i-r.de
www.klavierfestival.de

Klavier-Festival Ruhr

▶ Info:
Cooltour Bochum
Viktoriastr. 75
44787 Bochum
Tel. 0234/65067
Fax 0234/683268,
www.cooltour.com
www.bochum-total.de

Bochum total

Donnerstag bis Sonntag, 21. bis 24. Juni 2007

Mittlerweile eine Kultveranstaltung nicht nur für Ruhrpöttler, macht der zweitgrößte musikalische Freiluft-Event in NRW die Bochumer City rund um das Bermuda3eck zum Hexenkessel. Rock, Pop, Blues und Jazz auf mehreren Bühnen (Eins-Live und Viva Zwei sind dort natürlich längst auch schon vertreten), ein Freiluftspektakel mit 70 Bands, bis zu einer Million Besucher und abends Open end im Kneipenlabyrinth ...

▶ Haus Kemnade
In der Kemnade 10
Info Stadt Bochum
Tel. 0234/910-3953 (Kulturbüro)
www.bochum.de/kemnade-
international

Kemnade international

Freitag bis Sonntag, 15. bis 17. Juni 2007

Open-Air-Festival der Weltkulturen am Kemnader Stausee. Neben internationaler Kultur gibt's hier auch internationale Gastronomie – und das schon seit 1975.

▶ Ort: Friedensplatz
Info: Kulturbüro/KulturInfo-
Shop der Stadt Dortmund
Tel. 0231/50-24980 o. -25177
kis@dortmund.de
www.dortmund.de/kulturbuero

Micro!Festival

Freitag bis Sonntag, 3. bis 5. August 2007

Das Micro!Festival bringt seit 1994 Bewegung in die Dortmunder Innenstadt. Eine spannende Mischung aus internationalem Straßentheater und Weltmusik.

▶ Info:
Duisburg Marketing GmbH
Bereich Festivalbüro
Königstr. 53
47051 Duisburg
Tel. 0203/203-30525-0
Fax 0203/203-30525-25
fgf@duisburg-marketing.de
www.duisburger-akzente.de

Akzente

4. bis 28. Mai 2007

Eines der herausragenden überregionalen Kulturereignisse im Revier (und von der NRW-Regierung dafür zum „Landesfestival" geadelt). Spartenübergreifend setzt sich das ebenso traditionsreiche (seit 1977 bestehend) wie innovative Festival in mehrwöchigen Veranstaltungsreihen mit einem kulturell und gesellschaftlich relevanten Thema auseinander – anspruchsvoll und spannend inszeniert durch Theater, Musik, bildende Kunst, Literatur, Film und Tanz, abgerundet durch wissenschaftliche Vorträge und Gesprächsrunden.

Traumzeitfestival

Freitag bis Sonntag, 6. bis 8. Juli 2007

Der Knüller am Hochofen. Vor der imposanten Kulisse des Landschaftsparks Duisburg-Nord hat sich das junge Internationale Musikfestival schnell etabliert. Spektakuläre Gaststars wie Miriam Makeba, Juliette Greco, Al Jarreau, Al Di Meola, Chick Corea und Ruben Gonzales sorgten in der Gießhalle, Pumpenhalle und Kraftzentrale bereits für Gluthitze.

Die Duisburg Marketing GmbH bietet vom 5. bis 9. Juli 2007 folgende Packages für den Zeitraum des Festivals an:

1. Comfort-Package: 1 Tagesticket Traumzeit-Festival für die Kraftzentrale, 1 Ü/F im DZ des Mercure Duisburg City, Traumzeit CD-Booklet, Innenstadtplan mit den touristischen Highlights und Late Check-Out bis 16 Uhr am Abreisetag für p.P. 87 Euro (EZ-Zuschlag 25 Euro)

2. Premium-Package: 1 Tagesticket Traumzeit-Festival für die Kraftzentrale, 1 Ü/F im DZ Steigenberger Duisburger Hof, in dem die Traumzeitkünstler logieren, Traumzeit CD-Booklet, Tagesticket für vier Duisburger Museen, Innenstadtplan mit den touristischen Highlights, Nutzung der Sauna

Traumzeitfestival

▶ Info:
Duisburg Marketing GmbH
Bereich Festivalbüro
Königstr. 53
47051 Duisburg
Tel. 0203/283-2614
Fax 0203/283-2188
festivalbuero@duisburg-marketing.de
www.traumzeit-festival.de

und Late Check-Out bis 16 Uhr am Abreisetag für p.P. 99
Euro (EZ-Zuschlag 25 Euro)
Buchung: Tourist Information Duisburg,
Tel. 0203/285-440, Fax 0203/285-4444,
weitere Informationen unter www.traumzeit-festival.de

► Hotline 0700/2002-3456
Triennale-Center Essen:
Tel. 0201/8872024,
www.ruhrtriennale.de

RuhrTriennale

1. September bis 14. Oktober 2007

Als Ende August 2002 die RuhrTriennale mit der Premiere
„Deutschland deine Lieder" – inszeniert vom Bochumer Intendanten Matthias Hartmann – in der Halle 5 der Zeche
Zollverein eröffnet wurde, gab es nicht wenige Kritiker, die
behaupteten, die von der Landesregierung initiierte Veranstaltungsreihe wäre eine von oben verordnete, überteuerte
Image-Kampagne, die mit dem Ruhrgebiet nichts zu tun
hätte. Nach dem ersten RuhrTriennale-Zyklus hat sich diese
Stimmung ins Gegenteil verkehrt.

Gerard Mortier, Intendant der ersten RuhrTriennale, hat es
verstanden, international herausragende Bühnen-Produkti-
onen aus den Bereichen Tanz, Theater und Oper in die Region
zu holen und mit den einzigartigen Spielstätten des Ruhrgebiets, vor allem den Industriedenkmälern, zu verbinden.

Das „Fest der Künste" bot bedeutende Uraufführungen und
Neuinszenierungen, darunter Flauberts „The Temptation of
St. Anthony" (Robert Wilson), Mozarts „Die Zauberflöte"
(La Fura dels Baus), Messiaens „Saint François D'Assise"
(Sylvain Cambreling und Ilya Kabakov) und das Mozart-Pro-
jekt „Wolf" (Alain Platel). Exklusive Reihen wie „Century of

Songs" und die „Creationen" rundeten das Programm ab. Ehemalige Maschinenhallen, Zechen und Kokereien – allen voran die eigens für die RuhrTriennale umgebaute, als zentrales Festspielhaus dienende Jahrhunderthalle in Bochum – konnten sich durch kulturelle Glanzlichter selbst als Theater- und Konzertsäle mustergültig in Szene setzen. Ein Plädoyer für die Kunst also, für das Ruhrgebiet aber auch die beste Chance, sich als bedeutender europäischer Kulturstandort zu etablieren. Dies ist offensichtlich gelungen: Allein für die Eröffnungsveranstaltung 2006 akkreditierten sich Journalisten aus 13 Ländern.

Erfolgreich war auch der Publikumszuspruch. Unter Jürgen Flimm, dem Intendanten der zweiten RuhrTriennale, präsentierte sich die RuhrTriennale unter dem Motto: der Mensch des Barock. Insgesamt kamen 87 000 Besucher zu den 30 Triennale-Veranstaltungen an elf Spielorten, was einer Gesamtauslastung von 86 Prozent entspricht.

Das Programm der Spielzeit 2007 (1. September bis 14. Oktober) widmet sich dem Geist des Mittelalters.

KlassikSommer Hamm
18. August bis 16. September

Das 2001 gestartete Festival präsentiert an verschiedenen Veranstaltungsstätten Chor-, Sinfonie- und Werkstattkonzerte. Die Stilbreite führt vom Barock über Jazz bis hin zu zeitgenössischer Musik.

▶ Info: Verkehrsverein Hamm
Willy-Brandt-Platz 3
59065 Hamm
Tel. 02381/23400
info@KlassikSommer.de
www.KlassikSommer.de

KlassikSommer Hamm

► Festivalstätten:
Ruhrfestspielhaus, Kleines
Theater im Ruhrfestspielhaus,
Theaterzelt der Ruhrfestspiele
Otto-Burrmeister-Allee 1
45657 Recklinghausen
Info/Tickets: Tel. 02361/ 9218-0
Fax 02361/9218-18
kartenstelle@ruhrfestspiele.de
www.ruhrfestspiele.de

Europäisches Festival Ruhrfestspiele Recklinghausen
Start: 1. Mai

Größte Festveranstaltung im Revier mit internationalem
Spitzentheater – darunter zahlreiche europäische Premieren –
und Begleitveranstaltungen wie Konzerte, Ausstellungen,
wissenschaftliche Vorträge, Diskussionen und Volksfeste. Seit
1991 offiziell im Range eines Europäischen Festivals, verste-
hen sich die vom deutschen Gewerkschaftsbund und der
Stadt Recklinghausen getragenen Ruhrfestspiele als poli-

Europäisches Festival
Ruhrfestspiele
Recklinghausen

tisches Festival mit jeweiligem Jahresmotto. „Kohle für Kunst, Kunst für Kohle", das am Tag der Arbeit beginnende Festival hat eine kuriose Entstehungsgeschichte (O-Ton): „1946 lieferte die Zeche König Ludwig aus Recklinghausen unter persönlichen Opfern der Belegschaft den Hamburger Staatstheatern Kohle und rettete damit deren Existenz. Zum Dank versprachen die Hamburger, im nächsten Sommer nach Recklinghausen zu kommen und vor den Bergleuten zu spielen. Die Schauspieler kamen, die Atmosphäre war unvergleichlich, der Wunsch nach Wiederholung wurde lebendig. Die Ruhrfestspiele waren geboren."

Kleinkunstwochen Schwerte
September/Oktober
Comedy, Mime, Musikkabarett und Figurentheater, ehemals im Schwerter Giebelsaal, gibt's seit 2004 im Kulturzentrum Rohrmeisterei. Der 1991 eingeführte, vom Publikum verliehene Schwerter Kleinkunstpreis ist mittlerweile eine begehrte Auszeichnung in der Comedy-Szene.

▶ Info:
Kulturbüro Schwerte
Kötterbachstr. 2
58239 Schwerte
Tel. 02304/104-811
Fax 02304/104-804
kulturbuero@kuwebe.de
www.schwerte.de

Welttheater der Straße
Freitag bis Samstag, 24. bis 25. August 2007
In Schwerte wird die Altstadt zur Bühne – beim 1988 ins Leben gerufenen „Welttheater der Straße" treffen sich an drei Tagen Straßentheater aus der ganzen Welt. Großproduktionen finden im Außenbereich des Kulturzentrum Rohrmeisterei in unmittelbarer Nähe zur Ruhr statt. Dass das Openair-Spektakel zu den wichtigsten Festivals im Ruhrgebiet gehört, zeigt auch die Mitgliedschaft im ehemaligen Kooperationsverbund „Theaterfestival Ruhr" bzw. die Koproduktion mit der nachfolgenden RuhrTriennale 2004.

▶ Info:
Kulturbüro Schwerte
Kötterbachstr. 2
58239 Schwerte
Tel. 02304/104-811
Fax 02304/104-804
kulturbuero@kuwebe.de
www.welttheater-der-strasse.de

Sauerland

Freilichtmuseen

Maschinen- und Heimatmuseum Eslohe

► Homertstr. 27
59889 Eslohe
Tel. 02973/6212
www.museum-eslohe.de
Öffnungszeiten:
Mi/Fr/Sa 15-17 Uhr,
So 10-16 Uhr

Unter dem Motto „Des Wassers und des Feuers Kraft" lädt das seit 1981 bestehende Maschinen- und Heimatmuseum Eslohe ein, die unterschiedlichen Abteilungen, die immer wieder erweitert und ergänzt werden, zu erkunden.

Freilichtbühnen

Freilichtbühne Hallenberg

► Freilichtbühnenweg 10
59969 Hallenberg
Tel. 02984/929190
Fax 02984/929192
info@freilichtbuehne-hallenberg.de
www.freilichtbuehne-hallenberg.de

TABALUGA UND LILLI für Kinder, PIROSCHKA für Erwachsene – das steht 2007 auf dem Spielplan der Freilichtbühne Hallenberg. Der Zuschauerraum bietet mehr als 1 400 Besuchern Sitzplätze, die durch eine freitragende Überdachungsanlage fast vollständig geschützt sind.

Freilichtbühne Herdringen

► Gänsepfad 7
59757 Arnsberg-Herdringen
Tel. 02932/39140
Fax 02932/701013
freilichtbuehne.herdringen@gmx.de
www.freilichtbuehne-herdringen.de

Auch auf der Bühne des Arnsberger Stadtteils Herdringen wird im Sommer 2007 ein Programm für Kinder und Erwachsene geboten. Die kleinen Gäste können sich von PIPPI LANGSTRUMPF unterhalten lassen, für die Großen steht IM WEISSEN RÖSSL auf dem Spielplan.

Elspe-Festival-Naturbühne

► Zur Naturbühne 1
57368 Lennestadt-Elspe
Tel. 02721/94440
www.elspe.de

Der ÖLPRINZ reitet in diesem Jahr über die traditionsreiche Bühne im Sauerland. Eine Inszenierung mit 60 Darstellern und über 40 Pferden, Stuntmen, Cascadeuren und Schau-

Freilichtbühne Hallenberg   Freilichtbühne Herdringen

spielern aus zehn Nationen. Technische Effekte wie zusammenstürzende Berge, explodierende Häuser oder brennende Ölfelder machen Elspe auch für Nicht-Karl-May-Fans zu einem beeindruckenden Live-Erlebnis. Alle Plätze sind überdacht und vor Regen geschützt.

Sommerfestivals

Rock am Schloss
Freitag bis Samstag, 10. bis 11. August 2007
An den beiden Festivaltagen gibt es in dem ansonsten doch beschaulichen 12 500-Einwohner-Städtchen Balve im Sauerland Rock statt Reiten. Das Reitstadion direkt neben dem Schloss bietet neben den logistischen Voraussetzungen auch optisch eine ansprechende Location für die Durchführung des Rockfestivals „Rock-am-Schloss". Der Innenraum macht die Einrichtung von Stehplätzen mit freiem Blick zur Bühne möglich. Die seitlich verlaufenden, überdachten Nord- und Südtribünen bleiben in ihrer Funktion als Sitzplätze erhalten und bieten täglich über 2 000 Besuchern ein zusätzliches Platzangebot. In diesem Jahr zu Gast sind u.a. die Bands In Extremo, Oomph, Saxon, Rose Tattoo, Negative und Leichenwetter.

▶ Schloss Wocklum
58802 Balve
info@badland-concerts.de
www.rock-am-schloss.de

Big day out
Freitag bis Samstag, 3. bis 4. August 2007
Auf dem Festivalgelände in Anröchte treten u.a. die Bands Karpatenhund, Bitune, Turbostaat, Sportfreunde Stiller, Madsen und 40 pound marriage auf.

▶ Im Hagen
59609 Anröchte
post@jzi.de
www.jzi.de

Siegerland

Freilichtbühnen

Südwestfälische Freilichtbühne Freudenberg
Der Luftkurort Freudenberg befindet sich in verkehrsgünstiger Lage an der Autobahn A 45. Die Freilichtbühne hat für die Spielzeit 2007 ALADIN UND DIE WUNDERLAMPE und CHARLEY'S TANTE im Programm.

▶ Kuhlenbergstr. 26
57258 Freudenberg
Tel. 02734/8385
info@freilichtbuehne-freudenberg.de
www.freilichtbuehne-freudenberg.de

Sportiv

Faulenzen kann schön sein, aber ein bisschen Sport treiben ist auch nicht schlecht. Wie wäre es denn mal mit Golfen? Viele Klubs in Nordrhein-Westfalen bieten Schnupperkurse an, in denen sich Anfänger optimal auf eine Golfkarriere vorbereiten können. Wer höher hinaus möchte, ist in einem der vielen Kletterparks und Hochseilgärten bestens aufgehoben. Parcours mit verschiedenen Schwierigkeitsgraden sind für Einsteiger und Könner gedacht.

Die Regionen

Bergisches Land

Golfen

▶ Höhenstr. 40
51588 Nümbrecht
Tel. 02293/303700
Fax 02293/7214
sportpark@nuembrecht.com
www.nuembrecht.com

Golf-Park im Sport-Park Nümbrecht

Wer mit dem Golfen starten will, der kommt an dem einen oder anderen Kurs nicht vorbei. Damit man nicht gleich eine teure Mitgliedschaft bezahlen muss, bieten die meisten Golfclubs auf ihren Plätzen Kurse an. Eine Chance, einfach mal zu testen, ob denn das Spiel mit Ball, Schläger und Caddy wirklich zum Hobby und Freizeitsport werden kann.

▶ Johannesberg 13
51515 Kürten
Tel. 02268/8989
Fax 02268/3089
www.golfclub-kuerten.de

Bergerhöhe

Schnupperkurse können beim Golfclub Kürten in verschiedenen Variationen direkt mit den Trainern vereinbart werden.

▶ Kreuzstr. 10
51647 Gummersbach
Tel. 02266/440447
Fax 0266/440448
info@gimborner-land.de
www.gimborner-land.de

Golfanlage Gimborner Land

In den Einsteigerkursen werden Grundlagen vermittelt. So kann jeder Teilnehmer entscheiden, ob ihm dieser Sport liegt.

Golfclub Schloss Georghausen e.V.

Schnupperkurse gibt es auf Anfrage. Die ersten neun Loch dieser Anlage erstrecken sich oberhalb des Schlosses, dann geht es weiter ins verträumte Tal der Sülz.

▶ Georghausen 8
51789 Lindlar-Hommerich
Tel. 02207/909665
Fax 02207/81230
GCSchlossGeorghausen@
golf.de
www.golfclub-schloss-
georghausen.de

Düsseldorf

Golfen

Golfanlage Düsseldorf-Grafenberg

Der Schnupperkurs richtet sich an alle, die in den Golfsport einsteigen möchten. Das Paket enthält drei Stunden auf der Driving-Range, inkl. Anleitung durch einen PGA-Golflehrer und Ausrüstung (Golfschläger und Golfbälle).

▶ Rennbahnstr. 24-26
40629 Düsseldorf
Tel. 0211/964950
info@golf-duesseldorf.de
www.golf-duesseldorf.de

Golfanlage Hummelbachaue

Mit Spaß lernt man einige Grundbegriffe kennen und dann mit großem Schwung erste Bälle schlagen. Der Schnupperkurs enthält zwei Stunden Unterricht, Leihschläger und Übungsbälle. Die Kurse finden abwechselnd samstags und sonntags statt.

▶ Am Golfplatz 1
41469 Neuss
Tel. 02137/91910
Fax 02137/4016
info@hummelbachaue-golf.de
www.hummelbachaue-golf.de

Eifel

Golfen

Golf Bad Münstereifel

18-Loch-Golfplatz mit mittlerem Schwierigkeitsgrad auf einer Fläche von 70 Hektar. Der Golfclub Bad Münstereifel bietet einen kostenlosen Schnuppertag an jedem Sonntag ab 10 Uhr.

▶ Moselweg 4
53902 Bad Münstereifel
Tel. 02253/2714
Fax 02253/930880
club@golfbadmuenstereifel.de
www.golfbadmuenstereifel.de

Köln / Bonn / Aachen

Golfen

► Am Golfplatz 1
50374 Erftstadt
Tel. 02235/95566
info@golfburg.de
www.golfburg.de

Golf Burg Konradsheim

Für die ersten Schritte auf dem Golfplatz werden regelmäßig
Schnupperkurse angeboten.

► Parallelweg 1
50769 Köln
Tel. 0221/784018
Fax 0221/781123
info@clarks-golfcenter.de
www.clarks-golfcenter.de

Clark´s Golfcenter

Im Rahmen eines dreistündigen Schnupperkurses erhalten die
Teilnehmer von einem qualifizierten Golflehrer eine Einfüh-
rung in die Golftechnik und lernen ein wenig über die Nutzung der Eisen und Hölzer. Auch einige Grundgriffe im Putten, Chippen und Pitchen stehen auf dem „Stundenplan".

**Clark's Golfcenter bietet Schnupper-
kurse auch in den folgenden Golfclubs an:**

Golf-Club Ford Köln e.V.
Parallelweg 1
50769 Köln
Tel. 0221/9782424
Fax 0221/9782425
office@gc-ford-koeln.de
www.gc-ford-koeln.de

Golfclub Schloss Miel e.V.
Schlossallee 1
53913 Swisttal-Miel
Tel. 02226/911456
Fax 02226/911457
mail@golfclub-schloss-miel.de
www.golfclub-schloss-miel.de

Golf & Country Club Velderhof
Stommelerbusch
50259 Pulheim
Tel. 02238/923940
Fax 02238/92394-40
info@velderhof.de
www.velderhof.de

Golf- und Landclub Schmitzhof e.V.
Angeboten wird eine Schnuppermitgliedschaft bis zur Platzreife (10 Trainerstunden à 25 Minuten und Übungsrunden
auf dem Kurzplatz).

▶ Arsbecker Str. 160
41844 Wegberg
Tel. 02436/39090
info@golfclubschmitzhof.de
www@golfclubschmitzhof.de

Klettern

Hochseilgarten Köln
Der Hochseilgarten besteht aus Seilstationen, die in ca. zehn
Metern Höhe zwischen Bäumen gespannt sind. Die Teilnehmer bewegen sich hier, gesichert durch Fachtrainer oder andere Teilnehmer, zwischen diesen Stationen. (Seilstationen:
Seilchenbrücke, Hochseilbrücke, Dschungelbrücke, Riesen-
strickleiter, Trapezsprung u. ä.)

▶ Rheinpark
50939 Köln
Tel. 0221/2825247
Fax 0221/2825249
info@insight-out.de
www.hochseilgarten-koeln.de

Hochseilgarten Köln

Münsterland

Golfen

Sportschloss Velen

▶ Schloßplatz 1
46342 Velen
Tel. 02863/2030
Fax 02863/203788
info@sportschlossvelen.de
www.sportschlossvelen.de

Sportschloss Velen

Schnupperkurse – vier Stunden Golf für Einsteiger – werden auf der schlosseigenen Drivingrange und Putting Green angeboten.

▶ Industriestr. 16
49492 Westerkappeln-Velpe
Tel. 05456/96013
Fax 05456/96014
www.golf-velpe.de

Velper Golf Club e.V.

Der Einstieg ist leicht – der Velper Golf Club e.V. bietet ein komplettes Trainingsprogramm. Über die Ausrüstung braucht man sich keine Gedanken zu machen – die stellt der Club. Ein Paar Sportschuhe und bequeme Kleidung, mehr braucht man nicht.

Golf- und Landclub Ahaus

Golfclub Weselerwald

Golf- und Landclub Ahaus e.V.

Neben dem üblichen Angebot für Mitglieder stehen in Ahaus auch Schnupperkurse für Anfänger auf dem Programm.

▶ Schmäinghook 36
48683 Ahaus
Tel. 02567/405
Fax 02567/3524
info@glc-ahaus.de
www.glcahaus.de

Golfclub Weselerwald e. V.

Der Club bietet eine 18-Loch-Turnieranlage und einen 9-Loch-Kurzplatz, die Anfängern und – zur Freude der Clubmuffel – auch für Nicht-Mitglieder zur Verfügung steht. Natürlich stehen hier auch Schnupperkurse und Trainerstunden auf dem Programm.

▶ Steenbecksweg 12
46514 Schermbeck
Tel. 02856/91370
Fax 02856/913715
info@gcww.de
www.gcww.de

Klettern

Hochseilgarten Isselburg

Direkt am Ortsrand von Isselburg liegt der größte Hochseilgarten Nordrhein-Westfalens. Auf zwei Ebenen, in acht und zwölf Metern Höhe über Seile gehen, Baumstämme balancierend überwinden oder an schaukelnden Baumstämmen klettern, klingt spannend und ist es auch. Insgesamt über 20 Elemente warten darauf, bezwungen zu werden.

▶ Postfach 1134
46415 Isselburg, NRW
Tel. 02874/9234
Fax 02874/9272
info@hochseilgarten-isselburg.de
www.hochseilgarten-isselburg.de

Hochseilgarten Isselburg

Niederrhein

Golfen

▶ Greilack 29
47546 Kalkar-Niedermörmter
Tel. 02824/92470
Fax 02824/924093
info@muehlenhof.net
www.muehlenhof.net

Mühlenhof Freier Golfplatz GmbH

Jeweils sonntags ist Golf-Spaß-Tag. Einfach den Schläger in die Hand nehmen und sich die Grundbegriffe des Golfspiels erklären lassen.

▶ Hardt 21
47877 Willich
Tel. 02159/9159561
Fax 02159/9159569
Golfsport.Willich@t-online.de
www.duvenhof.de

Golfanlage Duvenhof

Wenn Sie Golf zum ersten Mal ausprobieren möchten: Bei einem Einsteigerkurs in einer kleinen Gruppe lernt man an einem Wochenende den klassischen Schwung kennen, übt Putten (einlochen), Chippen und Pitchen (annähern an die Fahne) und geht zum Abschluss mit dem Golflehrer über den 4-Loch-Platz.

Golfanlage Duvenhof

Golf- und Landclub Schmitzhof e.V.

Einsteigerkurse bis zur Platzreife werden angeboten – auf dem ganzjährig bespielbaren 18-Loch-Meisterschaftsplatz und den sechs Kurzbahnen kann jeder das Golfspiel nach Lust, Laune und Tagesform genießen.

▶ Arsbecker Straße
41844 Wegberg
Tel. 02436/39090
info@golfclubschmitzhof.de
www.golfclubschmitzhof.de

Klettern

Kletterwald Niederrhein

Auf einer Fläche von 27 500 Quadratmetern sind im Kletterwald Niederrhein 87 verschiedene Kletterelemente integriert – mit Netzbrücken, Bohlen und Seilen geht es Schritt für Schritt von Baum zu Baum. Sechs verschiedene Parcours stehen für das Klettern zur Verfügung. Für die kleinsten Besucher und die, die das Klettern erst einmal ausprobieren möchten, eignet sich vor allem der Spaß-Parcours mit 15 Kletterelementen in einer Höhe von einem bis zwei Metern über dem Erdboden.

▶ Jörg Brockes
Süchtelner Höhen 8
41749 Viersen
Tel. 05407/8575086
info@kletterwald.net
www.kletterwald.net
Öffnungszeiten:
tägl. 10-19 Uhr

► Strohweg 2
46509 Xanten
Tel. 02874/942566
Fax 02874/9272
info@adventurepark-xanten.de
www.adventurepark-xanten.de

Adventurepark Xanten

Im Hochseilgarten in Xanten gilt es, unterschiedliche Hindernisse zu bewältigen, ob Hängebrücken, Drahtseile oder Schwebebalken. Was hier zählt, sind eine Portion Mut, Energie und Wille. Optimal gesichert und unter Begleitung der Trainer kann man getrost Wagnisse eingehen. Die Teilnahme stellt keine besonders hohen Ansprüche an Fitness oder körperliche Verfassung. Mit einer normalen Konstitution kann jeder mitmachen.

Adventurepark Xanten

Ostwestfalen-Lippe

Golfen

Golfclub Exter e.V.

Für alle, die einmal ausprobieren wollen, wie das mit dem Golfspielen denn so funktioniert, bietet der GC Exter sogenannte Info-Wochenenden (Schnupperkurse) an. Alles, was man braucht: ein wenig Zeit, bequeme Kleidung und ein Paar Turnschuhe.

► Finnebachstr. 31
32049 Herford
Tel. 05228/7507
Fax 05228/7507
gcexter@golf.de
www.gcexter.de

Golfclub Marienfeld e.V.

Sie möchten Golf erst einmal kennenlernen? In der Saison von April bis Oktober finden in regemäßigen Abständen Schnupperkurse statt. In kleinen Gruppen von sechs bis acht Personen wird der Golf-Gast zwei Stunden lang in die Welt des Golfsports eingeführt, man erklärt ihm die Golfausrüstung und demonstriert den Umgang mit Ball und Schläger.

► Remse 27
33428 Marienfeld
Tel. 05247/8880
Fax 05247/80386
info@gc-marienfeld.de
www.gc-marienfeld.de

GC Paderborner Land e.V.

Dreistündige Minikurse unter dem Motto „Golfluft schnuppern" finden jeweils samstags und sonntags statt.

► Im Nordfeld 25
33154 Salzkotten
Tel. 05258/9373-10 o. -11
Fax 05258/9373-20
info@gcpaderbornerland.de
www.gcpaderbornerland.de

Klettern

Abenteuerpark-Aatal

Bad Wünnenberg hat jetzt eine Attraktion, die deutschlandweit einmalig ist: eine Seilrutsche, die über einen halben Kilometer lang ist. Man hängt gut gesichert am Seil und saust von der Anhöhe hinunter ins Tal und landet auf einer Insel im Paddelteich. Außerdem: Vorabklettern mit der ganzen Familie. Bewegen Sie sich in vier Metern Höhe völlig selbstständig von Baum zu Baum. Die Besonderheit: ein Automatiksicherheitssystem, bei dem man sich nicht umklinken muss. So können auch die kleinen Kletterfreunde mitmachen.

► Am Paddelteichl
33181 Bad Wünnenberg
Tel. 05251/8719471
mail@kletter-net.de
www.abenteuerpark-aatal.de

PaderKletterPark

▶ An den Fischteichen
Dubelohstr. 100
33102 Paderborn
Tel. 05251/8719471
mail@paderkletterpark.de
www.paderkletterpark.de

PaderKletterPark

Vier Kletterparcours mit unterschiedlichen Schwierigkeitsgraden stehen zur Verfügung – je nach Bedarf für den Anfänger und den Kletterprofi. Von einer zentralen Plattform
hoch über dem Kahnsee geht es los. Hier holt man sich den
Extrakick: beim Nachtklettern im PaderKletterPark. Ausgerüstet mit Stirnlampen, Knicklichtern und Lightwheels in
den Seilrutschen wird das Klettererlebnis zum echten Ner-
venkitzel.

▶ Grotenburg 50
32760 Detmold
Tel. 05231/561384
info@teuto-kletterpark.de
www.teuto-kletterpark.de

Teuto Kletterpark

Die mehr als 60 Kletterstationen im natürlichen Baumbestand sind in sechs Parcours unterschiedlicher Schwierigkeit
und Höhe eingeteilt. In ein bis zwölf Metern Höhe findet
jeder Besucher einen Parcours, der seinem Mut und Können
entspricht.

Teuto Kletterpark

Ruhrgebiet

Golfen

GolfRange in der Galopprennbahn Dortmund

Der gepflegte 9-Loch-Platz mit 38 überdachten Abschlagplätzen hat dank seiner Lage auf der Galopprennbahn ein besonderes Flair. Tipp: Abends Golfen möglich durch Flutlicht-
anlage. Und für alle, die noch nie einen Golfschläger in der
Hand hatten, wird ein zweistündiger Schnupperkurs angeboten. Über die gemachten Erfahrungen unterhalten kann
man sich danach im Restaurant mit Sonnenterrasse.

▶ Rennweg 70
44143 Dortmund
Tel. 0231/9812950
Fax 0231/98129522
dortmund@golfrange.de
www.golfrange.de

GolfRange in der
Galopprennbahn Dortmund

Golfclub Röttgersbach e.V.

Hier lautet die Zauberformel „Pay and Play". Der einfachste
und günstigste Einstieg in den Golfsport führt direkt auf den
für alle offenen 9-Loch-Kurzplatz. Leihmöglichkeiten für
Schläger, Bags und Trollys sind natürlich vorhanden, ebenso
professionelle Beratung für das richtige Equipment.

▶ Ardesstr. 76
47167 Duisburg
Tel. 0203/484672-5
Fax 0203/484672-6
info@gc-roettgersbach.de
www.golf-revier-duisburg.de

Golf-Center Oberhausen

Hier kann sich auch der Anfänger optimal auf seine Golfkarriere vorbereiten. Die Übungsanlage bietet Driving-Range (für
die langen Bälle) sowie Pitching-, Chipping- und Puttinggrün

▶ Zeche Jacobi
Jacobistr. 35
46119 Oberhausen
Tel. 0208/6090405
Fax 0208/6090408
info@golfcenteroberhausen.de
www.golfcenteroberhausen.de

Red Golf Gelsenkirchen

(für den kurzen hohen und den flachen Annäherungsschlag sowie für das Putten). Die Benutzung der Übungsanlage ist kostenfrei. Sind die Schlagarten einmal trainiert, geht es auf die Driving-Range und von dort auf den Kurzplatz, der es ermöglicht, ohne Platzerlaubnis „richtige Golflöcher" zu bespielen. Wer so lange trainiert, dass er die Platzerlaubnis erhält, darf danach auf den schönen 9-Loch-Platz.

► An der Rennbahn 11
45899 Gelsenkirchen-Horst
Tel. 0209/503020
Fax 0209/5030222
gelsenkirchen@redgolf.de
www.redgolf.de

Red Golf Gelsenkirchen

Inmitten der Gelsenkirchener Galopprennbahn „Schloss Horst" lässt es sich prima Golfspielen – auch für Anfänger. Eine Driving Range mit Flutlicht und 40 Abschlagplätzen (davon 21 überdacht und beheizt), die Trainingsstätten Putting Green, Pitch und Putt sowie Übungsbunker stehen für alle ganzjährig zur Verfügung. Die erste Ausrüstung kann ausgeliehen werden. Nach Erlangung der Platzreife wartet dann ein gepflegter 9-Loch-Platz.

Red Golf Gelsenkirchen

Kletterzentrum Neoliet

Klettern

Kletterzentrum Neoliet

Die neueste Kletterhalle des Reviers ist auch die größte: Unter einer 16 Meter hohen Decke locken 1 800 Quadratmeter Kletterfläche. Das Ostern 2005 in der ehemaligen Maschinenhalle der Zeche Constantin der Große eröffnete Kletterzentrum bietet insgesamt 250 Kletterrouten, die sowohl Anfängern als auch Profis ein alpines Gefühl vermitteln.

▶ Flottmannstr. 53h
44807 Bochum
Tel. 0234/5409955
Fax 0234/5414477
info@neoliet.de
www.neoliet.de
Öffnungszeiten:
So-Do 10-22.30 Uhr,
Fr/Sa 10-23 Uhr

KletterMAX

Seilbahn, Klettersteig mit Hängebrücke, Hochseilgarten, Abseilstellen – im KletterMAX werden Kletterträume wahr. Bei einer Hallengröße von 650 Quadratmetern (dazu kommen 35 Quadratmeter Dachbereich) bietet das Indoor- und Outdoorzentrum eine maximale Kletterlänge von 22 Metern mit Schwierigkeitsstufen von 2 bis 10, darüber hinaus u. a.

▶ Hermannstr. 75
44263 Dortmund
Tel. 0231/4270257
Fax 0231/4270258
info@kletter-max.de
www.kletter-max.de
Öffnungszeiten:
Mo/Mi-Fr 10-22 Uhr,
Sa/So 10-20 Uhr,
Fei 10-19 Uhr

KletterMAX

hydraulisch verstellbare Wände, Außenklettertürme, Seminarraum. Erkletterbar sind insgesamt 82 Routen. Toprope-Seile sind ebenso vorhanden wie der Routen-Topos. Und damit der Kitzel auch bei Könnern bleibt, werden die Routen alle acht Wochen umgeschraubt. Für Anfänger gibt's neben einer Wandbetreuung Möglichkeiten vom Probeklettern über den Vorstiegskurs bis hin zu Einzel- und Gruppenstunden. Komplettiert wird das Angebot durch Klettershow, Kinder- und Geburtstagsklettern.

► Emscherstr. 71
47137 Duisburg,
Tel. 0203/428120
www.landschaftspark.de

Landschaftspark Duisburg

Dort, wo im alten Hüttenwerk Meiderich Koks und Eisenerze zwischengelagert wurden, entstand in den 1990er Jahren unter Federführung des Deutschen Alpenvereins der bis heute größte Outdoor-Klettergarten Deutschlands. Über 400 Routen stehen sowohl für Anfänger als auch für ausgemachte Alpinisten bereit. Die Routen haben eine Länge von etwa 10-22 Meter und sind nur im Vorstieg zu begehen. Die unterschiedlich steilen Wände sowie die erhalten gebliebenen Türme bilden ein ideales Klettergelände und verschaffen den Kletterern nach dem Aufstieg einen herrlichen Panoramablick über den Landschaftspark.

► Twendmannstr. 125
45326 Essen
Tel. 0201/381562
www.kletterpuett.de
Öffnungszeiten:
Mo-Sa 10-23 Uhr,
So/Fei 10-22 Uhr

Zeche Helene

Durch den Essener Sportbund zum Sport- und Gesundheitszentrum umgebaute Anlage. Neben Fitness, Kraft- und Gesundheitsangeboten bietet der denkmalgeschützte Pütt auch ein Beachvolleyball-Feld auf. In der ehemaligen Zechenverwaltung befindet sich die größte Attraktion: der von der Sektion Essen des Deutschen Alpenvereins e.V. gemanagte und beaufsichtigte, ca. 420 Quadratmeter große Kletterpütt mit einer 14 Meter hohen Indoor-Kletterwand, Boulderhöhle und Schulungseinheit sowie Freeclimbing für Anfänger und Profis. Wer es das erste Mal versucht, sollte ein Probeklettern vereinbaren.

Klettergarten Isenberg

Steinbruchklettern zwischen Essen, Hattingen und Velbert, genauer gesagt in Nierenhof. Zur Saisonzeit zwischen dem 1. April und dem 30. September trifft sich das Klettervolk im Klettergarten Isenberg. Bei einem Benutzungsentgeld von 3 € pro Tag kann man in dem von der Sektion Essen des Deutschen Alpenvereins e.V. 1976 erworbenen Gelände nach Herzenslust auf markierten Routen den Isenberg ersteigen. Routenführer ist vorhanden. Die Tageskarten gibt's in der Trinkhalle von Dirk Wortmann, Bonsfelder Str. 101, Nierenhof (gegenüber den Bushaltestellen an der großen Kreuzung in Nierenhof).

▶ Infos:
Gisbert Hecker
(Klettergartenwart)
Süthers Garten 9
45130 Essen
Tel. 0201/790955
gisbert.hecker@s-mail.de
www.klettergarten-isenberg.de

Sauerland

Golfen

Golfclub Siegen-Olpe

Erste Schlagversuche sind im Rahmen eines Schnupperkurses mit sechs mal zwei Übungsstunden möglich.

▶ Am Golfplatz
57482 Wenden
Tel. 02762/97620
Fax 02762/976212
info@golfclub-siegen-olpe.de
www.gcso.de

Golfclub Siegen-Olpe

Hochseilgarten Sauerland

▶ Gelstern 2
58579 Schalksmühle
Tel. 02351/51819
Fax 02351/52620
kontakt@gc-gelstern.de
www.gc-gelstern.de

GC Gelstern Lüdenscheid Schalksmühle e.V.

Der Schnupperkurs beinhaltet u. a. die freie Benutzung des Panorama-Platzes, der Driving-Range und anderer Übungsbereiche, Leihschläger für die Dauer des Schnuppergolfens, Regelkunde und Hinführung zur Platzreife-Prüfung.

▶ Am Hölsterloh
59929 Brilon
Tel. 02961/53550
Fax 02961/53551
info@golfclub-brilon.de
www.golfclub-brilon.de

Golfclub Brilon

Profis weisen in die Golftechnik ein – der Schnuppermonat beinhaltet u. a. vier Stunden Golfunterricht (incl. Stellung der Schläger/incl. Drivingrangebälle).

Klettern

▶ Ringstr. 9
59821 Arnsberg
Tel. 02931/937355
Fax 02931/9639246
info@kraeftespiel.de
www.klettergarten-wildwald.de

Kräftespiel Team / Natur / Erlebnis Vogt & Hedtkamp

Der neue Einstieg zum Aufstieg in die Bäume befindet sich im Wildwald Vosswinkel, dem großen Abenteuer- und Naturerlebnisgebiet im Sauerland.

Kräftespiel Team/Natur/
Erlebnis Vogt & Hedtkamp

outdoor + adventure

Hier kann man auf fast 800 Metern Länge und in bis zu 20 Metern Höhe durch die Baumwipfel klettern oder an der Boulderwand Bergsteigerfeeling genießen.

► repetal-park
Repetalstr. 437
57439 Attendorn
Tel. 02721/1425
Fax 02721/1487
info@kletterpark-repetal.de
www.kletterpark-repetal.de

Hochseilgarten Sauerland GbR

Der Hochseilgarten am Skilift Schlossberg besteht aus 16 Baumstämmen, die eine Länge von 12-20 Metern haben. Die Übungen sind in einer Höhe von 10 Metern angebracht. Es gilt von Baum zu Baum zu klettern, über verschiedene Seil- und Balkenkonstruktionen. Insgesamt gibt es mehr als 20 verschiedene Übungen.

► Ludger Korte und
Heike Kunz
Postfach 1455
59944 Winterberg
Tel. 02981/820336
Fax 02981/802936
info@)aktiv-im-sauerland.de
www.aktiv-im-sauerland.de

Siegerland

Golfen

Golfclub Siegerland

Der Schnupperkurs im Golfclub Siegerland findet immer am ersten Samstag und Sonntag im Monat statt – jeweils von 16 bis 18 Uhr.

► Berghäuser Weg
57223 Kreuztal
Tel. 02732/59470
Fax 02732/594724
info@golfclub-siegerland.de
www.golfclub-siegerland.de

Golfclub Siegerland

ERLEBNIS TIERWELT

Knut ist putzig. Zweifelsohne. Aber der kleine Kult-Eisbär aus dem Berliner Zoo ist längst nicht alles, was Wildparks und Freigehege zu bieten haben. In den attraktiven Anlagen in Nordrhein-Westfalen kann man Greifvögel im Flug bewundern, Hirsche aus der Hand füttern oder auf weitläufigen Wiesengehegen schon mal einem Känguru oder einem Lama begegnen. In vielen Wildparks legt man besonderen Wert darauf, den Besuchern ausschließlich einheimische Tiere zu zeigen.

Bergisches Land

Zoologischer Garten der
Stadt Wuppertal

▶ Hubertusallee 30
42117 Wuppertal
Tel. 0202/27470
Fax 0202/741888
kontakt@zoo-wuppertal.de
www.zoo-wuppertal.de
Öffnungszeiten:
tägl. 8.30-18.30 Uhr

Zoologischer Garten der Stadt Wuppertal

Mitten in einem schicken Wohngebiet liegt der Wuppertaler
Zoo. Und wie im Bergischen Land üblich, geht's auch hier
auf und ab. Aber die Wege lohnen sich. Ob Erdmännchen-
Kolonie, Eisbären hinter einer großen Unterwasserscheibe
oder exotische Vögel in der tropischen Freiflughalle – der
Wuppertaler Zoo hat eine Menge zu bieten. Im vergangenen
Jahr 2006 konnte der Zoo 125-jähriges Bestehen feiern.

Zoologischer Garten der
Stadt Wuppertal

Tierpark Fauna

Der Tierpark Fauna beherbergt 700 Tiere in 200 Arten. Besonders beliebt bei den kleinen Gästen ist der Streichelzoo. Außerdem kann in der Tierparkschule ein Kindergeburtstag mal auf ganz andere Art und Weise gefeiert werden.

▶ Lützowstr. 347
42653 Solingen
Tel. 0212/591256
Fax 0212/2591690
info@tierpark-fauna.de
www.tierpark-fauna.de
Öffnungszeiten:
tägl. 9-18 Uhr

Tierpark Fauna

Vogelpark Solingen

Der Vogelpark in Solingen Ohligs bietet eine Vielzahl an heimischen und exotischen Vögeln. Zudem können im Streichelzoo viele andere Tiere hautnah erlebt werden.

▶ Hermann-Löns-Weg 71
42697 Solingen
Tel. 0212/75936
Öffnungszeiten:
Mo-Sa 9-18 Uhr,
So 9-19 Uhr

Affen- & Vogelpark Eckenhagen

Am Rande des beschaulichen Luftkurortes Reichshof Eckenhagen bei Gummersbach liegt der „Affen und Vogelpark", ein Freizeitparadies auf 80 000 Quadratmetern. Dort leben über 180 verschiedene Tierarten, es gibt einen Streichelzoo, eine Indoorhalle, ein Gartencafé, Grillhütten und eine Menge Spielgeräte für die Kids. Zwischen März und November findet an jedem ersten Sonntag im Monat zwischen 9 und 13 Uhr der große Bauern- und Kleintiermarkt auf dem Marktplatz neben dem Affen- und Vogelpark statt.

▶ Am Bromberg
51580 Reichshof Eckenhagen
Tel. 02265/8786
Fax 02265/9509
www.affen-und-vogelpark.de
Öffnungszeiten:
tägl. 9-18 Uhr

Düsseldorf

▶ Rennbahnstraße
40629 Düsseldorf
Tel. 0211/651903
wald@stadt.duesseldorf.de
www.duesseldorf.de
Öffnungszeiten:
tägl. 9-19 Uhr

Wildpark Grafenberger Wald

Eingebettet in den Grafenberger Wald ist der Wildpark mit seinen rund 100 Tieren insbesondere für Familien ein attraktives Ausflugsziel, das 365 Tage im Jahr geöffnet ist und nicht einmal Eintritt kostet. In naturnah gestalteten Gehegen sind Rothirsche, Rehe, Muffelwild und Wildschweine zu Hause. Eine Besonderheit ist das Damwild-Freigehege. Hier kann das Wild, wenn es denn selbst will, hautnah erlebt und von den Kindern gefüttert werden.

Eifel

▶ 54597 Pronsfeld
Tel. 06556/816
Fax 06556/323
info@eifel-zoo.de
www.eifel-zoo.de
Öffnungszeiten:
tägl. 9-18 Uhr

Eifel-Zoo

Eingebettet in die Wald- und Berglandschaft der Eifel, bepflanzt mit seltenen, auch tropischen Bäumen, können Besucher die Tiere im Eifel-Zoo hautnah erleben. Die Tiere leben in naturidentischen Gehegen. Die Fahrt mit der Eifel-Zoo-Bahn führt über 1,2 Kilometer – dabei ist die Fütterung der Hirsche, die den Menschen im Wortsinne aus der Hand fressen, der Höhepunkt.

Wildgehege Hellenthal

Greifvogelstation Hellenthal

Wildgehege Hellenthal

Bei einem Besuch im Wildgehege Hellenthal hält man vergeblich Ausschau nach Löwen, Tigern oder anderen Exoten. Dort leben überwiegend einheimische Tiere – vom Rotwild, Damwild, Schwarzwild bis zu Fuchs, Luchs und Bär.

▶ 53940 Hellenthal
Tel. 02482/2292
Fax 02482/2212
info@wildgehege-hellenthal.de
www.wildgehege-hellenthal.de
Öffnungszeiten:
tägl. 9-18 Uhr

Greifvogelstation Hellenthal

Inmitten des Wildgeheges Hellenthal befindet sich die Greifvogelstation Hellenthal. Sie ist eine der ältesten und größten in Mitteleuropa. Vom faustgroßen Steinkauz bis zum Anden-Kondor, der eine Flügelspannweite von drei Metern hat, haben viele Greifvögel und Eulen dort ihr Zuhause. Mehrmals am Tag werden die Tiere im freien Flug präsentiert.

▶ 53940 Hellenthal
Tel. 02482/7240
Fax 02482/7428
greifvogelstation-hellenthal@
web.de
www.greifvogelstation-
hellenthal.de
Öffnungszeiten:
tägl. 9-18 Uhr

Greifvogelstation Hellenthal

▶ Rurauenstr. 11
52428 Jülich
Tel. 02461/97950
Fax 02461/979522
brueckenkopf-park@t-online.de
www.brueckenkopf-park.de
Öffnungszeiten:
tägl. 9-18 Uhr

Brückenkopf-Park Jülich

Der Brückenkopf-Park Jülich ist eine Mischung aus Abenteuerspielplatz und Zoo. Kletterturm, Skaterbahn, Spielplatz und Minigolf gibt es neben Wolfsgehege und Streichelzoo – der ideale Ort für einen Familienausflug.

Brückenkopf-Park Jülich

Köln / Bonn / Aachen

Aachener Tierpark

Aachener Tierpark

Der Euregiozoo in Aachen beherbergt auf etwa 8,9 Hektar in weitläufigen Gehegen über 1 200 Tiere in 210 Arten und Rassen. Bunt gemischt ist die Zusammensetzung – vom winzigen exotischen Vogel bis zu asiatischen Kamelen oder den Zebras, Antilopen, Straußen und Watussi-Rindern in der Afrika-Steppe. Reich ist der Bestand heimischer Tiere. 70 Arten Wassergeflügel bevölkern einen fast zwei Hektar großen See und kleinere Teiche.

▶ Obere Drimbornstr. 44
52066 Aachen
Tel. 0241/59385
Fax 0241/572696
kontakt@euregiozoo.de
www.aachener-tierpark.de
Öffnungszeiten:
tägl. 9-18.30 Uhr

Reptilienzoo

Der Reptilienzoo liegt auf dem Eselsweg – auf halber Strecke hoch hinauf zum Drachenfels in Königswinter. Er wurde 1958 eingerichtet, und heute leben dort in mehr als 40 Terrarien 100 Reptilien aus aller Welt. Von Schlangen über Echsen, Krokodilen bis zu den Schildkröten.

▶ 53639 Königswinter
Drachenfels
www.nibelungenhalle.de

Wildpark Rolandseck

► Am Kasselbach 4
53424 Remagen-Rolandseck
Tel. 02228/433
Fax 02228/9129023
www.wildpark-rolandseck.de
Öffnungszeiten:
9-18 Uhr (Mo Ruhetag)

Wildpark Rolandseck

Die Silhouette des Siebengebirges, die Kuppen des Wester-
waldes, und dazwischen fließt der Rhein. Und dort liegt auch
Deutschlands wohl landschaftlich schönster Wildpark, der
Wildpark Rolandseck. Seit 30 Jahren leben hoch über dem
Rhein Hirsche, Mufflons und Wildschweine, auch Damwild,
Hochlandrinder und Bergziegen.

► Riehler Str. 173
50735 Köln
Tel. 0221/77850
Fax 0221/7785111
info@zoo-koeln.de
www.zoo-koeln.de
Öffnungszeiten:
tägl. 9-18 Uhr

Zoologischer Garten Köln

Der Kölner Zoo, 1860 gegründet, ist der drittälteste Zoo
Deutschlands. Sein heutiges Erscheinungsbild ist das Ergeb-
nis einer langen Entwicklung. Alte, erhalten gebliebene Tierhäuser und -anlagen wie das 1863 erbaute Elefantenhaus im
maurischen Stil oder der Affenfelsen von 1914 sowie neue
Anlagen, wie der im neuen Jahrtausend eröffnete Regenwald
oder der Elefantenpark Köln, zeigen die Entwicklung zoologischer Gärten von der Menagerie zum Naturschutzzen-
trum.

Zoologischer Garten Köln

Münsterland

NaturZoo Rheine

Am nördlichen Rand des Münsterlands liegt der NaturZoo Rheine. Dort kann man die Tiere hautnah erleben, größtenteils in ihren natürlichen Lebensräumen. So gibt es z. B. ein Storchenreservat mit über 60 Weißstörchen, von denen die meisten frei herumfliegen. In weitläufigen Wiesengehegen laufen den Besuchern Kängurus und Lamas über den Weg. Und im ersten Affenwald Deutschlands kann man (fast) freilebenden Berberaffen begegnen.

▶ Salinenstr. 150
48432 Rheine
Tel. 05971/61480
Tel. 05971/14820
info@naturzoo.de
www.naturzoo.de
Öffnungszeiten:
tägl. 9-18 Uhr

Wildpark Frankenhof

Im Wildpark Frankenhof geht es beschaulich zu, auf Klamauk und Tamtam wurde bewusst verzichtet. Der Rundweg führt an naturnah gestalteten Gehegen entlang. Rund 500 Tiere leben dort – vom Rentier bis zum Luchs. Einen großen Erlebnisspielplatz gibt es außerdem, das Trollland mit riesigen Klettertürmen, die an Pilze erinnern, und den Märchenwald, in dem an zahlreichen Stationen bekannte Märchen dargestellt werden.

▶ Frankenstr. 32
48734 Reken
Tel. 02864/1715
Fax 02864/882279
info@wildpark-frankenhof.de
www.wildpark-frankenhof.de
Öffnungszeiten: 9-18 Uhr

Wildpark Dülmen

Im Wildpark Dülmen kann man einheimische Tiere ganz aus der Nähe sehen. Auf einer Fläche von 250 Hektar sind Damwild, Schafe und Heidschnucken beheimatet, die dort in großen Rudeln, bzw. Herden leben. Eine Besonderheit: Der Eintritt zum Wildpark ist kostenlos, auch für das Benutzen der Parkplätze werden keine Gebühren erhoben.

▶ Hinderkingsweg
48249 Dülmen

Allwetterzoo Münster

Als Nachfolger des alten Zoos in Münster wurde der Allwetterzoo 1974 neu eröffnet. Die Zoo-Architekten hatten seinerzeit die Idee, alle großen Tierhäuser mit überdachten We-

Allwetterzoo Münster

▶ Sentruper Str. 315
48161 Münster
Tel. 0251/89040
Fax 0251/890490
info@allwetterzoo.de
www.allwetterzoo.de
Öffnungszeiten:
ab 9 Uhr, Einlass bis 16 Uhr
(Winter), bis 17 Uhr (ab März),
bis 18 Uhr (im Sommer-
halbjahr)

gen zu verbinden, den sogenannten „Allwettergängen". Daraus wurde folgerichtig der Name „Allwetterzoo". Die überdachten Wege schützen nicht nur vor Regen, sondern spenden bei großer Sommerhitze auch Schatten. Angenehm kühl sind bei tropischen Außentemperaturen auch die Tierhäuser, schattig sind viele Wege und Picknickplätze dank großer Bäume. Bei den thematischen Führungen an jedem Freitagnachmittag im Jahr informiert ein Biologe über verschiedene Bereiche des Zoos.

Niederrhein

Biotop-Wildpark Anholter Schweiz

Der Biotop-Wildpark Anholter Schweiz ist in sieben Bereiche aufgeteilt, die von einheimischen Tieren bewohnt werden. Unter anderem können Heidelandschaft, Bruchwald oder Naturwald auf Spaziergängen erkundet werden. Außerdem leben auf einem 2,5 Hektar großen Gelände zwei Braunbären und zwei Kragenbären, die vom Deutschen Tierschutzbund vor dem Einschläfern gerettet wurden und am Niederrhein ein neues Zuhause fanden.

▶ Pferdehorster Str. 1
46419 Isselburg
Tel. 02874/45355
info@anholter-schweiz.de
www.anholter-schweiz.de
Öffnungszeiten:
tägl. 9-18 Uhr

Zoo Krefeld

Der Zoo Krefeld wurde 1938 als städtischer Tierpark im Parkgelände rund um das Grotenburg-Schlösschen eröffnet. Er entstand aus einer „Tierschau", die den Krefelder Bürgern bereits von 1877 bis 1914 einen Einblick in die Welt der Tiere bot und an der Tiergartenstraße gelegen war. Mittlerweile ist der Krefelder Zoo auf 13 Hektar angewachsen und zeigt über 1 200 exotische sowie europäische Tiere aus etwa 200 Arten.

▶ Uerdinger Str. 377
47800 Krefeld
Tel. 02151/95520
Fax 955233
zoo.krefeld@krefeld.de
www.zookrefeld.de
Öffnungszeiten:
tägl. 18-20 Uhr

TerraZoo Rheinberg

Der TerraZoo nimmt die Besucher mit in die geheimnisvolle Welt der Reptilien und präsentiert etwa 80 Arten wechselwarmer Tiere anhand von 250 Individuen in authentischen Lebensräumen. Echsen (z. B. Warane und Leguane), ungiftige und giftige Schlangen (z. B. Nattern und Klapperschlangen) sowie einheimische Reptilien, darunter selten gewordene Exemplare wie Zauneidechse und Aspisviper, werden nach dem Motto „Erleben – Lehren – Lernen" nicht nur präsentiert, sondern auch pädagogisch-didaktisch dem Publikum nähergebracht. Bei den ausschließlich aus Nachzucht stammenden Tieren handelt es sich um eine gezielte Auswahl von charakteristischen Reptilien- und Spinnenarten. Die Terrarienanlage, die von einem Computer-System gesteuert wird, verteilt sich durch den ganzen Zoo. Besonders die Außenanlage ist einen Besuch wert.

▶ Melkweg 7
47495 Rheinberg
Tel. 02843/901685
Fax 02843/901686
info@terrazoo-rheinberg.de
www.terrazoo-rheinberg.de
Öffnungszeiten:
Di-Sa 10-18.30 Uhr,
So 10.30-18 Uhr, Mo Ruhetag

NiederRheinPark Plantaria

NiederRheinPark Plantaria

▶ Am Scheidweg 1-5
47624 Kevelaer
Tel. 02832/93270
Fax 02832/932718
plantaria@t-online.de
www.plantaria.de
Öffnungszeiten:
tägl. 10-18 Uhr

Der NiederRheinPark Plantaria in Kevelaer-Twisteden wurde im Mai 1998 als Vogel- und Blumenpark in einer elf Hektar großen Parklandschaft eröffnet. Inzwischen hat sich der Park zu einem echten Naturerlebnispark weiter entwickelt. Mehr als 1000 Vögel (Schwerpunkt Papageien und Hühnervögel) aus fünf Kontinenten haben hier in großzügig angelegten Volieren eine neue Heimat gefunden. Viele der Volieren sind als so genannte „Freiflugvolieren" für die Besucher zugänglich. Außerdem gibt einen Kinderbauernhof.

Wildgehege Oermter Berg

▶ Rheurdter Straße
47509 Rheurdt
Tel. 02832/7666
info@issum.de
Öffnungszeiten:
frei zugänglich

Das von Wanderwegen durchzogene Gelände des Volksparks Oermter Berg mit seiner reich gegliederten Topografie beherbergt Gehege für Hirsche und seit einigen Jahren auch für Mufflons. Außerdem gibt es einen Aussichtsturm, einen geologischen Lehrpfad und eine naturkundliche Sammlung.

Ostwestfalen-Lippe

Safaripark Stukenbrock

Tiger, Löwen, Elefanten, Kamele, Giraffen, Nashörner, Antilopen, Zebras – mehr als 600 Tiere leben im Hollywood- und Safaripark Stukenbrock. Hier wurde für sie ein Lebensraum geschaffen, der der natürlichen Umgebung angepasst wurde. Wie in der freien Wildbahn leben die Tiere hier, und wo immer es möglich ist, hat der Park auf vergitterte Gehege und Käfige verzichtet. Die Besucher fahren im eigenen Auto durch die großen Gehege. Als einziger Park in Europa zeigt Stukenbrock weiße Löwen. Weltweit gibt es von dieser Rasse nur noch ungefähr 80 Exemplare.

► Mittweg 16
33758 Schloß Holte-Stukenbrock
Tel. 05207/952425
Fax 05207/952426
www.safaripark.de
Öffnungszeiten:
9-19 Uhr

Heimat-Tierpark Olderdissen

Der Heimat-Tierpark Olderdissen ist ein beliebtes Ausflugsziel für Familien mit Kindern, für Kindergärten und Schulklassen. Hier sehen viele Kinder ihr erstes Wald- und Wildtier live und in Farbe. Über 430 Tiere in 100 verschiedenen Arten können beobachtet werden. Spielplatz und Streichelwiese gehören zu den besonderen Attraktionen für die kleinen Gäste.

► Dornberger Str. 149 a
33619 Bielefeld
Tel. 0521/512956
Fax 0521/5217291
www.bielefeld.de
Öffnungszeiten:
durchgehend/kein Eintritt

Heimat-Tierpark Olderdissen

Adlerwarte Berlebeck

Adlerwarte Berlebeck

▶ Adlerweg 13-15
32760 Detmold
Tel. 05231/47171
Fax 05231/47071
info@adlerwarte-berlebeck.de
www.adlerwarte-berlebeck.de
Öffnungszeiten:
tägl. 9.30-17.30 Uhr

Täglich starten sie – die Adler, Falken und Geier. In Flugvor-
führungen erleben die Besucher die Navigationskünstler und
Akrobaten der Luft, wie sie pfeilschnell in die Höhe fliegen,
z.T. bis auf 1 000 Meter und dann auf Zuruf des Falkners zu
einer Punktlandung auf dessen Faust zurückkehren.

Vogelpark Heiligenkirchen

▶ Ostertalstr. 1
32760 Detmold
Tel. 05231/47439
Fax 05231/46022
info@vogelpark-heiligenkirchen.de
www.vogelpark-heiligenkirchen.de
Öffnungszeiten:
tägl. 9-18 Uhr

Der Vogelpark Heiligenkirchen, am Fuße des Hermansdenk-
mals, bietet eine Parkanlage und über 1 000 Vögel und Säu-
getiere in 300 Arten in großen Volieren und Freigehegen.
Vom größten Vogel, dem Helmkasuar, bis zum kleinsten
Huhn der Welt – mit Küken in der Größe einer Hummel –
ist alles vertreten. Zu sehen sind u. a. Pelikane, Störche, Kra-
niche, Pfauen, Tukane und seltene Hornvögel, aber auch Affen, Präriehunde, Kängurus und der kleine Bruder des
Elefanten. Die größte Attraktion ist eine Streichelwiese mit
Papageien.

Vogelpark Heiligenkirchen

Ruhrgebiet

Tierpark + Fossilium Bochum

Der Bochumer Tierpark ist mit einer Fläche von zwei Hektar zwar nicht besonders groß, beherbergt aber dennoch eine stattliche Anzahl an Tieren: Rund 370 verschiedene Arten, insgesamt mehr als 1 000 Exemplare der heimischen und nicht-heimischen Tierwelt sind auf dem Areal angesiedelt. Neben Fischen, Reptilien, Tigern, Braunbären und Wasservögeln blickt der Tierpark mit einigem Stolz auf die Zuchterfolge bei Leoparden, Luchsen, Seehunden und Uhus. Von besonderem Wert sind außerdem die seltenen Echsen und Schlangen des Terrarienhauses, an das auch ein Aquarium

▶ Klinikstr. 49
44791 Bochum
Tel. 0234/95029-0
Fax 0234/95029-70
tierpark.bochum@t-online.de
www.tierpark-bochum.de
Öffnungszeiten:
April bis September 9-19 Uhr,
März/Oktober 9-18 Uhr,
November bis Februar
9-16.30 Uhr

Tierpark + Fossilium Bochum

mit Korallenriff und Schwarzspitzenriffhai angeschlossen ist, sowie das Regenwald-Amazonas-Haus, in dem Piranhas, Zwergseidenäffchen und Kaimane beheimatet sind. Zur Reise in die urzeitgeschichtliche Vergangenheit lädt das Fossilium ein. In 55 Vitrinen zeigt die Sammlung Helmut Leich bedeutende Fossilfunde aus den Solnhofener Plattenkalken im Altmühltal, der berühmtesten Fossillagerstätte Deutschlands. Zu der Millionen Jahre alten Tier- und Pflanzenwelt gehören u. a. Quastenflosser, Knochenschmelzschuppenfische, Pfeilschwänze, Nautiliden und Schnabelköpfer. Für die Kleinen bietet sich der Streichelzoo mit Zwergziegen, Schafen, Schweinen und Kälbern an, Ponyreiten und Kutschfahrten sind ebenfalls im Programm.

▶ Mergelteichstr. 80
44225 Dortmund
Tel. 0231/50-28581
Fax 0231/712175
zoo@dortmund.de
www.dortmund.de/zoo,
Öffnungszeiten:
April bis September
9-18.30 Uhr,
November bis Februar
9-16.30 Uhr,
März/Oktober 9-17.30 Uhr

Zoo Dortmund

Große Erfolge bei der Nachzucht seltener Tierarten sowie die sorgsame und fachkundige Pflege aller über 2 000 Tiere: Das sind die Markenzeichen des Dortmunder Zoos, die ihn auch international bekannt gemacht haben. Mehr als 300 heimische und exotische Arten aus allen fünf Kontinenten der Erde leben auf dem 28 Hektar großen Areal, das 1953 der Öffentlichkeit zugänglich gemacht wurde. Hauptattraktion des Tierparks ist die Südamerika-Anlage: Im Amazonashaus kann ein tropischer Regenwald durchwandert und die üppige wie artenreiche südamerikanische Flora und Fauna bestaunt und bewundert werden. Auf einem Freigelände leben neben vielen anderen südamerikanischen Tierarten (wie z.B. den selten gewordenen Riesenottern) der Kleine und Große Ameisenbär, dessen Nachzucht so erfolgreich verlief, dass sie zum Wahrzeichen des Dortmunder Zoos wurden. So wurde 2006 das 50. Ameisenbär-Baby im Zoo geboren – damit ist Dortmund der Weltrekordhalter bei der Aufzucht von Jungtieren des Großen Ameisenbären. Natürlich befinden sich auf dem Gelände noch viele weitere Tierarten, darunter beispielsweise auch ein Freigehege für Löwen und Tiger, Seelöwenplätze, Affen-, Giraffen- und Nashörnergehege. Von besonderem Interesse für Kinder dürfte der Streichelzoo im Stil eines westfälischen Bauernhofes sein, zu dem auch ein Spielplatz mit Kindereisenbahn und Motorrad-Scooter gehören.

Zoo Dortmund

Zoo Duisburg

Zoo Duisburg

Mitten im Waldgebiet des Kaiserbergs liegt der bekannteste Zoo des Ruhrgebiets: der Duisburger Waldzoo. Auf einer Fläche von 16 Hektar befinden sich rund 3 370 Tiere in mehr als 580 Arten. Auf gleich mehreren Gebieten ist der Zoo mit seinen Einrichtungen einzigartig: Das Affenhaus (Äquatorium) gilt als eine der größten Menschenaffenanlagen Europas, in dem Lizäffchen, Mandrills, Ungkas und Bartaffen beheimatet sind. Im Delphinarium, erstes seiner Art in Mitteleuropa, tummeln sich die beliebten Meeressäuger, von denen einige waschechte „Duisburger" sind. Hauptattraktion schließlich ist das Koala-Haus: Dem Zoo Duisburg gelang – einmalig in Europa – die Nachzucht dieser gefährdeten Tierart. Viele weitere Attraktionen hat der Zoo zu bieten: Aquarium, Robbenanlage, Walarium, Nebelparder-Haus, Großkatzenanlage und das Haus der 1 000 Fische sorgen pro Jahr im Schnitt für ca. eine Million Besucher. Der original chinesische Garten, ein Geschenk der Duisburger Partnerstadt Wuhan, verspricht Ruhe und Erholung. Ein Streichelzoo und ein Spielplatz bringen den Kindern Abwechslung und Spaß.

▶ Mülheimer Str. 273
47058 Duisburg
Tel. 0203/30559-0
Fax 0203/30559-22
info@zoo-duisburg.de
www.zoo-duisburg.de
Öffnungszeiten:
1. März bis 31. Oktober
9-17.30 Uhr,
1. November bis 28. Februar
9-16 Uhr

▶ Bleckstr. 47
45889 Gelsenkirchen
Tel. 0209/9545-0
Fax 0209/9545-121
info@zoom-erlebniswelt.de
www.zoom-erlebniswelt.de
Öffnungszeiten:
April bis September
9-18.30 Uhr,
März/Oktober 9-18 Uhr,
November bis Februar
9-17 Uhr

ZOOM Erlebniswelt Gelsenkirchen

Der 1949 angelegte Ruhr-Zoo Gelsenkirchen verändert sein Gesicht. In einer bis 2007 andauernden Umbauphase wird er Zug um Zug von der so genannten „Zoom Erlebniswelt" abgelöst. Hinter dem neuen Namen verbirgt sich eine innovative Zoo- und Freizeitphilosophie und eine zukünftige Vier-Welten-Präsentation: Im Mittelpunkt stehen die Kontinente Afrika, Asien, Alaska und die Region Westfalen, die auf mehr als 30 Hektar Fläche nach dem Vorbild der Natur gebaut werden und nicht nur die Lebensräume der entsprechenden Tierarten, sondern auch die jeweilige Kultur, Architektur und Besonderheiten dieser Welten präsentieren.

Die „Erlebniswelt Alaska" war als erste im Juli 2005 auf sechs Hektar realisiert worden. Seelöwen und Eisbären, Biber, Kodiakbären – über ein Dutzend in Alaska heimischer Tierarten faszinieren aus allernächster Nähe. Im Juli 2006 folgte die neue „Erlebniswelt Afrika", mit 14 Hektar die größte der

ZOOM Erlebniswelt Gelsenkirchen

drei Erlebniswelten. Insgesamt 288 afrikanische Tiere bevölkern die naturgetreu nachgebauten Savannenlandschaften und Dschungelareale. Auf die Besucher wartet zudem ein fast echter Afrika-Trip: Der 240 Meter lange Afrikasee bietet auf einer abenteuerlichen Bootsfahrt Grassavannen, eine Flamingo-Insel oder Flusspferde-Reviere, die allesamt hautnah erlebt werden können. Die über 2 000 Quadratmeter große Dschungelhalle, in der Flusspferde und Menschenaffen ein beinahe authentisches Zuhause finden, das Giraffenhaus, das Rundum-Panorama der Afrika-Lodge und das original afrikanische Dorf komplettieren das einmalige Angebot.

Mit der Fertigstellung der „Erlebniswelt Asien" 2007/2008 wird die 85 Millionen Euro teure Umgestaltung des ehemaligen Ruhrzoos Gelsenkirchen in die ZOOM Erlebniswelt, den ersten ganzheitlich naturnah gestalteten Zoo Europas, abgeschlossen sein.

ZOOM Erlebniswelt Gelsenkirchen

Naturwildpark Granat

▶ Granatstr. 626
45721 Haltern-Lavesum
Tel. 05975/935-37
Fax 05975/935-79
www.naturwildpark.de
Öffnungszeiten:
ganzjährig tägl. 10-18 Uhr

Naturwildpark Granat

Der Naturwildpark im Übergang zwischen Ruhrgebiet und Münsterland beherbergt ca. 500 Tiere, die sich nahezu alle frei im Gelände bewegen. Auf einer Fläche von über 600 000 Quadratmetern begegnet man Hirschen, Mufflons und Murmeltieren. Nur das Schwarzwild (Wildschweine), die Kängurus, die Strauße und die Luchse sind zu ihrem und zum Schutz der Besucher des Parks eingezäunt. Zahlreiche Wander- und Radwanderwege führen über das Areal. Für Kinder steht außerdem ein großer Spielplatz zur Verfügung.

Sea Life Oberhausen

▶ Zum Aquarium 1
(Am CentrO)
46047 Oberhausen
Tel. 0208/44488444
Fax 0208/44488427
oberhausen@sealife.de
www.sealifeeurope.com
Öffnungszeiten:
tägl. 10-20 Uhr
(Kassenschluss 18 Uhr)

Eintauchen in die Tiefen des Atlantiks – seit August 2004 ist das in Oberhausen möglich. Aber das ist längst nicht alles. Im Sea Life Oberhausen, Deutschlands größtem Süß- und Meerwasseraquarium, reisen die Besucher sozusagen auf der „Route des Wassers". Angefangen von den heimischen Gebirgsquellen geht es über Gebirgbäche und Flüsse, unterirdische Seen und eine Tropfsteinhöhle bis zur Nordseeküste. Nach einem kleinen Exkurs ins „Reich der Seepferdchen" ver-

Sea Life Oberhausen

läuft die Reise weiter Richtung Skandinavien. Die Unterwasserwelt wird hier durch ein Periskop eines U-Boots und durch die Bullaugen einer gesunkenen englischen Fregatte aus dem 18. Jahrhundert erlebt. Höhepunkt der Tour ist das 1,5 Millionen Liter fassende Atlantikbecken, das mittels eines ca. 20 Meter langen Acrylglastunnels durchquert werden kann. Insgesamt sind im Sea Life Oberhausen über 20 000 Lebewesen aus mehr als 100 verschiedenen Arten beheimatet. Highlights sind natürlich die Hunds-, Glatt- und Katzenhaie, die Stechrochen, die Muränen und Zackenbarsche und die Seepferdchen. Im Blickpunkt stehen aber auch u. a. Makrelen, Königskrabben oder der Seewolf. Insgesamt 40 Becken sind als naturgetreu nachgebildete Lebensräume vorhanden.

Der Besuch des Sea Life geht aber über eine reine Tierschau weit hinaus. Das Sea Life SOS unterstützt die Arbeit von Umweltschutzorganisationen wie zum Beispiel Greenpeace, The Worldwide Fund for Nature (WWF), WDCS (Whale and Dolphin Conservation Society) und viele andere mehr. So zeigt Greenpeace eine eigene Ausstellung zum Thema „Schutz der Wale". Im Discovery Center werden die Probleme der bedrohten Tierarten und der Meere insgesamt behandelt. Dies geschieht mit modernen Ausstellungsmitteln wie Texttafeln, interaktiven Displays und Dokumentarfilmen in einem speziellen Vorführraum.

Sauerland

Wildwald Vosswinkel

Im Wildwald Vosswinkel können die Besucher auf unzähligen Wegen und Pfaden in den tiefsten Wald bis zum „Urwald" hinein wandern oder schweigend und lauschend auf der Kanzel beobachten, wie Hirsche oder Wildschweine erscheinen, der Waldkauz ruft und Hirschkäfer oder Fledermäuse vorüber fliegen. Die Rundwege sind ca. vier Kilometer lang. Ein Waldgasthaus und ein Abenteuerspielplatz befinden sich ebenfalls auf dem Gelände.

▶ 59757 Arnsberg-Vosswinkel
Tel. 02932/97230
Fax 02932/81644
wildwald@t-online.de
www.wildwald.de
Öffnungszeiten:
9-18 Uhr

Bildnachweis